KB039065

전략을 실행되게 하라

STRATEGY

전략을 실행되게 하라

THAT WORKS

HOW WINNING COMPANIES CLOSE
THE **STRATEGY-TO-EXECUTION** GAP

지은이
파울 라인반트 Paul Leinwand
체사레 마이나르디 Cesare Mainardi
아트 클라이너 Art Kleiner

PwC | Strategy&

옮긴이
조영균·김창래

STRATEGY THAT WORKS:

How Winning Companies Close The Strategy-to-Execution Gap

by Paul Leinwand, Cesare Mainardi, with Art Kleiner

차례

Contents

이 책의 본문에 등장하는 각종 도구의 온라인 실행에 대해 더 자세히 알고 싶다면
www.strategythatworks.com 홈페이지를 방문해주십시오.

많은 회사들은 비전이나 사명문(mission statement)을 새롭게 작성하여 비전 선포식이나 제2의 창업 등의 형식을 빌려 새로운 도약을 기원한다. 하지만 이러한 선언문들을 보면 정작 어떤 행동으로 옮길 만한 단서를 찾기가 어렵게 모호하고 두루뭉술한 표현으로 되어 있는 경우가 많다. '글로벌', '21세기', '인류', '환경', '리더', '가치' 등의 단어들로 구성된 기업의 비전은 정작 그 기업이 어떤 상황에 닥쳤을 때 이를 극복하거나 또는 이용할 행동지침이 되기에는 너무 거리가 멀다.

그러다 보니 이런 미션이나 비전을 이루기 위한 수단이 되는 전략은 이와 상관없이 만들어지거나 또는 전략도 모호해지는 딜레마에 빠지기도 한다. 어떤 회사가 되겠다는 구체적이고 명확한 비전을 이루기 위해 한정된 자원을 배분하는 원칙을 전략이라고 한다면 이 원칙을 행동강령으로 삼아 기업활동이 이루어져 결국 그 회사가 원하는 자리(비전)에 '있게 되는' 그런 흐름이 반복되면서 성장을 계속하는 것은 모두의 바람일 것이다.

전략을 잘 만들고, 제대로 실행(execution)하는 것은 많은 기업들이 기대하는 것이다. 그럼에도 불구하고 경영 현장에서는 전략이 실행과 동떨어져 만들어지고, 만들어진 전략 또한 제대로 실행되는 경우가 드물다. 『전략을 실행되게 하라』는 이와 같은 전략과 실행 사이의 간극(gap)을 좁혀나가기 위해 필요한 아이디어들을 다양한 기업들의 사례를 통해 체계적으로 제공하고 있다.

'너 자신을 알라'는 화두를 전략을 제대로 수립하고 실행하기 위한 첫 번째 단계로 꼽은 점은 그 관점의 전환이 신선하다. 스스로에게 나는 누구인가라는 질문을 던짐으로써 자아를 찾듯이 기업에게도 우리가 어떤 회사인가라는 정체성(identity)을 찾고, 그로부터 어떻게 가치를 만드는지, 그에 필요한 고유의 방법과 능력을 어떻게 갖추어가는지의 과정을 통해 전략이 그냥 공허한 '전략'이 아닌 행동으로 자연스럽게 이어질 수 있다는 것을 애플, 이케아, 프리토-레이, 하이얼, 레고, 아마존 등의 사례를 통해 다양한 각도에서 보여주며 강조하고 있다.

아마존의 창업자인 제프 베조스(Jeff Bezos)가 이야기하듯이 '향후 10년 동안 어떤 변화가 올 것인가'라는 질문을 많은 경영자들이 하지만 정작 '10년 뒤에도 변하지 않을 것들은 무엇일까'라는 질문은 드물다. 고객이 원하는 것들(변하지 않을 것들, 고객조차도 알지 못하는 것들)을 더욱더 잘하는 회사가 되겠다는 목표 아래 회사의 모든 활동이 이루어지는 것, 어느 순간에 실행이 전략과 구분되지 않고 그냥 매일 일어나는 일로 당연하게 받아들여지는 것은 큰 조직이나 작은 조직이나 할 것 없이 모두에게 너무도 절실할 것이다.

남들과 확연히 다른 정체성을 찾고, 미래의 모습을 그리고, 그에 다가가기 위해 매일 끊임없이 고민해야 하고 새로운 상황에 대한 적절한 의사결정이 필요한 많은 기업과 리더들이 이 책을 통해 회사와 자신을 돌아볼 수 있는 계기를 갖게 되길 바란다.

정형지

더코발트스카이(The Cobalt Sky) 대표이사

전 아서 D. 리틀 아시아-퍼시픽 총괄사장

　오늘날처럼 경영환경이 어렵고 복잡했던 시기는 없었던 것 같다. 좋은 전략을 잘 수립하면 성과가 안정적이고 장기적으로 뒤따르던 시기도 있었지만 지금은 변화의 속도가 빠르고 예측 불가능성이 높아 전략의 생존기간이 매우 짧다.

　그런데 전략은 무엇일까? 한때는 '무엇을 할 것인가?'를 결정하는 것이라고 했다. 마이클 포터(Michael Porter)는 ≪하버드 비즈니스 리뷰(Harvard Business Review)≫에 발표한 '전략이란 무엇인가?(What is strategy?)'라는 논문에서 전략은 경쟁자와 차별화된 일련의 독특하고 고유한 활동을 선택하는 일이며, '무엇을 하지 않을 것인가를 결정하는 것'이라고 했다. 그런 의미에서 전략은 기업이 해야 할 것과 하지 말아야 할 것을 결정하는 '추구하는 바(어디로 가야 하는지, 어디서 성장을 추구해야 하는지)'일 뿐만 아니라 자신이 누구이며, 어떤 일을 잘하는지, 어떻게 승리할지를 결정하는 것이라 할 수 있다. 그리고 기업은 전략을 일관성 있고 효과적으로 실행함으로써 가치를 창출할 수 있을 것이다.

　'어떻게 가치를 창출할까?'라는 전략과 관련한 근본적 질문을 통해 기업은 자신이 왜 특별하고, 왜 목표를 차별화된 방식으로 달성할 수 있는지에 대해 설명하며 시간과 끈기와 헌신을 통해 전략을 실현해나가야 한다. 그러기 위해서는 기업이 가진 역량이 무엇인지 이해하고, 어디에 승리할 가능성이 있는지, 왜 승리할 수 있는지, 승리를 실현하려면 무엇을 해야 하는지에 대해 답하며 역량체계를 강화해나가야 한다.

　『전략을 실행되게 하라』는 아마존, 애플, 다나허, 프리토-레이, 하이얼, 이케아, 인디텍스, 레고, 나투라, 퀄컴, 스타벅스, 시멕스, JCI 오토모티브 시스템스 그룹, 화이자 등 주의 깊게 선정된 14개 회사의 설립부터 현재까지의 '가치제안', '역량체계', '제품과 서비스 포트폴리오'의 적합성을 응집성(coherence) 관점에서 분석하고 가치창출의 경로를 명확히 제시하고 있다. 또한 많은 기업들이 직면하고 있는 전략과 실행 사이에 발생하는 간극을 해소할 수 있는 방안으로 응집성과 비관습적 리더십의 다섯 가지 행동을 제시하고 있다. 이들 회사는 경쟁하는 방식은 각각 다르지만 모두 사업을 하는 차별화된 방식을 갖고 있다. 전략과 실행이 회사 고유의 차별화된 역량과 직결되어 있어 응집성이 있다는 점이다. 정체성에 헌신하고, 전략을 일상 업무로 전환하고, 조직문화의 힘을 활용하고, 선택과 집중된 비용절감으로 더욱 강하게 성장하며, 미래를 스스로 개척하는 회사들이다. 전략은 강한데 실행이 약하거나, 실행은 강한데 전략이 약한 회사가 아니라 전략과 실행 모두에서 강한 회사들이라는 뜻이다.

복잡하고 치열한 경쟁 가운데서 가치를 창출하며 성과를 내고 있는 한국의 기업과 조직들이 이 책을 통해 좋은 전략을 수립하고, 전략과 실행 사이의 간극을 해소하여 장기적으로 성공한 기업으로 나아가기를 바란다.

이 책이 출간되기까지 많은 분들의 도움이 있었다. 류승우 대표님, 이한목 대표님, 이기학 부대표님께 감사드린다. 평소 업무수행 과정에서 전략과 관련해 많은 어젠다를 함께 고민하며 해결해가고 있는 동료들과 고객사 임원분들께 감사드린다. 또한 하버드 비즈니스 리뷰 출판사와 협의하고, 번역이 완료될 때까지 많은 노력을 기울여준 한울엠플러스(주) 임직원 여러분께도 감사드린다.

2016년 9월

조영균 · 김창래

PwC컨설팅 코리아

이 책에서 다루는 다양한 전략과 역량은 Strategy&[부즈앤컴퍼니(Booz&Com-pany)의 후신)의 동료들과 PwC의 글로벌 인력과 네트워크의 도움이 없었다면 이만큼 자세하게 소개되지 못했을 것이다. 우리에게 동기부여를 준 것은 Strategy&에서 함께 일한 동료들의 경험, 통찰력, 창의력이었으며 이런 지적재산을 더 다양한 비즈니스 독자에게 취합해 전달할 수 있었다.

비관습적 리더십의 다섯 가지 행동(unconventional act)의 가치와 의미를 전략에서 실행으로 옮기는 과정에서 개발하고 구체화할 수 있는 기회를 준 고객사에게 진심으로 감사의 뜻을 전하고 싶다. 또한 책을 펴내기 위해 인터뷰에 응하고 배울 수 있는 기회를 준 시멘스, 다나허 코퍼레이션, 하이얼, 이케아, 나투라 코스메티코스 등 많은 기업에게도 감사의 뜻을 전하고 싶다.

개개인에게 감사의 뜻을 전하려면 먼저 조사연구와 편집을 맡아 책에 많은 통찰력을 더해준 우리 팀부터 시작해야 할 것 같다. 캠페인 디렉터 나디아 쿠비스(Naida Kubis)는 직접적으로 참여해 많은 아이디어를 주었다. 그녀는 꾸준하게 책에 전념했으며 논리정연하게 이야기를 전개해 독자의 관점에서 책을 펴내는 데 큰 도움을 주었다. 모든 유형의 기업과 조직이 우리 작업으로 도움받을 수 있도록 가장 주요한 역할을 했다.

책의 리서치 매니저를 2015년까지 맡은 조슬린 심슨(Josselyn Simpson)은 모든 정보를 취합하고 사실 여부를 검토해 큰 통찰력을 주었다. 그녀의 뛰어난 통찰력과 정보의 건전성은 책의 매 쪽마다 깊은 인상을 남겼다. 부즈앤컴퍼니의 전

최고 마케팅과 지식 책임자(CMO&CKO: Chief Marketing and Knowledge Officer) 토머스 A. 스튜어트(Thomas A. Stewart)는 책을 구상하고 인터뷰와 조사방법을 설계하는 데 큰 도움을 주었다. 매사추세츠공과대학교 슬론경영대학원 연구원이자 뉴햄프셔대학교 방문교수인 톰 조지 로스(Tom George Roth)는 조사 결과물을 두고 지속적으로 함께 논의했다. 그는 수년의 경험을 통해 유기적으로 결과물을 구성하는 데 중요한 견해를 주었다.

가장 어려운 시기를 함께한 액팅 캠페인 매니저(acting campaign manager) 제니퍼 젤린스키(Jennifer Zelinsky)는 책을 완성하는 데 크게 기여했다. 작가 롭 허츠버그(Rob Hertzberg)와 조 카일(Joe Cahill)은 초기 구상을 함께했다. 정보그래픽 전문가 린다 엑스테인(Linda Eckstein)은 참조자료를 만들었다. 게티즈버그대학교 연구원 에어리얼 렐축(Ariel Lelchook), 뉴욕대학교의 갸엘 피에르(Gaelle Pierre), 벤틀리대학교의 유키카 아와주(Yukika Awazu)는 조사한 기업들을 정리했다. 폴 미셸먼(Paul Michelman)은 어려운 시기에 우리 원고에 의견을 주었다. 제니퍼 딩(Jennifer Ding)과 한때 우리 팀의 일원이었던 마크 존슨(Marc Johnson) 그리고 케이트 핑커튼(Kate Pinkerton)은 프로젝트를 총괄했다.

부즈앤컴퍼니와 Strategy&의 임원진은 프로젝트를 진행하는 동안 지속적으로 참여해 방향성을 제시하며 큰 도움을 주었다. 그분들은 이 분야의 최고 전문가이기에 책을 쓰는 데 함께할 수 있어 크게 감사했다. 켄 파바로(Ken Favaro), 앨런 제메스(Alan Gemes), 폴 하이드(Paul Hyde), 레스 뮐러(Les Moeller), 슈테파니 오코너(Stephanie O'Conner), 카스투리 랑안(Kasturi Rangan), 요아힘 로터링(Joachim Rotering), 잭 톱디안(Jack Topdjian)과 함께 2011년 5월 뉴올리언스 주에서 처음 시작했다. 두 번째로 같은 해 9월 뉴욕에서 제럴드 아돌프(Gerald Adolph), 조노 앤더슨(Jono Anderson), 마티 볼링거(Marty Bollinger), 마이크 코널리(Mike Connolly), 로먼 프리드리히(Roman Friedrich), 데이비드 호벤든(David Hovenden),

미누 하반마르디언(Minoo Javanmardian), J. 닐리(J. Neely), 랜드 스타(Rand Starr), 얀 야오(Yan Yao)와 함께했다.

저명한 작가 존 R. 카젠바흐(Jon R. Katzenbach)와 개리 L. 닐슨(Gary L. Neilson)은 우리가 조직과 문화를 정제하는 데 큰 도움을 주었다. 카젠바흐와 그의 제자이자 연구 파트너인 루트거 폰 포스트(Rutger von Post)는 4장 '조직문화의 힘을 활용하라'에서 조직문화를 정리하는 데 큰 도움을 주었다. 아돌프(Adolph), 피터 멘싱(Peter Mensing), 리처드 롤린슨(Ricard Rawlinson)도 동일하게 중요한 통찰력을 주며 책을 완성하는 데 크게 기여했다. 프리토-레이와 맥도날드의 이노베이션 관점에 대해서는 숀 홀리데이(Shaun Holliday)가, 화이자의 전 소비자 헬스케어 사업부장인 마크 로빈슨(Marc Robinson)은 독자가 책을 어떻게 바라볼 것인지에 대해 많은 의견을 주었다.

Strategy&의 동료들 또한 책을 쓰기 위한 기업조사와 연구에 주요한 역할을 맡았다. 페르난도 페르난데스(Fernando Frenandes), 퍼올라 칼손(Per-Ola Karlsson), 마르코 케스텔루(Marco Kesteloo)는 직접 조사에 참여했으며 조스 바쿠에로(Jose Baquero), 코엔 데 바우에이스트(Coen De Vuijst), 에번 허시(Evan Hirsh), 에드워드 체(Edward Tse), 미셸 왕(Michelle Wang) 또한 크게 기여했다. Strategy& 사람들 외에도 루브나 다자니(Lubna Dajani), 브라이언 해켓(Brian Hackett), 그레이스 렁(Grace Leung)도 동일하게 기여했다.

Strategy&의 전·현직 임직원들은 수년간 많은 아이디어를 발굴하고 고객사 사이의 차별성을 찾아내는 데 함께 힘써주었다. 책의 저술에 힘쓴 임직원은 디아너 아기레(DeAnne Aguirre), 개리 알퀴스트(Gary Ahlquist), 슈미트 바너지(Shumeet Banerji), 마티아스 바움러(Matthias Bäumler), 데니즈 카그라(Deniz Caglar), 니코 캐너(Niko Canner), 비나이 카우토(Vinay Couto), 에이드리엔 크로우서(Adrienne Crowther), 제이 데이비스(Jay Davis), 릭 에드먼즈(Rick Edmunds), 맷

이골(Matt Egol), 닉 호드슨(Nick Hodson), 존 줄렌스(John Jullens), 알렉스 캔디빈 (Alex Kandybin), 리치 코필드(Rich Kauffled), 더크 켈름(Dirk Kelmm), 스테펜 로우스 터(Steffen Lauster), 젠스 낵마이어(Jens Nackmayr), 리치 파킨(Rich Parkin), 토머스 립샘(Thomas Ripsam), 카림 사바(Karim Sabbagh), 앤드류 슈마하(Andrew Schmahl), 버트 셸턴(Bert Shelton), 베다드 샤사바리(Behdad Shahsavari), 케이비 스리람(KB Shriram), 한누 수니오(Hannu Suonio), 크리스 볼머(Chris Vollmer), 톰 윌리엄스 (Tom Williams)다.

특히 부즈앨런해밀턴(Booz Allen Hamilton)에서 책의 구상을 할 수 있도록 첫 문을 열어준 잭 맥그라스(Jack McGrath)와 키스 올리버(Keith Oliver)에게 고마움을 표시하고 싶다. 전략 플랫폼을 완성할 수 있도록 지속적으로 협력한 마이크 코널리(Mike Connolly), 아이반 드 수자(Ivan de Souza), 레스 묄러(Les Moeller)에게 특별한 감사의 인사를 전하고 싶다.

PwC의 동료들은 책의 가치를 인정하고 프로젝트에 도움을 주었다. 특히 딘 아놀드(Dean Arnold), 랜디 브라우닝(Randy Browning), 댄 디필리포(Dan DiFilippo), 마일스 에버슨(Miles Everson), 롭 기팅스(Rob Gittings), 케이시 커크패트릭(Casey Kirkpatrick), 데이비드 랜스필드(David Lancefield), 존 맥스웰(John Maxwell), 밥 모리츠(Bob Mortiz), 데니스 낼리(Dennis Nally), 필 오프레이(Phil O'Prey), 토니 폴터(Tony Poulter), 후안 푸하다스(Juan Pujadas), 존 스비오크라(John Sviokla), 로버트 스와크(Robert Swaak), 애슐리 운윈(Ashley Unwin)에게 감사를 표하고 싶다. 마이클 브랜드마이어(Michael Brandmeyer), 안토니아 쿠수마노(Antonia Cusumano), 론 쇼프라이언(Ron Chopoorian), 존 트립 데이비스(John Tripp Davis), 킴 데이비드 그린우드(Kim David Greenwood), 데이비드 마슨(David Marston), 아나우트 반 더 레스트(Arnout van der Rest), 데이비드 워런(David Warren), 케빈 장(Kevin Zhang) 등 PwC 동료들은 기업에 대한 역량과 통찰력을 책을 위해 나눠주었다.

지금 책을 펴내는 중에도 PwC의 파트너, 디렉터, 스태프들은 책의 콘셉트와 프랙티스를 현장에 적용하며 역량 중심의(capability-driven) 아이디어를 발전시키고 있다. 책을 쓰는 데 도움을 준 PwC 글로벌 네트워크에는 다음 사람을 포함한다. 크리스티나 암필(Cristina Ampil), 진 애시비(Jim Ashby), 돔 바우마이스터(Dom Baumeister), 마이크 벡(Mike Beck), 피터 베너(Peter Behner), 이고르 베로크리니츠키(Igor Belokrinitsky), 에릭 부터스(Erich Butters), 마리아 카르(Marie Carr), 벤 첼로비치(Ben Chelovich), 조이트 사하 쿤드허리(Joyjit Saha Choudhury), 존 코리건(John Corrigan), 애나벨 데니슨(Annabel Dennison), 피터 그래스먼(Peter Gassmann), 블라드 길(Vlad Gil), 마커스 글로거(Marcus Gloger), 제이 구드라(Jay Godla), 댄 해이스(Dan Hays), 줄리아 헤스켈(Julia Heskel), 헌터 홀트(Hunter Hohlt), 마이클 호바스(Michael Horvath), 토시야 이마이(Toshiya Imai), 토드 이로벡(Todd Jirovec), 카렙 요하네스(Kaleb Johannes), 가네시 카르푼디(Ganesh Kalpundi), 토마스 카바너(Thomas Kavanaugh), 제이슨 킴(Jason Kim), 한스-요르크 쿤츠세라(Hans-Jörg Kutschera), J. P 레저(J. P. Leisure), 에드 레스나우(Ed Lesnau), 패트릭 마허(Patrick Maher), 마이클 마리아니(Michael Mariani), 세리기오 메네스(Sergio Meneses), 마커스 모라위츠(Marcus Morawietz), 닐스 나욕(Nils Naujok), 배리 닐(Barry Neal), 헥터 닐슨(Hector Nelson), 리치 파킨(Rich Parkin), 아준 파텔(Arjun Patel), 아난 라오(Anand Rao), 그레그 로츠(Greg Rotz), 비자이 사라시(Vijay Sarathy), 안데이 샤말(Anday Schmahl), 신 셀(Sean Sell), 삼라트 샤마(Samrat Sharma), 요안 시실리아노(John Siciliano), 미린드 신(Milind Singh), 자이 신하(Jai Sinha), 수잰 스노덴(Suzanne Snowden), 마이클 스펠러시(Michael Spellacy), 휴고 트레팬트(Hugo Trepant), 샤샨크 트리파시(Shashank Tripathi), 케이틀린 쯔엉(Caitlyn Truong), 에런 트웨디(Aaron Tweadey), 리처드 비에레클(Richard Viereckl), 로거 웨리(Roger Wery), 후추 슈(Huchu Xu), 니르 젭코위츠(Nir Zepkowitz) 등 계속해서 추가되는

분들에게도 고마움을 표하고 싶다.

이 책은 노스웨스턴대학교 켈로그경영대학원으로부터도 많은 영감을 받았다. '수퍼경쟁자'의 콘셉트를 구상하는 데 조사와 연구에서 지적으로 기여한 토머스 N. 허버드(Thomas N. Hubbard)와 문맥과 인용문을 활용해 현실적으로 책에 실어준 딘 샐리 블런트(Dean Sally Blount)에게 호의를 표하고 싶다. 논평을 실어준 하버드대학교 경영대학원 교수 로버트 에클스(Robert Eccles), 스페인 IESE와 뉴욕대학교 교수 판카즈 게마왓(Pankaj Ghemawat), 스위스 국제경영개발대학원 교수 필 로젠바이크(Phil Rosenzweig), 매사추세츠공과대학교 슬론경영대학원 교수 도널드 술(Donald Sull)에게도 고마움을 표하고 싶다.

마케팅팀 요하네 알람(Joanne Alam), 마크 보워먼(Mark Bowerman), 케빈 콘시딘(Kevin Considine), 카리티 델리히(Charity Delich), 디어드리 플린(Deirdre Flynn), 시오브핸 포드(Siobhan Ford), 피터 한(Peter Hahn), 마이케 헤게(Meike Hegge), 하워드 크라비츠(Howard Kravitz), 자넷 렁(Jeannette Leong), 앤 내시(Ann Nash), 일로나 스테펀(Ilona Steffen), 트리아 테드포드(Tria Tedford), 레베카 위버(Rebecca Weaver), 덱스터 웹(Dexter Webb)은 책이 시장에 나올 수 있도록 도와주었다. 소머필드 커뮤니케이션즈(Sommerfield Communications)의 프랭크 소머필드(Frank Sommerfield)에게도 감사를 표한다. 마가렛 (매기) 카슈미르[Margaret (Maggie) Kashmir], 타라 오언(Tara Owen), 조너선 트리펫(Jonathan Trippett)은 쉬지 않고 일했고 끊임없는 창의력으로 우리 메시지가 독자에게 전달되게 노력했다. 특히 매기는 다양한 독자에게 우리 메시지가 명확하게 전달되는 데 가장 중요한 역할을 했다.

하버드 비즈니스 리뷰 출판사의 편집장 멀린다 머리노(Melinda Merino)와 함께 일할 수 있어 영광이었다. 샐리 애시워스(Sally Ashworth), 코트니 캐시먼(Courtney Cashman), 줄리 데볼(Julie Devoll), 대브 라이벤스(Dave Lievens), 케이스 페퍼

(Keith Pfeffer) 또한 관심을 가져줘서 책의 완성도를 높일 수 있었다.

우리 사무실의 나타샤 안드레(Natasha Andre), 파스칼 라투프(Pascale Lattouf), 제인 매콜리(Jane McCauley), 데비 페이지(Debbie Page)가 협력하지 않았다면 책은 완성되지 못했을 것이다. Strategy+Business팀의 로라 겔러(Laura Geller), 댄 그로스(Dan Gross), 그레첸 홀(Gretchen Hall), 엘리자베스 존슨(Elizabeth Johnson), 멜라니 로디에(Melanie Rodier)는 언제나 적극적으로 도움을 주었다.

매일 밤을 새우고 주말에도 모든 시간을 할애하며 적극적으로 지원해준 우리 가족이 있었기에 책을 완성할 수 있었다. 많은 시행착오를 겪을 때마다 책의 가치를 인정하고 계속해서 나아갈 수 있게끔 격려해주었다. 테(Te), 시아(Cia), 지지(G.G.), 웬디(Wendy), 체사레 에번(Cesare Evan), 에버리(Avery), 아멜리아(Amelia), 페이스(Faith), 프랜시스(Frances), 엘리자베스(Elizabeth), 콘스탄스(Constance), 해리슨(Harrison)에게 정말 고맙다고 말하고 싶다.

파울 라인반트(Paul Leinwand)

체사레 마이나르디(Cesare Mainardi)

아트 클라이너(Art Kleiner)

1장

전략과 실행 사이의
간극을 극복하라

STRATEGY THAT WORKS

HOW WINNING COMPANIES CLOSE
THE **STRATEGY-TO-EXECUTION** GAP

ℭℬ

오늘날 대부분의 기업은 중대한 전략적 도전을 맞
이하고 있다. 가치를 창출하는 경로가 명확하지 않은 것이다.

PwC(프라이스워터하우스쿠퍼스)의 전략컨설팅 부문인 Strategy&(스트레티
지앤)에서는 전 세계 고위 경영진을 대상으로 수년간 지속적으로 조사연구
를 실시하고 있다. ＊

그중 최근에 이뤄진 한 조사연구에서 4400명의 응답자 중 절반 이상이 회
사가 '승리할 수 있는 전략(winning strategy)'을 갖고 있지 않은 것 같다고 응
답했다.[1] 3명 중 2명은 회사의 역량(capabilities)이 회사가 시장에서 가치를
창출하는 방법을 지원해주지 못한다고 응답했다.[2]

전 세계 500명 이상의 고위 임원을 대상으로 한 다른 조사연구에서는 응
답자의 90퍼센트가 회사가 시장에서 중요한 기회를 놓치고 있다고 답했
다.[3] 같은 조사연구에서 80퍼센트의 임원은 기업의 전체적인 전략이 회사
안에서조차 잘 이해되지 않고 있다고 토로했다.[4]

＊ 전 세계에서 선별된 기업의 CEO와 고위 임원을 대상으로 설문조사와 대면 인터뷰 방식으
로 수행된다.

이런 문제는 단순히 외부적인 요인에서 야기된 것만은 아니다. 대부분의 기업이 경영되는 방식에 따른 당연한 귀결일 따름이다. 기업의 전략과 실행(strategy and execution) 사이에 필요 없는 심각한 간극이 있는 것이다. 기업이 가고자 하는 목표와 실제 달성 가능한 것 사이에 연결이 부족한 상태다.

다수의 리더가 이 문제를 인지하고 있지만 어떻게 극복할지 아는 사람은 드물다. 700여 명의 전 세계 고위 임원을 대상으로 한 다른 조사연구에서도 자기 회사의 최고경영진이 전략과 실행 양 측면에서 모두 뛰어나다고 답한 임원은 8퍼센트에 그쳤다.[5] 일부 경영진은 시장에서 더 좋은 포지션을 찾는 방법으로 전략 쪽에서의 간극을 좁히기 위해 노력한다. 반면 업무수행 방법과 프랙티스를 개선해 실행 쪽에서 간극을 좁히고자 노력하는 경영진도 있다. 하지만 이런 노력에도 불구하고 양쪽 모두 지속적인 성공을 달성하는 데 어려움을 겪고 있다.

그렇지만 이 문제를 해결한 기업도 분명 존재한다. 이들은 자기가 하는 모든 일에서 전략과 실행을 자연스레 결합한다. 이들의 제품과 서비스는 시장에서 부러움을 살 만한 포지션을 차지하고 있다. 이들은 항상 약속한 것을 달성한다. 어떤 기업은 최상단에서 최전방까지, 계층 구조의 모든 수준에서 항상 옳은 선택을 할 수 있는 굉장한 능력을 보유한 것처럼 보인다. 때로는 업계의 통념에 반하는 선택도 하지만 이조차 결국 옳은 것으로 드러난다.

이들이 경쟁하는 방식은 각각 다르지만 한 가지 공통점이 있다. 이들의 성공이 사업을 하는 차별화된 방식(distinctive way), 즉 역량과 직결되어 있다는 점이다. 다음의 세 가지 사례를 살펴보자.

1950년대 초 유럽의 어느 젊은 기업인은 우아하고 기능적인 가구를 저렴한 가격에 팔아 그다지 부유하지 않은 사람도 더 나은 삶을 살 수 있게 하겠다고 결심한다. 상대적으로 외진 지역에 위치한 매장으로 고객을 유치하기 위해 이 기업인은 쇼핑객이 온종일 편안하게 시간을 보낼 수 있도록 매장을 설계했다. 매장 안의 식당에서 식사를 하고 자녀들은 놀이방에 맡길 수 있도록 한 것이다.

이 회사는 빠르게 성장해 지속적으로 새로운 매장을 열었다. 동시에 솔직하고 소박하며 공감 능력과 비전을 가진 직원을 끌어들였다. 이들은 함께 혁신적인 제조와 공급망, 우아한 가구를 포장상자 안에 납작하게 접어 넣을 수 있게 디자인하는 능력, 고객의 홈 라이프를 이해하고 이를 신제품을 위한 통찰로 변환하는 능력 등 놀라운 역량군을 구축했다. 서서히 이 기업은 전 세계 다른 국가로 진출해 세계 최대 가정용 실내가구 기업이 되었다. 이 기업의 이름은 이미 짐작했겠지만 이케아(IKEA)다. 2014회계연도에 이케아는 46개국 361개 매장에서 301억 유로(미화 약 400억 달러)의 매출을 올렸다.[6)]

1969년 브라질에서는 작은 화장품 회사가 문을 열고 고품질 자연성분의 스킨케어 제품을 판매하기 시작했다. 당시에는 수입제한 때문에 국내에서는 찾아보기 어려운 제품이었다. 이 회사의 창업자는 사업을 확장하면서 웰빙(well-being, being well)이라는 뜻의 '벰 에스타르 벰(bem estar bem)'을 슬로건으로 도입했다. 화장품 기업들이 흔히 그렇듯 영원한 젊음이라는 아름다움의 이상을 내세우는 대신 이 회사는 모든 연령대의 여성을 위한 건강과 삶의 질을 주창했다.

회사는 방문판매 컨설턴트 네트워크를 구축했는데 컨설턴트의 숫자가 150만 명에 이르러 브라질 여성 중 이 네트워크와 밀접한 관계를 유지하지 않는 경우가 없을 정도였다. 컨설턴트가 고객을 몇 주 간격으로 계속적으로 방문하도록 만들기 위해 회사는 매년 백 가지 이상의 신상품을 잇달아 내놓는 등 놀라운 혁신 능력을 갖게 되었다. 또한 이 회사는 아마존 우림의 고립된 마을에서 다양한 원재료를 발굴하는 등 자연과 지역사회를 존중하는 전통을 쌓아가고 있다. 남미에 사는 독자가 아니라면 나투라 코스메티코스(Na-tura Cosméticos S.A.)라는 이름을 들어보지 못했을지도 모른다. 하지만 나투라는 고유의 차별화된 역량으로 남미 최대의 뷰티제품 기업으로 성장했다. 나투라의 2014년 매출은 74억 레알(미화 약 26억 달러)이었다.[7]

미국에서는 상업부지 부동산 사업을 운영하던 두 형제가 1980년대 초 어려움을 겪던 자동차부품 기업을 인수한다. 인수한 부품 기업의 대표가 일본 자동차 제조업체의 린 생산방식(lean production method)을 적용해 실적을 성공적으로 회복하는 모습을 보고, 형제는 피인수 기업 포트폴리오 안의 다른 기업들에게도 이 방법을 써보라고 권했다. 이들은 곧 실적이 떨어지는 기업을 인수해 오퍼레이션 방법을 고쳐 수익을 개선하는 일에 자신들이 특별한 재능이 있다는 것을 알게 되었다.

형제는 독특한 기업 포트폴리오를 만들었다. 처음에는 도구와 산업부품에서 시작했다가 의료, 생명과학, 진단기기 등 좀 더 특화되고 수익성이 좋은 분야로 옮겨갔다. 이런 분야의 기업이 운영 개선의 효과가 좋았다. 그리고 고객 대부분이 과학 분야 전문가였기에 시장 분위기도 혁신적인 신제품을 환영하는 편이었다. 자연히 형제의 회사도 혁신에 중점을 두게 되었다.

형제가 좋아하는 낚시터 계곡 이름에서 따온 다나허 코퍼레이션(Danaher Corporation)은 여러 사업에서 올린 뛰어난 경영 성과와 놀라운 인수합병(M&A) 성공률로 경영 전문가들 사이에서 꾸준히 인정을 받아왔다. 2014년 이 회사는 약 199억 달러의 매출을 올렸다. 2016년 다나허는 과학기술 회사와 다각화된 산업재 회사 등 두 개의 회사로 분사할 예정인데 이는 수익성 강화를 위한 또 다른 진일보로 받아들여지고 있다.[8]

애플(Apple), 프리토-레이[Frito-Lay, 펩시(PepsiCo) 그룹 안의 스낵 회사], 하이얼(Haier), 인디텍스(Inditex: Industria de Diseño Textil), 퀄컴(Qualcomm), 레

고(Lego), 스타벅스(Starbucks) 등의 회사들 역시 전략과 실행 사이에 존재하는 간극(strategy-to-execution gap)을 극복해왔다.

언급된 회사들은 모두 독특한 개성을 갖고 있다. 첫눈에 보면 거의 공통점이 없는 듯하고 함께 묶어서 논의되는 경우도 거의 없다. 하지만 이들은 모두 고유의 차별화된 역량을 구축해 중요한 전략적 우위를 차지했다는 공통점이 있다.

역량이란 전략과 실행 사이의 연결고리다. 기업이 스스로를 진정으로 차별화할 수 있는 공간이며 업무가 수행되는 공간이다. 하지만 우수한 역량을 갖는 것만으로는 충분하지 않다. 모든 기업은 좋은 역량을 보유하고 있다. 그렇지 않다면 어떻게 경쟁할 수 있겠는가? 하지만 진정으로 승리하는 기업은 몇 가지 고유의 차별화된 역량을 중심으로 스스로를 경영하며 의식적으로 이 역량들을 통합한다. 이를 달성한 회사를 가리켜 회사가 '응집성이 있다(coherent)'고 표현한다.

여기서 응집성(coherence)이라는 단어는 특별한 의미를 갖는 용어로 다음의 세 가지 전략적인 요소 사이의 연결을 가리킨다.

- 회사를 다른 회사와 구분 짓는 것이 가치제안이다. 우리는 이를 시장에서 '게임하는 방식(way to play)'이라고 부르기도 한다.
- 회사가 가치제안을 달성할 수 있게 하고 서로를 강화하는 것이 고유의 차별화된 역량이다.
- 고유의 차별화된 역량을 활용하는 것이 선별된 제품과 서비스 포트폴리오다.

이 책의 후반부에서 논의하겠지만 이들 세 요소는 기업의 정체성, 프랙티스, 문화, 자원관리 접근법, 세계 속에서 기업의 대체적인 역할, 전략과 실행 사이의 간극을 좁힐 수 있는 능력 등을 모두 결정한다. 이 요소들 사이의 응집성은 매우 중요한 문제다. 이들 세 요소의 응집성은 기업이 지속적인 성공을 일구는 데 가장 중요한 요소다.

기업에 응집성이 있다면 전략과 실행 사이의 간극을 극복하기 위해 애쓰지 않아도 된다. 애초에 간극이 없기 때문이다. 모든 제품과 서비스는 동일한 고유의 차별화된 역량군으로 지원되며 동일한 가치제안을 실현한다. 따라서 기업의 전략은 본질적으로 실행 가능할 수밖에 없다. 이미 갖고 있는 역량으로 기업의 성장을 지원할 수 있고 앞으로 구축 가능한 역량으로 인해 성장은 더욱 강화된다.

전략과 실행 사이의 긴밀한 관련성은 기업 안에서 이뤄지는 모든 의사 결정에 새겨져 있다. 전략은 대체로 '기업이 추구하는 바'를 가리킨다. 실행은 '어떻게 전략을 추진하고 계속해서 유지할 것인가'를 가리킨다. 기업의 전략은 더는 어디로 가야 하는지 또는 어디서 성장을 추구해야 하는지에 국한되지 않는다. 이제 전략은 우리가 누구이며 어떤 일을 잘하는지와 관련한 것이 된다. 어떻게 승리할지도 전략을 통해 정의된다.

반면 비응집성(incoherence)은 기업의 생명력을 축낸다. 비응집성은 가치를 창출하는 궤도가 여러 갈래로 나뉜 상태를 뜻한다. 응집성이 없는 기업의 제품과 서비스는 성공을 위해 요구되는 역량이 제각각이며 동일한 공통의 강점을 활용하지 못한다. 응집성이 없는 기업은 분명한 정체성이 없이 운영되며 스스로를 차별화하기 어렵다. 만약 여러분이 회사의 전략과 실행 사이에 간극이 있다고 느낀다면 그것은 여러분의 기업에 응집성이 없다는 신호다. 부록A에서는 경영이란 자연스러운 상태에서는 본디 비응집적이며 그간의 경영이론은 전략과 실행 사이의 간극이라는 문제를 해결하는 데 실패했

음을 설명하고 있다.

응집성이 없는 기업의 경영자들은 대개 본인이 실행의 문제라고 인식하는 부분에 관심을 쏟아 문제를 해결하려고 한다. 이들은 흔히 "왜 우리의 기능 담당 임원들은 일을 되게 만들지 못할까? 좀 더 자기 일에 책임을 지도록 만들어야겠군!"과 같은 식의 태도를 보인다. 하지만 전략과 실행 사이의 간극은 어느 개별 기능부서 때문에 발생하는 것이 아니라서 지엽적인 방책으로는 해결할 수 없다. 진정한 해결책은 고유의 차별화된 역량을 구축해 역동적으로 전략과 실행을 연결하는 것이다. 여기에 초점을 맞추면 전략과 실행이라는 두 개의 이질적인 활동을 하나로 통합할 수 있다.

대답되지 않은 질문

우리는 전작 『경쟁우위의 본질(The Essential Advantage)』에서 응집성이 있는 기업이 누리는 차별성에 대해 설명한 바 있다. 응집성이 있는 기업이 다른 기업과 어떻게 구별되고 지속적인 경쟁우위(competitive advantage)를 구가하는지 설명했다. 또한 응집성이 어떻게 이런 혜택을 일궈내는지 몇 가지 구체적인 이유를 이야기했다. 효과성과 효율성의 증대, 투자에서 더욱 명확한 초점, 직원들이 회사가 하는 일을 잘 이해하는 분위기, 직원들이 자신의 노력이 갖는 의미와 이 모든 것이 어떻게 회사의 가치를 창출하는지 이해하는 분위기 등이다.

『경쟁우위의 본질』에서 수행했던 연구와 몇몇 후속 연구를 통해 우리는 응집성 프리미엄(coherence premium)을 추적했다. 응집성 프리미엄이란 기업이 소수의 고유의 차별화된 역량군에 경영 활동을 집중해 얻는 재무적 이익을 뜻한다. 이 프리미엄은 우리가 살펴본 모든 업계에서 확인되었다. 여기에는 항공우주와 방위산업, 자동차, 화학, 포장소비재, 헬스케어, 금융서비스 등의 산업이 포함된다. 반복 연구를 통해 응집성 있는 기업은 경쟁사 대비 평균보다 높은 수익률을 보일 확률이 두 배나 높다는 것이 발견되었다.[9]

700명 이상의 고위 임원에 대한 조사연구 결과 역시 이 결론을 뒷받침했다. 이 조사연구에서는 임원들에게 자신이 알고 있는 기업의 성공 원인에 대해 물었다. 자산, 규모, 다각화 등이 아니라 고유의 차별화된 역량을 통해 경쟁하는 것으로 알려진 기업은 2010년에서 2013년 사이에 연평균 총주주수익률(TSR: Total Shareholder Return)에서 꾸준히 높은 점수를 받았다.[10]

응집성 프리미엄은 고유의 차별화된 역량을 구축하는 것이 쉽지 않은 현실을 보여준다. 기업이 역량을 구축하는 일은 어렵고 복잡하며 비용도 많이 든다. 인적자본, 도구, 시스템과 관련된 고정비용도 높아진다.

하지만 일단 구축된 고유의 차별화된 역량은 지속적인 성공을 위한 핵심 역할을 한다. 천재적인 아이디어가 있다고 해도 강력한 역량을 통해 아이디어를 계속해서 실현할 수 있어야 한다. 기업이 아무리 규모가 크고 잘 경영되고 있어도 세계 최고 수준에서 경쟁할 수 있는 역량은 몇 가지밖에 가질 수 없다. 많아 보았자 세 개에서 여섯 개 정도다.

따라서 3~6개의 역량이 서로를 강화하는 체계를 만든 뒤에 이 체계를 모든 경영 활동에 적용할 수 있는 기업이 경쟁에서 우위를 차지하게 된다. 이는 새로운 종류의 규모의 경제다. 최근 기업들이 탁월하게 잘하는 사업을 중심으로 구조를 개편해야 한다는 압박을 받는 것도 이런 이유에서다.

인수합병 연구에서도 응집성 프리미엄의 증거를 발견했다. 우리는 2001년에서 2012년 사이에 발표된 9개 업종의 540개 주요 글로벌 인수합병 거래를 살펴보았다. 응집성이 있는 거래, 즉 인수 기업의 역량체계에 적합하거나 개선할 수 있는 강점을 가진 기업을 인수하는 거래는 다른 인수합병 거래에 비해 연평균 주주수익률이 평균 14퍼센트포인트 높았다.[11] 2001년에서 2009년 사이에 이뤄진 거래를 살펴본 다른 연구에 따르면 역량 지향적인 거래는 총주주수익률에 12퍼센트포인트의 프리미엄이 있었다.[12] 우리가 수행한 모든 작업과 연구에서 응집성은 기업에게 지속 가능하고 접근 가능하며 신뢰할 수 있는 성공의 경로라는 생각을 강화해주고 있다.

하지만 아직 대답되지 않은 중요한 질문이 하나 남아 있다. 이케아, 나투라, 다나허 등의 회사들은 어떻게 경쟁우위를 가져다주는 역량을 구축했는가? 어떻게 무수한 압박의 소용돌이와 잠재적인 파괴로 점철된 현대 비즈니스 환경 아래에서도 오랫동안 설립 당시의 가치제안을 유지하고 성과로 변환할 수 있었는가? 어떻게 전략과 실행 사이의 간극을 지속적으로 좁힐 수 있었는가?

이런 질문에 답하기 위해 우리는 2012년과 2014년 사이에 고유의 차별화된 역량으로 경쟁우위를 확보했다고 알려진 기업을 신중하게 선별해 연구를 진행했다. 선별 기준은 남다른 기량으로 명성을 날린 기업들이었다. 다른 기업들이 어려워하는 일을 쉽고 반복적으로 해내는 등 역량체계가 성공 비결이라고 알려진 기업들이다. 업계 전문가들에게 수십 개의 기업을 추천받은 뒤 여러 기준을 이용해 몇 개의 연구 대상 기업을 골라냈다.

응집성을 최우선 기준으로 했지만 최종 선정된 기업군이 다양성을 갖도록 여러 업계와 지역을 대표하는 기업들로 골랐다. 대상 기업을 선정하는 데는 상대적인 성과도 고려되었다. 기업의 경영 방침과 지속적인 성공 사이에 상관관계가 있는 기업이어야 했다. 마지막 기준으로 이미 공개된 자료에서부터 전·현직 경영진과의 인터뷰까지 우리가 연구 대상 기업의 정보를 깊이 있게 얻을 수 있는 경우여야 했다.

이렇게 기업을 선정한 뒤 이들 회사가 설립하고 나서 어떻게 성장했고 어떤 의사결정을 내렸으며 어려움에 맞닥뜨렸을 때 어떻게 방침을 바꾸었는지 살펴보았다. 부록B에는 우리의 연구방법론과 기업을 선정하는 과정이 소개되어 있다.

최종적으로 선정된 연구 대상 회사는 모두 14개였다. 아마존(Amazon), 애플, 다나허, 프리토-레이, 하이얼, 이케아, 인디텍스, 레고, 나투라, 퀄컴, 스타벅스, 시멕스(CEMEX, 멕시코의 시멘트 회사), JCI 오토모티브 시스템스 그룹[JCI Automotive Systems Group, 존슨 콘트롤즈(Johnson Controls Inc.)의 차량 좌석 생산부문], 화이자[Pfizer, 2006년 화이자의 소비자 헬스케어 사업부를 존슨앤존슨(Johnson&Johnson)이 인수함]다.

각각의 연구 대상 회사에 대해서는 회사 정체성이 담긴 프로필이 작성되었다. 정체성 프로필은 게임하는 방식인 회사를 이끄는 가치제안, 가치제안을 뒷받침하는 역량체계, 역량을 활용해 회사가 제공하는 제품과 서비스 포트폴리오로 구성되었다. 대상 회사의 정체성 프로필은 이 책의 곳곳에 개별 회사의 이야기를 다룰 때 함께 제시했다.

또한 아디다스(Adidas), 캠벨수프(Campbell's Soup), 맥도날드(McDonald's), 테슬라 모터스(Tesla Motors), 언더아머(UnderArmour) 등 성공을 위해 의식적으로 역량을 구축한 것으로 보이는 다른 회사도 폭넓게 살펴보았다.

이 책에서는 언급된 기업 사례와 함께 저자와 동료들의 경험을 근거로 역량을 통한 차별화 경로를 기술하고 있다. 어떻게 하면 응집성이 있는 기업을 만들고 유지할 수 있는지, 어떻게 하면 전략과 실행 사이에 간극이 생기는 일을 막을 수 있는지 설명한다. 이는 현재 여러분이 어떤 회사를 다니고 있든 모든 회사에 적용이 가능하다.

우리의 책은 톰 피터스(Tom Peters)의 『초우량기업의 조건(In Search of

Excellence)』과 짐 콜린스(Jim Collins)의『좋은 기업을 넘어 위대한 기업으로 (Good to Great)』등 위대한 성공을 일군 기업에서 교훈을 찾는 다른 경영 서적과 큰 차이가 없어 보일지도 모른다. 우리도 잘 알고 존경하는 저자들이 쓴 이 책들은 성공한 기업을 연구해서 공통의 요소를 추려냈다.

이들 책에서는 '현장 순회 경영(management by walking around)'이나 '5단계 리더십(level-five leadership)' 등 여러 통찰력 있는 경영 원칙과 사례를 제시한 바 있다.[13] 그럼에도 실제 경영 현장에서 기업이 이 같은 원칙을 적용하려고 할 때면 원하는 결과를 얻지 못하는 경우가 많았다.

이 책의 접근 방식은 다르다. 여기서는 모든 성공 공식을 제시하려고 하지 않았다. 그 대신 일관성 있게 성과를 내고 있다고 증명된 방법에만 초점을 맞추었다. 먼저 조사연구와 우리의 경험을 토대로 가설을 세웠다. 과거에는 몇 안 되는 기업만 따라갔던 가치창출의 경로가 존재하며 다른 기업도 이 경로를 따른다면 성공할 수 있다는 것이 우리의 가설이다. 많은 경영인들의 직관과는 다르게 이 경로는 일관성이 있고 실용적이며 지속 가능하다.

우리는 이런 접근법을 통해 성공을 구가하는 기업을 찾아냈다. 그리고 이들이 어떻게 의사결정을 하고 어떻게 매일의 일상 업무를 운영하는지 알아내 공통점을 찾아내려고 했다. 물론 우리가 선정한 기업이 아니라도 같은 경로를 따라갔고 연구할 만한 가치가 있는 기업은 많다. 우리가 제시한 기업 목록과 전혀 겹치지 않는 기업 목록을 여러분이 만들어낼 수도 있다. 그렇게 제시된 목록의 기업을 보며 우리 역시 그럴듯하다고 고개를 끄덕일 것이다. 다만 이 책에서 제시한 기업들은 업계의 폭넓은 단면을 대표하기에 좀 더 합리적인 결론을 이끌어낼 수 있다.

이 책의 핵심인 비관습적 리더십의 다섯 가지 행동은 기업이 지속적으로 승리하게 만드는 프랙티스다. 다섯 가지 행동은 취사선택할 수 있는 경영 요소의 목록이 아니라 한 가지 접근법의 다섯 가지 측면으로 보는 것이 맞다. 다섯 가지 행동을 실천해 기업이 성공했다면 그것은 이 다섯 가지가 모두 하나의 목표에 도움이 되었기 때문이다. 그 하나의 목표란 매일의 경영 활동과 고유의 차별화된 역량을 통해 전략과 실행 사이의 간극을 줄여가는 일이다.

비관습적 리더십의 다섯 가지 행동

우리가 조사 대상 기업들을 연구하며 알게 된 것 중 하나는 이들 기업이라고 원래부터 응집성을 갖고 있던 것은 아니라는 점이었다. 이들은 모두 사업에 맞는 특별한 역량을 개발할 목적으로 의식적으로 변화를 추구했다. 이를 위해 때로 업계의 지배적인 프랙티스와 관습적 통념에서 크게 벗어난 방식으로 기업을 운영해야 했다.

관습적 통념에 따른다는 말은 예컨대 성장에 초점을 맞추는 일을 들 수 있다. 성장에 초점을 맞춘 기업들은 대개 매출을 올리기 쉬운 분야부터 찾게 마련이다. 하지만 우리가 조사한 기업들은 승리할 준비가 갖춰진 분야에만 성장의 노력을 집중했다. 이미 남들보다 뛰어난 분야에서 자신이 가진 강점을 활용했다.

여러분은 기업이 역량을 구축하기 위한 가장 좋은 방법은 업계의 베스트 프랙티스를 벤치마킹하거나 기능적 탁월성을 개발하는 것이라고 생각할지 모른다. 하지만 조사 대상 기업들은 다른 기업과 차별화되는 자신만의 맞춤형 역량을 직접 설계하고 구축했다. 여러분은 회사의 실적 부진을 해결하려면 인센티브를 다시 설계하거나 조직을 개편하는 수밖에 없다고 생각할지 모른다. 하지만 우리가 연구한 기업들은 그렇게 하지 않았다. 이들은 문화의 힘을 인정하고 문화적인 강점을 활용해 성과를 촉진했다.

비용을 절감하거나 투자를 결정할 때도 성공적인 기업은 달랐다. 보통의 기업처럼 모든 부문에서 허리띠를 조여 매는 식의 비용절감은 없었다.* 투자할 때도 자원을 여러 잠재기회에 분산하는 대신 자원을 신중하게 재배치해서 장기적인 가치와 관련성이 가장 높은 몇 가지 역량에 집중했다. 마지막으로 이들은 외부의 환경 변화에 빠르게 대응하는 민첩성을 확보하는 데 관심을 두지 않았다. 오히려 자신들이 원하는 쪽으로 변화를 스스로 만들어내는 데 집중했다. 자신들만의 고유한 경쟁우위를 활용해 비즈니스 환경을 자신들이 원하는 대로 재형성했다.

관습적 경영 프랙티스가 갖는 문제점은 가치창출을 위한 근본이론 없이 대개 시행착오를 통해 개발되었다는 것이다. 또한 기업전략과 직접적인 연관성이 없이 독립적으로 개발되었기에 관습적 통념을 따르면 응집성을 잃기 쉽다. 관습적 경영 프랙티스와 그 부작용은 〈표 1-1〉에 정리되어 있다. 이런 프랙티스는 경영진이 빠르게 결과를 내고 업계의 대세를 따르는 것을 목표로 하는 협소하고 파편화된 임시방편에 주목하게 만들어 결과적으로 기업의 응집성을 해친다. 관습적 통념을 따르면 자연스럽게 경영진의 의사결정과 실무진의 실행이 멀어지고 전략과 실행 사이에 간극이 발생하게 된다.

비관습적 리더십의 다섯 가지 행동은 〈표 1-2〉에 제시되어 있다. 이들 행동은 기업에 따라 다른 형태로 나타나지만 분명 서로 닮은 점이 있다. 우선 모두 전략과 실행을 긴밀하게 통합해 양자 사이의 간극을 없애는 경영 습관을 낳는 데 핵심적인 역할을 하는 행동이다. 지속 가능한 가치창출의 공략집을 구성하는 항목이라고 말할 수 있다.

※ '원가절감'이라는 용어를 사용할 수 있으나 좀 더 포괄적인 의미와 예산과의 관련성을 고려해 '비용절감'을 사용했다.

| 표 1-1 | 어떻게 관습적 경영 프랙티스가 전략과 실행 사이의 간극으로 이어지나

관습적 통념	의도하지 않은 결과
성장에 초점	성장의 쳇바퀴에 갇힌다: 승리할 권리가 없는 여러 시장에서 기회를 추구한다
기능적 우수성 추구	모든 면에서 세계적인 수준이 되려고 노력하나 아무것에도 통달하지 못한다: 외부 벤치마킹을 성공의 경로라고 착각한다
변화를 불러오기 위한 조직 개편	조직을 개편하고 또 개편하는 습관에 빠진다: 조직 개편만으로 기업의 행동을 변화시키고 성공을 얻고자 헛되이 노력한다
린 경영	모든 부문에서 비용을 삭감한다: 비핵심 사업부나 기능부서에 과도하게 투자한 결과 핵심역량은 늘 배고픈 상태다
민첩성과 회복력	시장 변화에 끊임없이 반응적으로 대응한다: 잘 듣고 빠르게 행동하면 생존할 수 있으리라는 잘못된 확신 탓에 끊임없이 방향을 전환한다

| 표 1-2 | 전략과 실행 사이의 간극 좁히기: 비관습적 리더십의 다섯 가지 행동

관습적 통념	다섯 가지 비관습적 리더십 행동
성장에 초점	**정체성에 헌신한다:** 내가 가장 잘할 수 있는 일을 분명히 알아서 차별화와 성장을 달성한다
기능적 우수성 추구	**전략을 일상 업무로 전환한다:** 교차기능적인 역량을 구축하고 연결해 전략 의도를 달성한다
변화를 불러오기 위한 조직 개편	**조직문화의 힘을 활용한다:** 문화적인 강점을 인정하고 활용한다
린 경영	**선택과 집중된 비용절감으로 더욱 강하게 성장한다:** 불필요한 부문의 비용을 삭감하고 필요한 곳에 투자를 집중한다
민첩성과 회복력	**미래를 스스로 개척한다:** 역량을 재평가하고 수요를 창출하며 업계 환경을 자신의 조건에 맞게 조정한다

다음에서는 비관습적 리더십의 다섯 가지 행동을 간략히 설명하고 응집성이 있는 기업들이 어떻게 실천했는지 살펴본다.

정체성에 헌신하라

기업은 정체성과 관련한 의사결정을 내리며 응집성을 쌓아간다. 다른 기업과 차별화되는 가치제안을 정의하고 개발한다. 그렇게 정의된 가치를 전달하기 위한 몇 가지의 역량을 선정하면 시장에서 다른 경쟁사보다 효과적으로 게임할 수 있게 된다. 제품과 서비스 포트폴리오를 구축하고 확장할 때는 고유의 차별화된 역량과 항상 연결되도록 해야 한다.

성공하는 기업은 무엇을 파는지가 아니라 무엇을 하는지에 토대를 두고 의식적으로 정체성을 구축한다. 이처럼 특정 정체성에 헌신하게 되면 경쟁 시장에 진출하려고 할 때도 우리 기업이 정체성과 역량에서 우위에 있다고 판단되는 시장, 즉 스스로 '승리할 권리(right to win)'가 있다고 판단되는 시장에만 진출할 수 있다.

애플은 컴퓨터, 모바일 기기, 애플스토어, 온라인서비스, 애플워치와 같은 웨어러블 기기에 동일한 디자인, 소비자 통찰, 기술 통합 역량을 적용해왔다. 애플이 제공하는 모든 제품과 서비스에는 이 회사의 정체성이 뚜렷이 담겨 있다. 하이얼은 소형 가전제품이나 에어컨에서 시작해 물, 공기 품질 모니터링 서비스까지 사업을 확장하면서 똑같은 차별화 방식으로 소비자의 니즈를 맞춰왔다. 퀄컴은 텔레콤 사업에 새로이 진출하면서 획기적인 테크놀로지를 개발하고 다른 회사에 라이선스를 부여하는 역량을 지속적으로 활용해왔다. 이케아, 스타벅스, 레고, 자라(ZARA, 인디텍스의 패션 자회사) 역시 인지도 높은 브랜드지만 특정 상품 덕에 유명해진 것이 아니다. 기업 전체의 정체성이 강력하게 구축되어 있고 독특한 방식으로 사업해온 결과 유명해진 것이다.

정체성을 지키는 것은 현실에 안주해 변화할 능력을 잃어버리는 것과는 다르다. 자신의 강점을 안내자로 삼아 빠르게 변화하는 세상을 헤치고 나가는 것을 의미한다. 회사 전체가 고유의 차별된 가치를 창출하기 위해 정렬되어 있다면 회사는 쉽게 길을 잃지 않는다. 경쟁사를 앞서는 방식으로 자연스럽게 스스로를 차별화하는 데 집중할 수 있다. 이런 회사는 어떤 사업 부문이 부진하다고 해서 눈에 띄는 기회를 모두 다 잡으려고 달려들지 않는다.

현재 자신이 보유한 역량과 향후 개발 가능한 역량을 중심으로 '승리할 권리가 있다'고 생각되는 시장을 찾는다.

기업은 응집성이 높아질수록 자신과 가장 잘 들어맞는 제품과 서비스에 집중하게 된다. 전체 사업 분야를 모두 잘하려고 노력하는 대신 고유의 차별화된 역량이 가장 잘 적용될 시장과 사업 분야에 집중한다.

전략을 일상 업무로 전환하라

기업은 전략을 일상 업무로 전환함으로써 고유의 차별화된 역량을 정의하기 위한 청사진을 만들 수 있다. 기업이 역량을 구축하고 정련한 뒤에 할 일은 이 역량을 회사 전체로 확장하는 것이다.

기업의 역량은 복합적이고 고도로 교차기능적인 프로세스, 도구, 지식, 기술, 조직의 조합이다. 이 모든 것을 한데 모아 안정적이고 지속적으로 특정한 성과를 내야 한다. 이런 역량을 계획하고 구축하고 확장하려면 굉장한 집중력과 전문성이 필요하다. 회사의 임직원들이 전부 하나가 되어 의지를 갖고 노력해야 한다. 역량을 개발하고 확산하려는 노력은 투자 초기부터 효과가 나타나는 편이기는 하나 완전하게 결실을 보기까지는 상당한 시간이 소요된다. 하룻밤 만에 완성할 수 있는 것이라면 그것이 뭐든 큰 가치는 없기 마련이다. 아무나 모방할 수 있을 것이니 말이다.

고도로 응집성이 있는 기업은 자신의 역량을 정의하고 구축하는 데 까다롭다. 이들은 기능적인 우수성을 추구하거나 다른 기업을 벤치마킹하는 것을 목표로 삼지 않는다. 그러는 대신에 프로세스와 프랙티스를 오로지 자신만의 것으로 만드는 데 심혈을 기울인다.

이들은 모든 기업이 같은 역량을 가진다면 모두가 똑같은 결과를 낼 수밖에 없다는 사실을 알고 있다. 같은 시장 안에서 조그만 몫을 차지하려고 싸우게 되는 것이다. 응집성이 있는 기업에서는 CEO에서 말단 직원에 이르기까지 역량에 대한 관심이 기업 전체에 고루 퍼져 있다. 직원들은 역량이 왜 중요한지, 기업이 가치를 창출하는 데 자신이 어떻게 기여할 수 있는지 날카롭게 인지하고 있다.

스타벅스 직원에게 고객경험에 대해 묻거나, 다나허 직원에게 합병한 뒤의 통합 작업을 성공적으로 관리하려면 어떻게 해야 할지 묻거나, 나투라 직원에게 브라질 전역에 공급망을 어떻게 구성해야 할지 물어보라. 그들은 여러분에게 그 과업을 위해 현재 무엇을 하고 있으며 왜 그렇게 하는 것이 중요한지에 대한 장인정신이 깃든 명확한 답을 줄 것이다.

이들 회사는 고도의 전문성을 기업 전체 규모로 유지하고 운영한다는 면에서 명인 셰프(virtuoso chefs)와도 같다. 개개인의 기술과 재능이 뛰어난 것만으로는 이제 충분하지 않다. 개별 기술과 재능을 더 큰 규모의 인프라, 운영, 테크놀로지와 어떻게 엮는지에 따라 다른 회사들이 대적할 수 없는 수준의 뭔가를 생산할 수 있게 된다.

응집성이 없는 거대 기업에서 전략적 우선과제를 전사적인 차원에서 매일의 일상 업무로 전환하는 일은 벅찬 과제라고 볼 수도 있다. 하지만 꼭 그런 것만은 아니다. 다양한 기존 사례를 활용할 수 있으며 그중 일부는 이미 익숙한 것이고 일부는 새로운 방식으로 생각하고 말하는 것일 뿐이다. 고유의 차별화된 교차기능적인 역량을 전사적인 차원에서 일상 행동으로 전환하기 위해서는 응집력과 집단적인 전문성을 양성할 수 있는 문화를 발전시켜야 한다. 이렇게 하면 자연스럽게 세 번째 비관습적 리더십 행동으로 넘어갈 수 있다.

조직문화의 힘을 활용하라

많은 경영자들이 기업의 문화, 즉 기업 구성원들이 집단적으로 생각하고 행동하는 양식이 어떠냐에 따라 기업전략이 강화되거나 약화될 수 있다는 사실을 잘 알고 있다. 조직문화는 조작하거나 통제하기 어렵기에 많은 경영자들은 이를 변화의 주적으로 간주하는 경향이 있다. 실제로 전략과 실행 사이의 간극이라는 함정에 빠진 많은 기업에서 임원들은 문화적 저항과 부조화를 불만스러워하는 경향이 있다. 하지만 진실은 좀 다르다. 진실은 조직문화를 향한 불만 자체가 해당 기업에 응집성이 없기에 나타나는 현상이라고 말할 수 있기 때문이다.

고도로 응집성이 있는 기업은 조직문화를 최대 자산으로 간주한다. 조직문화의 세부적인 모습은 기업마다 크게 다르지만 그들이 가진 조직문화가 각자의 차별화된 강점을 증폭한다는 점은 공통적이다. 이들 기업에서는 직원들이 직장에 감정적으로 헌신한다. 결과에 대해 공동으로 책임감을 느끼고 모방하기 어려운 집단적인 전문성을 개발하길 원한다.

이들 기업은 성과를 높이기 위해 조직문화를 바꿀 필요가 없다. 단지 그 가치를 인정하고 활용해 전략과 실행에서 조직문화가 반영되는 방식을 강화하면 된다. 이들 기업의 조직문화는 팀이나 사업부문 등 조직 안의 경계선을 넘어서서 이뤄져야 하는 전사적인 협력을 쉽게 만들어준다. 사람들에게 원대한 포부의 기운이 깃들게 해 업무에서 탁월한 기량을 발휘하게 하고 회사에 기여하게 만든다. 조직문화와 역량 사이의 상호작용이 해당 기업을 정의하는 특징이 된다.

스타벅스, 다나허, 이케아, 나투라 등의 회사에 들어서면 그곳 구성원들이 내뿜는 높은 신뢰와 열정을 느낄 수 있다. 활기차고 전략 지향적인 조직문화가 가진 힘의 방증이다. 직원들이 회사에 대해 말할 때도 같은 분위기를 느낄 수 있다. 나투라 직원들은 자기 업무에서 관계가 얼마나 중요한지를 끊임없이 언급한다. 스타벅스 직원들은 자기가 얼마나 커피를 사랑하는지, 일하는 곳의 분위기는 얼마나 바리스타 스타일인지 이야기한다. 퀄컴 직원들에게서는 복합적인 기술 문제를 해결하려고 자신들이 얼마나 끈질기게 매달리는지와 업계의 다른 이들이 자신들을 의심할 때도 업계 분위기를 고취하려고 얼마나 노력했는지 같은 경험담을 들을 수 있다. 다나허 직원들은 언제든 회사 동료에게서 기꺼이 배울 의향이 있다는 것과 경영을 개선하기 위해 모든 기회를 활용한다는 이야기를 한다. 조직문화를 직원들 각자가 마음속으로 받아들이게 되면 기업의 역량과 응집성이 강화된다.[14]

그렇다면 전략과 실행 사이의 간극을 좁히기 위해 조직문화를 어떻게 발전시킬 수 있을까? 부분적으로 이는 앞에서 이미 설명한 두 가지 행동을 충실히 수행했다면 자연스럽게 따라오는 결과다. 정체성에 헌신하고 기업전략을 기업 안의 일상 업무로 전환하는 행동 말이다. 모든 임직원이 집단적인 정체성에 헌신하고 고유의 차별화된 역량을 구축하는 데 전념한다면 건강하고 활발한 조직문화가 발전할 수 있는 조건이 형성된다.

지금 여러분이 다니는 회사가 이런 조직문화를 갖고 있지 않다면 어떻게 해야 할까? 조직 상층에서 새로운 행동양식을 만드는 식의 변화 이니셔티브로 기존의 조직문화를 대대적으로 바꾸고자 하는 유혹에 빠질지 모른다. '지금부터 모든 임직원은 결단력 있게 행동한다'든가 '우리는 모두 고객중심이 되어야 한다'는 등의 슬로건이 그렇다. 하지만 이런 접근법은 필연적으로 부작용을 부르기 마련이다.

조직문화에 직접 대항하기보다 문화적 중재자를 이용하는 형태가 대안이될 수 있다. 먼저 회사가 지원하는 가치제안과 관련성이 높은 몇 가지 핵심적인 조직문화 행동을 찾아낸다. 그리고 나서 이런 행동을 잘 이해하는 관리자와 직원에게 권한을 줘 회사 안에 바람직한 행동양식을 퍼뜨리는 데 도움을 받는다. 그런 뒤에 전체 구성원이 진심으로 애정을 갖고 회사의 전략을 실행하는 데 도움이 될 만한 몇 가지 핵심 특성을 포착해 언어로써 명확히 표현한다.[15]

이렇게 상대적으로 미묘한 접근법이 나중에 가서 보면 더 큰 힘을 발휘한다. 왜냐하면 사람이란 미묘하게 설득해야 스스로가 조직에 영향력이 있다고 느껴 자발적으로 감성적인 에너지를 내놓기 때문이다.

선택과 집중된 비용절감으로 더욱 강하게 성장하라

전략과 실행 사이의 간극을 좁힌 기업은 가장 중요하다고 생각하는 일에 경쟁사보다 많은 비용을 지출하고 그 밖의 일에는 최대한 비용을 절감한다. 그리고 미리 설정해놓은 최저한에 맞춰 경영하지 않고 모든 비용을 투자로 간주한다.

같은 액수의 돈을 쓰더라도 결과는 천양지차다. 놀라울 정도의 성과를 보장하는 고유의 차별화된 역량이 만들어질 수도 있고 회사의 발목을 잡는 응집성이 없는 활동을 하는 데 돈이 낭비될 수도 있다. 어디서 비용을 절감하고 어디에 투자할지 의사결정을 할 때에는 가치제안을 어떻게 지원하고 역량을 통해 스스로를 어떻게 차별화할지 고려해야 한다.

응집성이 높은 기업은 비용을 전략과 분리된 것으로 보지 않고, 비용관리 자체가 회사의 정체성이나 방향성과 관련된 중대한 선택이라고 본다. 비용을 관리하게 되면 재무적 원칙(financial discipline)에서 한층 더 높은 수준에 도달할 수 있다. 주의력을 빼앗는 프로젝트에서 자원을 빼내 이익을 창출하는 핵심역량에 재배치할 수 있다.

　선택과 집중의 비용관리는 연간 예산계획 등 재무 프랙티스에도 새로운 생명력을 불어넣는다. 회사의 재정 상황이 안정적이라고 해서 섣불리 수십 개의 신규 프로젝트를 시작하지 않는다. 그럴 경우 개별 프로젝트에 대한 투자는 되레 약화될 수 있다. 그보다는 성공 확률이 가장 높은 분야를 골라 투자를 집중한다. 회사의 재정 상황이 어려울 때도 투자를 완전히 끊거나 모든 분야에서 비용을 삭감하려고 들지 않는다. 전략적인 우선순위가 높은 분야의 투자는 두 배로 늘리고 그 밖의 분야에서 비용을 줄일 방법을 찾아내려고 노력한다.

　멕시코의 세계적인 건축자재 회사인 시멕스는 2008년 주택시장에 위기가 닥치고 불황이 이어지자 업계 전체가 그랬던 것처럼 허리띠를 바싹 졸라매야 했다. 하지만 회사의 생존을 위협하는 유동성 위기 중에도 시멕스는 지식 공유 플랫폼을 개발하는 일을 멈추지 않았다. 해당 플랫폼을 개발하는 일은 기술과 교육훈련에 대한 투자로 다른 회사라면 그런 시기에는 불필요하다고 판단했을 만한 투자였다. 하지만 시멕스 경영진은 회사가 다시 성장 가도를 달리는 것은 솔루션 제공자(solution provider)로서 차별적 우위를 유지할 수 있을지에 달려 있음을 잘 이해하고 있었다. 이를 위해서는 회사에 효과적인 지식관리가 꼭 필요했다.

　전략과 실행 사이의 간극을 좁히는 일에 착수하는 시점에서 이미 여러분의 회사는 재무적으로 절망적인 상황에 놓여 있을지 모른다. 전략적으로 우선순위에 있지 않은 모든 것을 걸러내고 최소한의 필수적인 것만 남기고 나머지 모든 비용을 줄여야 하는 상황일 수도 있다. 만약 그렇다면 그렇게 절감한 비용을 은행에 맡기는 대신 역량체계를 개발하는 데 재투자하라. PwC와 Strategy&에서는 이런 역발상을 '성장적합형(Fit for Growth)' 접근법이라

고 부르기도 한다.[16]

어려운 상황에서도 성장을 지속하려면 재투자의 의지를 잃지 않아야 한다. 성장에 적합한 프로젝트를 발굴하는 동시에 그렇지 않은 프로젝트는 과감히 걷어낼 수 있어야 한다. 그런 결정을 촉진하는 재무 프랙티스와 보상체계를 기업 안에 개발해야 한다. 재무적인 엄격함을 유지해서 기업의 전체 생애주기에 걸쳐 지속적으로 비용을 줄이면서도 동시에 더욱 강력한 성장을 도모할 수 있다.

미래를 스스로 개척하라

가장 잘하는 일에 집중하면 응집성이 높은 기업에서는 시간이 흐르면서 점점 더 원래 설정했던 목표를 뛰어넘는 역량이 개발된다. 이들 기업은 이제 더는 환경의 제약을 걱정하지 않는다. 오히려 운명에 맞서고 운명을 스스로 결정하게 된다. 이런 기업들은 더 나아진 역량을 보다 폭넓은 도전에 적용해서 더욱 고매한 목표와 더욱 드높은 이상을 추구하게 된다. 이를 통해 고객의 가장 근본적인 니즈와 바람을 충족하고 궁극적으로 업계를 선도하는 기업이 된다. 초기의 성공을 토대로 스스로 가장 잘하는 일을 더욱 강화하고 확장한다.

성공한 기업 중 일부는 과거의 성공에 안주하는 함정에 빠지기도 한다. 하지만 우리가 연구한 기업들은 대체로 자기만족을 피하기 위해 열심히 노력하는 모습이었다. 이들은 자신의 역량이 어떻게 진화해야 하는지 분명히 예측하고자 한다. 또한 필요한 투자를 미리 충분히 해서 자신들의 기업이 환경의 변화보다 늘 한걸음 앞서서 자리 잡도록 한다.

이들은 핵심고객과 특별한 관계를 형성한다. 단지 고객의 수요를 따라가는 것이 아니라 창출한다. 또한 아직 표현되지 않은 고객의 니즈를 드러내고 충족하는 제품과 서비스를 출시한다.

마지막으로 성공한 기업들은 시장에서 주도적인 역할을 맡아 리더로 자리매김한다. '생태계의 엔지니어'로 알려진 비버나 지렁이처럼 이들도 주변 환경을 변화시켜 자신의 필요를 충족한다. 매우 우월한 가치를 창출해 시장의 공급자, 유통기업, 그 밖의 협력기업들이 이들과 함께 일하고 싶고 모방하고 싶고 능가하고 싶도록 유도한다.[17]

프리토-레이는 파괴적인 경쟁 환경에 맞닥뜨리자 영업직원들에게 맨 먼저 휴대용 컴퓨터를 지급하고 소매점의 스낵 코너 선반을 직접 관리하도록 했다. 이를 통해 회전이 빠른 충동구매 제품의 유통에 대한 업계의 기존 통념을 바꿔놓았다. 인디텍스는 쇼핑매장과 공장을 직접 연결했다. 새로운 형태의 최첨단 패션 유통을 창출해 의류업계가 그간 유지해왔던 할인정책을 낡은 것으로 만들었다.

애플은 소비자가 컴퓨팅, 글쓰기, 음악 저장, 비디오 스트리밍, 문서 다운로드, 사진 찍기, 전화 통화, 문자메시지, 기타 미디어 활동을 통합하는 기기를 원할 것이라고 미리 내다본 덕에 1990년대 말과 2000년대 초에 디지털 테크놀로지 업계를 선도했다. 애플의 성공에서 일정 부분은 스티브 잡스(Steve Jobs)를 중심으로 하는 몇몇 천재들 덕분이지만 그렇다고 애플이 천재성만으로 성공한 회사는 아니다. 애플이 디지털 산업을 다듬고 구상을 현실로 만들기 위해서는 수십 년에 걸친 역량 개발과 구축 과정이 필요했다. 애플의 시도는 실용적이고 다른 기업들도 달성이 가능하지만 이를 위해서는 기업의 리더십이 전략과 실행 양쪽에서 일하는 사람들과 매우 긴밀하게 연결되어 있어야 한다.

프리토-레이, 인디텍스, 애플과 같은 수준에서 운영되는 기업들을 우리는

'수퍼경쟁자(supercompetitor)'라고 부른다. 이들은 역량이 뛰어나고 시장에서 영향력도 있기에 때로 업계 안에서 다른 기업들 사이의 관계를 조정하는 역할을 맡기도 한다.

응집성은 수퍼경쟁자라는 타이틀을 얻는 데 반드시 필요한 전제조건이다. 하지만 응집성만으로는 충분하지 않다. 경영이라는 게임을 잘 풀어가는 것은 물론이고 게임의 규칙 자체를 바꿀 수 있어야 한다. 우리가 이 책에서 조사연구한 기업들은 모두 비관습적 리더십의 다섯 가지 행동을 실천했기에 수퍼경쟁자의 위치에 오를 수 있었다. 물론 여러분의 회사도 그렇게 될 수 있다.

어떻게 다섯 가지 행동이 서로 맞물리는가

우리는 지난 몇 년간 경영 현장과 학계에서 지금까지 설명한 연구 결과를 제시해왔다. 그러던 어느 날 한 경영대학원에서 학생 하나가 손을 들고 이렇게 반문했다. "관습적 통념에 문제가 있다는 점은 알겠습니다. 하지만 지금까지 교수님들에게서 그것들을 실천하라고 배워왔는걸요."

경영 현장에서 뛰는 기업 임원들도 비슷한 이야기를 한다. 비관습적 리더십의 다섯 가지 행동은 많은 사람들이 믿고 있는 올바른 경영 방식과 충돌한다. 성장에 집중하는 기업은 일반적으로 칭찬을 받는다. 새롭게 내놓은 제품이나 서비스가 잘 조화되지 않아도 대개 그렇다. 기능적 우수성, 성공을 위한 조직 개편, 기업 조직 전반에 걸친 린 경영의 적용, 시장 변화에 대한 민첩한 반응 모두가 경영계에서 높이 평가되는 관습적 통념이다.

하지만 이런 접근법은 전략과 실행 사이에 간극을 만들어내는 주요한 원인이기도 하다. 우리가 연구한 기업들은 회복력과 적응력을 유지하면서도 경쟁사를 제치고 탄탄하며 응집성과 결속력이 있는 정체성을 성공적으로 유지하고 있었다.

관습적 통념을 둘러싼 논란과 관련해서는 미군의 어느 고위 장교가 내놓은 코멘트가 의미심장하다. 해당 장교는 〈표 1-1〉에 나열된 관습적 통념이 미국 육군 조직의 전반적인 경영 스타일을 정확히 포착해냈다고 평가했다. "하지만 미군 안에서도 〈표 1-2〉에 나타난 비관습적 행동을 굉장히 잘하는 소그룹도 있습니다." 그가 말하는 비관습적 행동을 잘하는 소그룹이란 그린 베레(Green Berets)나 네이비실(Navy Seals)처럼 민감한 업무를 수행하는 엘리트 특수부대를 가리킨다.

대부분의 기업도 조직 안에 그린베레 같은 엘리트 특수그룹을 보유하고 있다. 이들 엘리트 그룹은 기업의 다른 부분과는 단절된 채 자기들만의 특수한 임무를 수행한다. 일부 경영진은 대부분의 기업 구성원은 평범한 일상 업무를 수행하고 경영전략과 같은 특수한 업무는 특수한 그룹에게 맡기면 된다고 생각한다.

하지만 여러분이 진심으로 전략과 실행을 전사적으로 원활하게 연결하고 싶다면 엘리트 그룹에 의존해서는 안 된다. 특수부대는 매우 훌륭한 자원이지만 그들의 존재 자체가 비관습적 리더십의 다섯 가지 행동이 회사 전체로 확산되는 데 걸림돌이 되기도 한다.

특수부대를 쓰는 대신 회사의 모든 구성원을 역량 개발에 참여시키는 것이 좋다. 그래야 회사 전체, 회사의 모든 제품과 서비스 전체에 확장 가능한 고유의 차별화된 역량이 개발된다. 이를 위해서는 집중력과 특정한 사고와 행동양식이 필요한데 이를 대규모로 실행하기는 것은 확실히 쉽지 않은 과제다. 그럼에도 비관습적 리더십의 다섯 가지 행동은 기업이 응집력이 있는 상태에 도달하기 위해 반드시 체득해야 하는 프랙티스다.

　다섯 가지 행동은 서로 긴밀히 연결되어 있어 그중 두세 가지만 따로 떼어내 초점을 맞추는 것은 어렵다. 다음 중 하나라도 무시하면 어떻게 될지 생각해보자.

- 정체성에 헌신하지 않는 기업은 다양한 목표 사이에서 초점을 잃을 위험이 있다. 지속적으로 밀어닥치는 긴급사태에 대처하다 보면 초점이 흐트러지기가 쉽고, 그런 일이 반복되면 기업이 필요로 하는 역량을 영영 구축하지 못할 수 있다. 여러 시장에 참여할 권리는 얻었으나 승리할 권리는 어디서도 얻지 못한다.

- 전략을 매일의 일상 업무로 전환하지 못하는 기업은 전략목표를 달성하기 위해 이미 갖고 있는 기능에만 의존해야 한다. 이미 있는 기능에만 의지하다 보니 자연스레 기업 경영은 우물 안 개구리 처지를 벗어나기 어렵고, 이들이 가진 역량이 아무리 뛰어날지라도 전략을 완전하게 달성하기에는 그 범위가 협소하다. 이런 기업은 주기적으로 위대한 목표를 공언할 뿐 지키지는 못하는 기업이 될 위험이 있다.

- 문화를 활용하지 못하는 기업은 구성원들이 답답한 느낌을 갖게 하고 소속감을 느끼지 못하게 만든다. 임직원들의 헌신과 열정은 죽은 상태가 된다. 새로운 전략이 발표될 때마다 사람들은 립서비스만 하며 다음 조직개편을 기다린다. 어떤 전략이 나와도 구성원들이 비협조와 반감으로 대응해 실패하게 만드는 수동 공격적인 기업이 되어버린다.

- 비용을 줄일 때 선택과 집중에 실패하는 기업은 영양결핍에 걸린다. 기업에서 가장 중요한 부분은 기아 상태에 빠지고 꼭 필요하지 않은 부분은 쓸데없이 영양과잉 상태가 된다. 핵심적인 역량은 약해지면서 기업

의 덜 중요한 다른 부분과 섞여 흐릿해지고 만다.

• 스스로 미래를 개척하지 못하는 기업은 미래를 개척하는 경쟁사에 뒤떨어지고 경쟁사가 창출해내는 파괴적인 환경에 휘말릴 위험이 있다. 이미 여러 분야에서 수퍼경쟁자가 등장하고 있다. 이들은 지속적으로 스스로의 역량을 개선하고 고객의 니즈를 예측하며 시장에서 자신이 통제할 수 있는 부분을 분명히 확보한다. 수퍼경쟁자로 성장할 기회를 놓치면 업계 안에서 더 크고 응집력 높은 경쟁사에게 의지하는 처지가 될지도 모른다.

이케아 이야기

응집성이 있는 리더십의 다섯 가지 행동이 어떻게 기업을 성공으로 이끄는지에 대한 좋은 사례가 있다. 세계 최대의 가구 제조 판매업체인 이케아 이야기다.

이케아의 정체성은 두 개의 단순한 문구로 요약되어 있다. 그중 첫 번째는 1950년대 중반 이케아 설립자인 잉바르 캄프라드(Ingvar Kamprad)가 분명하게 설정했다. "많은 사람을 위한 더 나은 일상의 삶을 창출한다." 캄프라드의 말에는 이케아의 가치제안이 담겨 있다.

두 번째는 이케아가 운영모델에 소비자를 참여시키는 원칙을 간명하게 설명한다. "당신은 당신의 역할을 하고 우리는 우리의 역할을 합니다. 함께 하면 서로 비용이 절약됩니다." 이 원칙에 따라 이케아의 각 매장에서는 고객에게 직접 창고에서 가구를 꺼내 스스로 조립하도록 정중하게 요청하고 있다.[18] 회사 설립 초기부터 이케아는 자신들의 가치제안을 가능하게 하고 이를 판매하는 모든 제품에 적용할 수 있게끔 역량체계를 구축하고 관리하는 데 집중했다.

캄프라드는 1943년 대학생의 나이에 기업가가 되어 이케아를 설립했다. 초반에는 종자, 엽서, 문구류 같은 것을 팔았다. 이케아는 기업공개를 하지 않은 캄프라드의 개인소유 기업이다. IKEA라는 철자도 잉바르 캄프라드에서 각각 첫 글자를, 그가 나고 자란 농장 엘름타리드(Elmtaryd)와 마을 아군나리드(Agunnaryd)에서 첫 글자를 따서 만들었다.

오늘날 우리가 아는 이케아가 시작된 것은 1950년대에 들어선 뒤의 일이다. 캄프라드는 스웨덴의 가구가 너무 비싸 많은 사람들, 특히 신혼부부처럼 처음으로 살림을 차리는 사람들이 가구를 사지 못한다는 사실을 깨달았다. 가구가 비싼 이유는 부분적으로는 제조업체에서 물건을 매입해 판매하는 중간 상인들의 유통망이 지나치게 세분화되어 있었기 때문이다. 이케아는 사람들에게 저가의 우아한 가정용 가구를 공급할 방법을 찾는 회사가 되고자 했다.

이케아의 정체성 프로필

스웨덴에서 설립된 이케아는 세계를 선도하는 홈 퍼니싱 브랜드다.

가치제안 이케아는 저가형 기업이자 경험제공 기업으로서 가치를 전달한다. 이케아는 기능적이고 스타일리시한 가정용 가구를 매우 저렴한 가격으로 공급해 전 세계 많은 사람을 위해 더 나은 매일의 삶을 창출한다. 높은 수준의 고객참여, 품질, 지속가능성을 확보한다.

역량체계

► **고객의 홈 라이프에 대한 깊은 이해** 이케아는 고객의 홈 라이프를 이해해 디자인, 생산, 유통 프랙티스에 광범위하게 적용한다.

► **가격에 민감하고 스타일리시한 제품 디자인** 이케아는 고객참여, 공급망 효율성, 가격에 대한 고려 요소를 디자인 프로세스에 통합한다.

► **효율적이고 확장 가능하며 지속 가능한 오퍼레이션** 이케아는 공급망, 제조와 유통 프랙티스를 통합하는 고유의 차별화된 오퍼레이션 역량을 개발한다.

► **고객중심 매장 디자인** 이케아는 참여와 영감을 제공하고 사람들이 매일의 삶을 함께할 물건을 시간을 들여 편안하게 고를 수 있도록 '하루 종일' 이어지는 차별화된 쇼핑 경험을 제공한다. 이를 위해 차별화된 조합으로써 몰입형의 개방적인 창고를 만들어내는 역량을 갖고 있다.

제품과 서비스 포트폴리오 이케아의 제품은 고객이 집에 쉽게 가져갈 수 있도록 부품을 최대한 분리하고 납작하게 압축한 플랫 포장을 적용하고 있다. 이케아의 서비스는 고객이 스스로 고르고 배달하며 조립하는 참여 경험을 제공한다. 이를 통해 이케아는 가구와 그 밖의 가정용 제품을 저렴하게 판매한다.

캄프라드가 스웨덴의 기존 가구 유통망 대신 제조업체에서 가구를 직접 매입해 판매가를 낮춘 것은 바로 이케아의 정체성에 대한 헌신을 보여주는 일이었다. 당시 스웨덴의 가구 시장을 선도하던 기업들은 곧바로 이케아를 위협으로 인식했고, 제조업체에게 압력을 넣어 이케아에게 가구를 팔지 못하게 했다. 이에 캄프라드는 비용이 낮은 동유럽의 가구 회사로 발길을 돌렸

다. 동유럽 회사들은 이케아에 필요한 제품을 꼭 맞춰 생산하면서도 가격은 더 낮았다.

1958년 스웨덴의 어느 한적한 시골 마을인 엘름홀트(Älmhult)에 이케아 1호 매장이 문을 열었다. 숲속 깊숙이 위치한 매장에 사람들이 찾아와 하루를 보내도록 유혹하기 위해 이케아는 가격을 더욱 낮추고 고유의 차별화된 매장을 설계했다. 매장 설계에는 독특한 룸 환경, 셀프서비스 레스토랑, 보모가 딸린 어린이용 놀이방 등이 포함되었다. 이 모두가 오늘날 이케아를 특징짓는 온종일에 걸친 쇼핑 경험을 지원하는 요소다.

캄프라드와 그의 직원들은 전략을 일상 업무로 전환하는 데 엄청난 시간과 고민을 들였다. 그렇게 해서 이케아를 차별화하는 역량을 구축했다. 예컨대 고객이 어떤 가구를 사러 오는지 연구하는 데 그치지 않고 고객 자체를 폭넓게 이해하려고 노력했다. 고객이 현재 어떤 삶을 살고 있고 미래에는 어떤 삶을 살고 싶어 하는지 조사했다. 고객이 현재의 삶에서 어떤 면에 불만족하거나 실망하고 있는지 알고자 했다.

캄프라드는 이케아 매장에서 쇼핑하는 사람들에게 다가가 "오늘 우리가 어떻게 당신을 실망시켰습니까?"라는 질문을 던지는 것으로 유명하다. 이렇게 질문하면 다른 질문에서는 듣지 못했을 통찰을 고객으로부터 이끌어낼 수 있다. 오늘날 이케아에서는 회사 매니저가 고객의 집을 직접 방문하는 것이 중요한 업무 중 하나인데 이 역시 이케아의 초창기 프랙티스의 직접적인 연장선상에 있다.

1960년대 중반 이케아 매장은 스칸디나비아반도 전역으로 퍼졌고 곧이어 전 세계로 확장되었다. 글로벌 회사로 발돋움하기 위해 이케아는 완전히 새로운 방식으로 역량을 확장해야 했다. 1983년 이케아는 프랜차이즈 시스템을 정립해 전 세계에 걸쳐 수많은 프랙티스를 코드화하고 표준화했다. 동시에 기업가적이고 참여적인 문화를 의식적으로 양성했다. 매니저가 주기적으로 동료 직원을 독려하고 '우리 회사가 어떻게 일을 하는지' 상기시키도록 해 시간이 지나도 역량을 혁신하는 작업이 지속될 수 있도록 했다.

인터 이케아 시스템스(Inter IKEA Systems B.V., 이케아 상표권과 전 세계 프랜차이즈를 소유한 회사)의 CEO 토브욘 루프(Torbjörn Lööf)는 이렇게 설명한다. "물론 이케아 안에도 매우 엄격하고 구조화된 영역이 있습니다. 하지만 사람들은 거기에 저항하지 않지요. 이미 충분히 검증된 시스템인 것을 잘 알고 있기 때문입니다. 우리가 지속적으로 새로운 시도를 한다는 사실도 잘 알고 있습니다. 그런 시도 중에서 뭔가 성공적인 것이 나오면 언제든 이케아 콘셉트에 반영됩니다."[19]

이케아는 강한 성장을 위해 비용절감을 할 때 선택과 집중을 잘하는 회사로 알려져 있다. 이케아 사람들은 상품 품질, 매장 안에서의 고객경험, 운영 효율성에 영향을 주지 않는 선에서 비용을 최대한 절감하기 위해 모든 기회를 적극적으로 활용한다. 예컨대 이케아의 디자이너들은 자재와 공간을 절약할 수 있는 포장 방법을 지속적으로 연구해 컨테이너 안에 더 많은 제품을 실을 수 있도록 한다.

제품 디자인 단계에서 전략과 실행이 조화를 이루는 모습은 보통의 회사에서는 보기 드문 일이다. 보통의 기업에서 제품 디자인을 담당하는 디자이너는 비용관리에 대해 책임을 지지 않는다. 비용관리는 재무나 공급망을 관리하는 그룹에서 담당하는 것이 일반적이다. 소매가격을 결정하는 일은 마케팅 부서의 소관이다. 각각의 부서는 서로 다른 우선순위를 갖고 있고 이에 따른 부서 사이의 갈등과 상충관계를 협상하는 일에 익숙해져 있다.

하지만 이케아에서는 디자인, 비용, 가격 결정이 모두 제품 혁신 단계에서 함께 고려된다. 그러니 부서 사이에 우선순위가 부딪히는 일이 많지 않다.

모두가 같은 목표를 추구하고 있기 때문이다. 이런 통합 덕택에 이케아는 고도로 발달된 디자인 역량을 고유의 차별화된 우위로 확보할 수 있었다.

이케아 매니저들은 회사에 방문한 손님이 아무리 중요한 인사일지라도 매장 카페테리아에서 점심을 대접하기를 고집한다. 잉카그룹(INGKA Group, 이케아의 13개 프랜차이즈 중 가장 큰 프랜차이즈)의 글로벌 마케팅 이사 몬세라트 마레슈(Montserrat Maresch)는 "방문객과의 식사를 화려한 식당에서 가진다면 그 비용은 결과적으로 고객에게 전가됩니다"라고 말한다. 잉카그룹은 이렇게 절약한 돈을 사업에 재투자하는데, 주로 제품 가격을 내리고 신규 지역에 진출해 회사의 역량을 강화하는 데 쓴다.

매년 이케아는 더욱 강력한 비용절감을 위해 연간 단위로 매일의 프랙티스를 개선하는 작업에 채찍질하고 있다. 2000년부터 이케아는 회계연도의 시작 시점에 가격을 1.5퍼센트에서 2퍼센트 정도 인하해왔다('연례 가격 인하' 정책). "그러니까 회계연도를 적자로 시작하는 것입니다." 잉카그룹의 CEO인 피터 앙게피젤(Peter Agnefjäll)의 말이다. "270억 유로의 매출을 올렸다면 다음 해 5억 유로의 마이너스를 안고 시작하지요. 제로에서 시작하지 않기에 전보다 더 잘하지 않으면 결국 적자가 나게 됩니다."

이케아의 조직문화 또한 이런 프랙티스를 강화하며 동시에 긴밀히 조화를 이루고 있다. "우리의 내적인 힘, 내적 접착력 같은 것은 이케아의 조직문화에서 나옵니다." 잉카그룹의 전임 CEO인 마이클 올슨(Mikael Ohlsson)의 말이다. 회사의 누군가가 이케아의 가치에 반하는 행동을 하면 모든 사람들이 즉각 알아본다. 누군가가 눈에 띄게 자원을 낭비하고 있거나 아이디어를 제시했다는 이유만으로 부하 직원을 비난한다면 이는 이케아의 가치에 반하는 일이다. 비단 상사만이 아니라 주위의 모든 사람이 이런 행동을 지적한다. 이케아 사람들은 서로의 행동에 지속적으로 관심을 기울여야만 전체 시스템이 작동한다는 사실을 알고 있다.

이케아는 역량체계를 구축해 성공을 구가했다. 이케아는 자타공인 세계 최대의 홈 퍼니싱 브랜드다. 이케아는 선별된 시장에서 세계적인 기업 규모를 이용해 수퍼경쟁자의 역할을 자임한다. 바로 스스로 미래를 개척하는 일이다. 예컨대 이케아는 가구를 워낙 대규모로 매입하기 때문에 제조업체들은 이케아의 요구사양을 맞추기 위해서라면 무슨 일이든 한다.

이케아에게 가구 분야의 경쟁사는 거의 위협이 되지 못한다. 이케아 경영진은 경쟁사 모니터링도 꾸준히 하지 않을 정도다. 스웨덴 시장에서 이케아와 직접 경쟁하려고 시도한 기업도 더러 있었다. 하지만 역량체계의 개발도 한참 늦고 이케아와 경쟁할 만한 규모도 축적되지 않아 도저히 상대가 되지 못했다.

가히 다른 기업의 부러움을 살 만한 시장 위치에 있지만 이케아의 경영진은 현실에 안주하지 않는다. 우리와의 인터뷰 중에 이들은 이케아의 성공이 모방될 수 있다는 사실을 인정했다. 이케아가 계속해서 선도적인 기업으로 남기 위해서는 항상 긴장하고 있어야 한다고 했다.

예스페르 브로딘(Jesper Brodin)은 이케아에서 스웨덴 지역 제품군 및 공급 매니저로 일하고 있다. 그가 보는 이케아의 걱정거리는 이렇다. "우리의 최대 위협은 시장도 아니고 유럽 경제도 아니며 불황이나 그 밖의 어떤 것도 아닙니다. 바로 우리 자신, 변혁과 전달을 위한 우리 자신의 역량입니다."

이케아는 고유의 차별화된 정체성을 잃지 않으면서도 새로운 영역을 포착하기 위해 스스로를 정의할 때 끊임없이 광의의 용어를 사용한다. 예컨대 이 책을 쓰는 현재 이케아는 영국 시장에서 검증하고 다듬은 온라인쇼핑이라는 벤처 부문을 세계시장으로 확산하는 중이다. 또한 혁신적인 제품 회수 이니셔티브를 통해 반품된 가구를 폐기하는 대신 수리해서 쓸 수 있게 하는 등 지속가능성을 위한 노력도 이어가고 있다. 전체 조명제품 라인을 LED 전구로 바꿔 에너지 절약을 위한 변화도 이끌어냈다. 이런 노력은 모두 이케아의 역량에 비춰 신중하게 고려된 것이다. 응집성이 있는 다른 기업처럼 이케아 역시 적합한 활동에 시간과 에너지, 자본을 집중적으로 투자한다.

이케아의 힘은 전략과 실행 사이에 발생하는 간극을 메우는 응집성이 있는 비관습적 리더십의 다섯 가지 행동을 모두 통달한 데서 나온다. 이케아는 자신의 정체성에 충실하다. 모든 역량은 서로 적합성을 갖고 있으며, 단일한 가치제안을 지원하고, 그들이 만들고 파는 모든 제품과 서비스에 적용되어 있다.

이케아는 주기적으로 프랙티스를 개선하고 이를 강화하도록 문화를 활용한다. 단돈 1원이라도 전략적인 목적에 부합하는 방식으로 지출되는지 주시하며 고객의 요구를 좇을 때에도 회사가 자신의 운명을 충분히 통제할 수 있는 방식으로 한다. 마지막으로 이케아의 경영 습관과 모든 활동에 깃든 통제력은 다른 기업과의 경쟁에서 우위를 잃지 않도록 그들을 지켜준다.

이 책에서 살펴본 모든 기업들은 비관습적 리더십의 다섯 가지 행동과 관련해서 각자의 성공 스토리를 갖고 있다. 예컨대 나투라는 '벰 에스타르 벰'이라는 이름의 슬로건을 토대로 강력하고 성공적인 정체성을 구축했다. 자신들의 역할을 아름다움을 파는 것이 아니라 세상과 자연제품을 매개로 관계를 맺는 기업으로 정립했다.

나투라의 역량체계도 그에 걸맞게 설계되었다. 여기에는 나투라가 아마존 우림의 작은 마을들과 맺은 관계, 나투라가 수많은 방문판매 컨설턴트들과 맺은 뛰어난 관계도 포함되어 있다. 나투라는 상호신뢰, 책임감, 창의성에 토대를 둔 강력한 조직문화를 갖고 있다. 이 조직문화는 회사가 경쟁사보다 우위를 점하게 하는 지속적인 혁신을 가능하게 한다. 또한 나투라는 신중하게 자원을 배분한다. 포장과 광고에는 거의 돈을 쓰지 않지만 온라인사업에는 막대한 투자를 하고 있다. 그간 훌륭하게 관계망을 만들어온 고유의 차별화된 역량을 온라인에도 적용할 수 있는 방법을 찾으려고 애쓰고 있다. 그렇게 나투라는 브라질 국경을 넘어 세계무대에서 수퍼경쟁자가 되고자 노력하는 중이다.

다나허에게도 비슷한 스토리가 있다. 다나허의 정체성은 과학적이며 테크놀로지를 앞세운 도구와 기구를 만드는 고성능 지향의 제조회사다. 이는 원래 '다나허 비즈니스 시스템(DBS: Danaher Business System)'을 통해 병든 회사를 되살리는 전설적인 능력에 토대를 둔 것이다.

다나허 비즈니스 시스템은 린 경영과 그 밖의 몇몇 경영원칙을 독특하게 적용한 시스템이다. 자사의 임원을 강력하게 훈련하는 다나허의 능력은 전례 없는 인수합병 성공률로 이어졌다. 다나허의 임직원은 자신들의 조직문화를 자랑스러워한다. 소박하고 진지한 분위기지만 엘리트 그룹 안에서 환영받는 기분을 느끼게 해준다.

다나허는 불필요한 비용을 줄이거나 없애려고 부단히 노력하는 회사다. 이를 통해 연구개발(R&D)이나 운영 개선과 같은 중요한 분야에 회사의 자원과 관심을 집중할 수 있다. 다나허는 업계를 만들어가는 회사다. 2015년 중반 회사를 과학기술 회사와 다각화된 산업재 회사로 나누겠다는 발표를 내놓은 바 있다. 병든 회사의 운영을 개선하는 원래의 강점을 토대로 해 다나허는 역량체계를 지속적으로 구축하고 확장해왔다. 그런 노력 끝에 이제 전혀 다른 유형의 두 회사로 분사가 가능할 정도로 새로운 방향으로 진화한 것이다.

응집성으로 가는 경로

우리는 비관습적 리더십의 다섯 가지 행동이 성공으로 가는 유일한 경로라고 주장하지 않는다. 다만 우리가 아는 한 이 다섯 가지 행동은 전략과 실행 사이의 간극을 좁혀주는 유일한 경로다. 그 밖의 다른 경로는 장기적이고 지속 가능한 성공을 보장하지 못한다.

무엇보다도 비관습적 리더십 행동은 본질적으로 보람도 있고 매력적인 경로라고 말하고 싶다. 응집성을 향한 경로를 몇 걸음만 따라가도 이미 기업의 성과와 구성원들의 사기가 크게 진작된 모습을 볼 수 있을 것이다.

응집성이 있는 기업이 되려면 운이나 개인의 천재성에 기대서는 안 된다. 안목이 있어야 하고 결단력도 있어야 한다. 전략에 들어맞지 않는 기회는 거부하는 의지도 필요하다. 거대한 기업 전체를 한 배에 태워 함께 갈 수 있으려면 남다른 끈기도 갖춰야 할 것이다.

앞으로 이어질 다섯 장에서 비관습적 리더십의 다섯 가지 행동을 하나씩 상세히 설명한다. 그리고 우리가 연구한 기업들이 어떻게 각각의 행동을 실천에 옮겼는지 살펴보려고 한다.

- 2장 '정체성에 헌신하라'에서는 기업의 전략적인 의도를 다룬다. 기업이 스스로 누구인지 발견하고, 어떻게 가치제안과 역량체계에 장기적으로 충실할 수 있는지 설명한다.
- 3장 '전략을 일상 업무로 전환하라'에서는 기업이 고유의 차별화된 역량체계를 계획하고 구축해 전 세계 사업으로 확장하는 방안을 살펴본다.
- 4장 '조직문화의 힘을 활용하라'에서는 기업이 어떻게 조직문화를 개발하고 활용하고 강화하는지 알아본다. 이를 통해 응집성을 만들고 유지

할 수 있는 방안을 검토한다.

- 5장 '선택과 집중된 비용절감으로 더욱 강하게 성장하라'에서는 기업이 자원을 어떻게 배치해야 최대의 효과를 누릴 수 있는지 탐색한다.
- 6장 '미래를 스스로 개척하라'에서는 기업이 전략과 실행 사이의 간극을 좁혀 우리 시대의 수퍼경쟁자가 될 수 있는 방안을 설명한다.

이는 평생에 걸친 여정이기에 지금 시작해야 한다.

2장

정체성에
헌신하라

**ST
RA
TE
GY
THAT
WORKS**

HOW WINNING COMPANIES CLOSE
THE **STRATEGY-TO-EXECUTION** GAP

CB

　　만약 여러분이 직원에게 "어떻게 고객을 위해 가
치를 창출할 수 있을까요?"라고 묻는다면 또렷한 대답이 나오겠는가? 회사
의 여러 구성원에게 같은 질문을 했을 때도 같은 답변이 나올 수 있겠는가?

　'어떻게 가치를 창출할까?'는 전략에 대해 제기될 수 있는 의문 중 가장 근
본적인 질문이다. 하지만 많은 사람들이 전략이란 '미래의 성장을 위해 회사
가 어디로 향해야 할까?', 즉 단지 방향을 선택하거나 설정하는 것이라고 착
각한다.

　그래서 많은 기업의 임원들이 목적(purpose)과 사명문을 작성하는 데 관
심을 집중하는 것이다. 이들은 회사가 나아가야 할 방향을 정의하면 모든 직
원이 이를 지원하고 회사의 이익과 성장을 달성할 수 있으리라고 생각한다.

　하지만 이렇게 만들어진 사명문은 회사의 비응집성을 반영하고 있기에
공허할 뿐이다. 다양한 이질적인 활동을 모두 포함하려다 보니 포괄적이고
모호한 사명문이 나오고 만다. "우리는 고객의 선택을 받는 기업이 되고자
한다"라든가 "우리는 최상의 품질과 가장 폭넓은 선택을 제공하는 데 헌신한
다"라는 사명문에도 목표가 설정되어 있기는 하다. 하지만 이 회사가 왜 특

별한지, 이 회사가 어째서 목표를 차별화된 방식으로 달성할 가능성이 있는지는 설명해주지 않는다.

진정한 정체성이란 기업이 어느 부분에서 예외적으로 뛰어난지, 그것이 왜 중요한지를 표현하는 것이다. 응집성이 있는 기업에서는 직원들이 기업의 정체성을 분명하고 뚜렷하게 설명할 줄 안다. 예컨대 개인의 정체성은 그 사람을 특별하게 만들어주는 요소에서 나온다. 그 사람이 하는 일, 그 사람이 일하는 방식, 그 사람이 좋아하는 것 등이다. 마찬가지로 기업의 정체성 역시 그 기업을 다른 기업과 구분 짓는 특성을 표현한 것이다.

진정으로 차별된 정체성을 구축하려면 시간, 끈기, 헌신이 필요하다. 진정으로 차별화된 정체성이란 한 기업을 다른 기업과 구분 짓고 기업의 태도와 집단적인 행동을 규정짓는 것이며, 다른 기업은 감히 모방할 수 없는 복잡하고 구축하기 어려운 역량에 단단히 토대를 두고 있다.

그래서 이 장의 제목이 '정체성에 헌신하라'이다. 헌신이란 표현에는 하나의 정체성을 만들려면 장기간에 걸쳐 진실한 태도를 유지해야 한다는 뜻을 담고 있다. 물론 변화가 필요할 때는 변화하는 능력을 개발해야 한다. 하지만 여러분이 누릴 최대 강점의 원천은 몇 년이 지나도 변하지 않을 헌신에서 나온다는 점을 주지해야 한다. 이 장에서는 어떻게 기업이 정체성을 구축하고 장기간에 걸쳐 헌신하며 지속 가능한 성장을 이루기 위한 도구로 활용할 수 있는지 설명한다.

기업이 정체성을 선택하고 개발하려면 심사숙고가 필요하다. 개인이 직업 경력을 선택할 때 심사숙고하는 것과 마찬가지다. 자신이 현재 갖고 있거나 합리적인 선에서 구축하거나 구매할 수 있는 역량이 무엇인지에 따라 선택지가 제한된다. 우리 회사가 누구에게 어떤 제품과 서비스를 제공할 수 있는지, 다시 말해 회사가 진출할 수 있는 시장이 어딘지는 결국 내가 누구인지, 내가 남보다 잘하는 것이 무엇인지에 따라 결정된다. 우리 회사가 가진 역량이 무엇인지 이해해야만 어디서 승리의 가능성이 있는지, 왜 승리할 수 있는지, 승리를 위해 역량체계를 강화하려면 무엇을 해야 하는지에 대한 답을 찾을 수 있다.

강력한 정체성을 가진 기업의 좋은 사례가 애플이다. 애플은 지난 30년간 기업 정체성을 강조하고 다듬어왔다. 월터 아이작슨(Walter Isaacson)은 애플의 공동 창업자이자 후일 CEO를 지낸 스티브 잡스의 일대기『스티브 잡스(Steve Jobs)』를 썼다. 이 책에서 아이작슨은 애플 설립 초기부터 잡스는 이미 미래에는 컴퓨터가 매일매일의 일상에 깊숙이 관여해 인간의 삶을 근본적으로 향상시키는 강력한 도구가 될 것으로 예견했다고 설명한다.

잡스의 흔들림 없는 신념은 1980년대 초 매킨토시가 처음 출시될 때 '보통 사람들을 위한 컴퓨터(computer for the rest of us)'라는 제품 설명에도 녹아 있다. 당시 컴퓨터란 프로그래머를 위한 물건이었다. 일반 소비자용 프로그램조차 프로그래밍 언어를 배우는 것처럼 사용하기 어려웠다. 애플은 당시 컴퓨터 시장의 흐름에 차별화를 선언한 것이다. 우아하고 쓰기 쉬운 컴퓨터로 사람들에게 다가가겠다는 선언이었다.

이렇게 강력한 가치제안이 가능했던 것은 애플이 이미 필요한 역량을 갖추고 있었기 때문이다. 획기적인 혁신, 고객에 대한 통찰, 기술적인 통합에 대한 우수한 기량, 직관적으로 사용 가능한 디자인 능력 등이 그렇다. 이런 역량들 덕분에 애플은 잡스의 기질이 빚은 어려움을 포함해 회사 설립 초기에 맞닥뜨렸던 여러 도전을 극복할 수 있었다. 이 역량들은 설립 초기부터 회사에 충분히 스며들어 있어서 잡스가 CEO에서 물러난 지 한참이 지난 1990년대까지도 애플은 이 같은 정체성을 유지할 수 있었다.[1]

1990년대 후반 잡스가 애플 CEO로 복귀하면서 애플의 정체성은 한 단계

더 발전했다. 맨 먼저 잡스는 1997년 맥월드(Macworld) 컨퍼런스에서 참석자들을 향해 애플은 마이크로소프트(Microsoft)와 경쟁하려는 것이 아니라고 강조했다. "애플이 이기려면 마이크로소프트가 져야 한다는 고정관념을 버려야 합니다."

나중에 잡스는 이 말에 깃든 논리를 이렇게 설명한 바 있다. 마이크로소프트가 만든 게임의 장에서 애플은 마이크로소프트를 이길 수 없다는 이야기였다. 마이크로소프트를 이기기 위해서는 "애플이 누구인지를 기억해야 한다"라고 설명했다.[2] 윈도우즈와 똑같은 클론 제품을 하나 더 만드는 것으로는 곤란하고 애플 자신만의 고유한 길을 찾아야 한다는 뜻이었다. *

그렇다고 잡스가 애플의 10년 전의 정체성으로 돌아가려고 했던 것은 아니다. 최초의 매킨토시처럼 디자인이 뛰어나고 사용자 친화성이 높다는 장점만으로 컴퓨터가 성공할 수 있는 시대는 지나가버린 것이다. 잡스가 애플의 새 정체성이 구현된 신제품을 공개한 것은 2001년 1월에 열린 연례 맥월드 컨퍼런스에서였다.[3] 기조연설을 통해 그는 첫 번째 위대한 PC의 시대이자 생산성의 황금시대는 1994년을 기점으로 종료되었고 두 번째 인터넷의 시대로 이어졌다고 말했다. 하지만 이제 인터넷의 시대도 충분히 성숙단계에 들어섰고 "PC의 세 번째 위대한 시대가 막을 올리고 있다"라고 설파했다.

당시는 휴대전화, 캠코더, 그 밖의 디지털 기기가 인기를 얻고 있었다. 디지털카메라는 미국 전체 카메라 판매량의 15퍼센트를 차지했다. "이 수치는 곧 50퍼센트가 될 것입니다." 잡스의 말이었다. "애플의 컴퓨터는 도래하는 디지털 라이프스타일의 디지털 허브가 될 것입니다. …… 단지 이들 기기에

---

* 클론(clone)이란 유전적으로 동일한 세포군이나 개체군을 뜻하는 생명과학 용어에서 유래했다. 그 뒤 복제, 복제품, 컴퓨터 호환기종 등을 뜻하는 용어로 의미가 확대되었다. 정보기술 용어로는 호환성이 있고 내부설계도 동일한 기계나 소프트웨어를 뜻하거나 다수의 복제품을 가리킨다.

가치를 더하는 것만이 아니라 이들을 서로 연결할 것입니다." 이 말은 애플이 인간의 삶에 디지털 허브를 만들어주는 회사가 되겠다는 선언이었다.

애플의 정체성 프로필

미국 캘리포니아 주 쿠퍼티노(Cupertino) 시에 본사를 둔 애플은 2015년 기준 세계에서 시가총액(TSV: Total Shareholder Value)이 가장 높은 기업이다. 또한 경영계 리더를 대상으로 한 설문조사에서 애플은 지속적으로 세계에서 가장 혁신적인 기업으로 꼽히고 있다.[4]

가치제안 애플은 혁신기업, 집합기업, 경험제공 기업의 역할을 겸하고 있다. 애플의 컴퓨터, 태블릿, 스마트폰은 소비자가 쉽게 미디어를 제작하고 소비하며 커뮤니케이션할 수 있도록 하는 하나의 디지털시스템 허브를 구성한다.

역량체계

▶ **소비자 통찰** 사람들의 생활, 업무, 놀이에 대한 깊이 있는 이해를 토대로 소비자의 니즈를 발생 초기에 포착하는 능력이다.

▶ **직관적으로 접근 가능한 디자인** 제품, 소프트웨어, 지니어스 바(Genius Bar)와 같은 매장 경험과 온라인 환경 등이다.

▶ **기술적 통합** 뛰어난 테크놀로지를 전체로서 원활히 작동하도록 결합한다. 통합 대상 기술에는 애플에서 개발한 것은 물론 다른 기업에서 개발한 기술도 모두 포함된다.

▶ **제품, 서비스, 소프트웨어의 획기적 혁신** 우아함과 장인정신으로 완성

해 제공한다. [5]

제품과 서비스의 포트폴리오　애플은 모바일 커뮤니케이션, 미디어 기기, 개인용 컴퓨터, 휴대용 디지털 음악 플레이어를 디자인하고 생산하며 마케팅한다. 또한 다양한 관련 소프트웨어, 아이튠즈나 아이클라우드와 같은 온라인서비스, 주변기기, 네트워킹 솔루션, 제3자 디지털콘텐츠와 애플리케이션을 판매한다. *

이 같은 원대한 포부가 선명하게 선포되자 그 뒤 몇 년간 애플의 역량체계에 대해 막대한 투자와 관심이 쏟아졌다. 예컨대 녹음된 음악을 온라인으로 확보해 판매하기 위한 협상이 전개되고 패키징 기술이 개발되었다. 애플은 또한 디지털카메라를 아이폰에 내장해 디지털 사진의 세계에 혁명을 일으켰다. 잡스가 디지털카메라를 두고 했던 예언에 완전히 새로운 의미가 부여된 것이다.

"어떤 사람들은 이렇게 말하지요." 하버드대학교 경영대학원의 전략 담당 교수인 신시아 몽고메리(Cynthia Montgomery)가 기업 임원을 대상으로 애플의 스토리를 설명하며 한 말이다. "전략은 지나고 나서야 이해할 수 있으며 무계획적이고 사후적인 일련의 움직임에 대해 소급적으로 의미를 부여하는 것에 불과하다고 말입니다. 하지만 아직 애플의 주가가 매우 낮았던 2001년에도 잡스는 대중에게 그의 생생한 아이디어를 미리 공개했습니다. 아이튠즈, 아이팟, 애플스토어는 나중에 나왔지만 전부 이 아이디어와 연결되는 개념입니다." [6]

* 제3자(third-party)는 하드웨어나 소프트웨어 제품을 제조하는 메이커와 계열사 또는 이들과 기술제휴를 맺고 있는 기업이 아닌 그 밖의 모든 기업을 부르는 명칭이다.

스타벅스 역시 정체성이 뚜렷한 기업으로 잘 알려져 있다. 스타벅스의 지점들은 위치한 나라나 지역에 따라 다른 면도 많지만 그럼에도 모두 뚜렷하게 스타벅스의 정체성을 유지하고 있다. 이런 강력한 존재감은 우연의 산물은 아니다. CEO 하워드 슐츠(Howard Schultz)를 필두로 회사 안의 많은 사람들이 하나의 정체성에 의식적으로 헌신해서 개발된 것이다.

애플과 마찬가지로 스타벅스의 기업 정체성도 특정 제품만이 아니라 회사의 가치제안과 그것이 활용되는 방식에 모두 담겨 있다. 하나의 강력한 정체성이 생기면 그 뒤에는 수퍼마켓에서 제품을 팔 수도 있고, 스낵 등 고유의 음식 메뉴를 개발할 수도 있고, 모바일결제에서 차별화를 선도할 수도 있는 등 다양한 성장경로가 열린다. 스타벅스는 자신들이 스타벅스임을 결코 잊지 않으며 맛 좋은 커피를 볶아서 파는 일도 멈추지 않을 것이다. 하지만 여러 변화하는 시장에 쉽게 진입했다가 탈출하는 등 변화 앞에서 유연한 모습을 보이고 있다.

2008년 슐츠는 '일곱 가지 과감한 변화(seven bold moves)'라는 성명에서 스타벅스가 기업 정체성을 관리하는 방식을 간결하게 제시했다. 슐츠가 말한 일곱 가지 중 둘은 스타벅스의 가치제안과 직접 연결되는데 '커피계의 절대 권위자 되기'와 '고객과의 감정적인 유대감에 불을 붙이기'가 그렇다.

나머지 다섯 가지의 과감한 변화는 스타벅스 고유의 차별화된 역량과 관련되어 있다. 이는 각각 회사가 전체로서 어떻게 가치를 창출할 수 있는지와 구체적으로 연결되어 있었다. 슐츠는 '업계에서 세계 최고의 실적을 올리기'와 같은 목표를 고르는 대신 '각 매장을 현지에서 지역의 중심으로 만들며 동시에 세계시장에서 존재감 확대하기'를 선택했다. 그렇게 된다면 높은 실적은 자연스레 따라오는 것이다.

또한 슐츠는 '직원이 회사의 최대 자산'이라고 하는 대신 '우리 파트너를 참여시키고 영감 주기'를 선택했다. 참고로 스타벅스는 모든 직원을 파트너 (parter)라고 부른다. 스타벅스의 임금 수준은 다른 유통기업과 비슷하다. 하지만 직원들 대부분이 회사 주식을 갖고 있고 건강보험 혜택도 받고 있는 점이 다르다.

슐츠는 또 '최고의 커피 팔기'나 그와 비슷한 제품 품질에 국한된 어떤 말도 하지 않았다. 그는 대신에 '우리 커피에 걸맞은 혁신적인 성장 플랫폼 창출하기'를 골랐다. 다만 새로운 수준의 혁신이 필요한 분야에서는 의도적으로 모호한 말을 택했다. '윤리적 구매와 환경적 영향 분야에서 리더 되기'다. 마지막으로 재무 성과와 관련한 부분에서도 슐츠는 필요한 역량에 초점을 맞추었다. '지속 가능한 경제적인 모델 창출하기'가 그렇다.[7]

여러분이 다니는 회사의 정체성을 정의할 때 우리 회사가 어떤 일을 하는지, 우리가 누구인지를 계속 고민해야 한다. 회사가 취급하는 제품과 서비스의 분야, 범주, 관련 산업 등을 참고해 회사의 정체성을 정의하려는 유혹에 빠질 수도 있다. '우리는 아시아의 리더'라든가 '우리는 에너지 업계의 선두주자'와 같은 정체성이 그런 함정에 빠진 전형적인 예다.

하지만 직원들은 이미 회사가 그보다는 좀 더 구체적인 무언가를 하고 있다는 사실을 잘 알고 있다. 회사가 과거에 특정 제품이나 서비스에 근거해 정체성을 정의했다고 해서 현재의 정체성도 그것으로 제한할 필요는 없다. 제품과 서비스는 항상 변화하기 때문이다. 여러분의 회사가 미래에는 현재의 사업 분야나 범주의 한계를 초월해 진화할 수도 있다. 정체성을 제한하지 않으면 애초 회사를 차별화해준 특성을 잃지 않고도 새로운 산업으로 진출할 수 있다.

【 도구 】 회사의 정체성 평가하기

다음은 여러분의 회사 경영진의 사고와 행동에 존재하는 응집성, 다시 말해 여러분이 속한 회사의 정체성에 대한 진단평가 도구다. 평가 결과는 여러분과 여러분 동료들이 가진 인식에 대한 도전이 될 것이다. 여러분의 기업에서 최고라고 여겨지는 제품과 서비스, 성장률이 가장 높은 시장, 가장 중요한 경쟁사 등에 대한 기존의 통념이 리더들과 어떻게 다른지 살펴보면 놀랄지도 모른다.

다음의 진단 도구는 여러 차례 사용하기를 권한다. 회사의 발전을 측정하고 추적하는 데 귀중한 수단이기 때문이다. 우리 홈페이지(www.strategy thatworks.com)에서 온라인 버전을 사용할 수 있다.

다음의 질문에 대한 답변을 소그룹 안에서 최대한 솔직하게 이야기한다. 이를 통해 여러 관점을 배울 수 있다. 진실하게 그렇다고 답할 수 있는 항목이 많을수록 여러분의 회사는 응집성이 높은 회사다.

	전략: 이렇게 말할 수 있는가?	실행: 그렇게 실천하고 있는가?
가치제안	• 시장에서 가치를 창출하는 방법을 어떻게 선택하는지 명확한가?	• 우리의 가치제안에 진정으로 중요한 역량에 투자하는가?
역량체계	• 우리가 남들보다 더 잘하는 것이 무엇인지 설명하는 3~6가지 역량을 명확히 정의할 수 있는가? • 역량이 체계 안에서 어떻게 함께 작동하는지 정의되어 있는가? • 회사의 전략문에 반영되어 있는가?	• 우리의 모든 사업이 우월한 역량체계를 활용하는가? • 우리의 조직구조와 운영모델이 이를 지원하고 활용하는가? • 우리의 성과관리 시스템이 이를 강화하는가?
제품과 서비스의 적합성	• 제품과 서비스 중에서 '최적 지점'이 지정되어 있는가? • 새롭거나 예상하지 못한 영역에서 역량체계를 어떻게 활용할지 이해하는가?	• 우리가 판매하는 제품과 서비스 대부분이 우리의 역량체계와 적합한가? • 신제품이나 인수 등이 적합성 기반에서 평가되는가?
응집성	• 우리의 고유의 차별화된 역량을 조직 안의 모두가 말로써 명확히 표현할 수 있는가? • 우리 회사의 리더십이 역량을 강화하는가?	• 선택한 시장에서 효과적이고 일관성 있게 경쟁하는가? 다시 말해 우리가 승리할 권리를 갖고 있는가? • 우리의 모든 의사결정이 응집성을 강화하는가? 아니면 일부 의사결정이 응집성을 해치는 방향으로 우리를 몰아가는가?

하이얼의 정체성 구축

시작은 미약했으나 엄청난 성공을 거두었고 성공의 과정에서 항상 정체성을 지켜낸 기업 사례가 궁금하다면 하이얼 그룹을 찾으면 된다. 베이징과 상하이의 중간에 위치한 인구 300만 명의 해안도시인 칭다오에 설립된 이 회사는 지금 세계에서 가장 빠르게 성장하는 가전제품 회사이며 전 세계 백색가전 시장에서 최고의 점유율을 자랑하고 있다. 월풀(Whirlpool), 일렉트로룩스(Electrolux), 제너럴일렉트릭(General Electric) 가전부문을 포함해 최소 7개의 글로벌 경쟁사와 대결하면서 세계시장의 14퍼센트를 확보한 것이다.

하이얼은 기술혁신에서도 세계의 전자산업을 선도하고 있다. 중국 공산주의에 뿌리를 두고 있는 회사라는 점을 고려할 때 인상적인 성과가 아닐 수 없다. 하지만 하이얼이 처음부터 이런 모습이었던 것은 아니다. 30년 전만해도 하이얼은 대단히 절망적인 상황에 처했던 회사였다. 임직원에게 급여를 주기 위해 CEO는 빚을 내야 했고 판매하는 제품 다수가 사용하기도 전에 수리부터 해야 했다.

하이얼의 가치제안은 솔루션 제공자다. 솔루션 제공자는 사람들이 일상생활에서 겪는 문제를 이해하고 해결책을 제시하는 기업이다. 하이얼의 정체성은 장루이민(Zhang Ruimin)이 1984년 회사의 CEO를 맡았을 때부터 시작되었다.

당시는 덩샤오핑(Deng Xiaoping)이 중국 주석에 취임해 중국 경제에 개혁개방의 새 장을 연 지 몇 년 지나지 않았을 때다. 최저생활 수준을 갓 벗어나기 시작한 수백만 명의 중국인들이 가진 3대 염원은 텔레비전, 냉장고, 세탁기를 갖는 것이었다. 빌 피셔(Bill Fischer), 움베르토 라고(Umberto Lago), 팡리우(Fang Liu)는 하이얼의 역사를 다룬 책 『거인을 새롭게 하라(Reinventing

Giants)』에서 "10년 전만 해도 중국인의 3대 염원은 자전거, 시계, 재봉틀을 갖는 것이었다"라고 썼다.[8]

칭다오는 중국 최초의 경제특구 중 하나다. 1930년대 설립된 칭다오 냉장고 공장(Qingdao Refrigerator Factory)은 시 정부 소유의 기업이었다. 칭다오 공장에서 생산되는 냉장고는 만드는 즉시 팔려나갔다. 당시 생산량은 월 80대에 불과했으며 귀한 가전제품을 사기 위해 아직 물건을 하차하지도 않은 배송트럭 주위로 사람들이 구름처럼 몰려들고는 했다.

어느 날 공장장 세 명이 짧은 기간 동안 교체된 뒤 당시 35세의 부경리였던 장루이민이 후임자를 물색하는 일을 맡게 되었다. 하지만 적절한 후보를 찾지 못한 끝에 장루이민 자신이 마지못해 공장장 업무를 떠안게 되었다.

그가 주저한 데는 그만한 이유가 있었다. 당시 장루이민의 공장은 독점적 시장(captive market)을 보유하고 있었지만 그럼에도 회사의 상황은 엉망이었다. 147만 위안(당시 가치로 미화 1100만 달러)의 부채를 지고 있었고 800명이나 되는 직원의 여러 달치 임금이 밀려 있었다. 공장의 문짝은 지난겨울에 땔감으로 쓰기 위해 부숴버린 상태였고 직원들이 아무데나 소변을 보는 통에 장루이민이 이를 금지하는 규칙을 따로 발표해야 했다. 차입금을 다시 조달하고 생산라인을 확장하는 등 긴급한 운영상의 문제를 해결하는 것만으로도 바쁜 상태였다.

그런 상황에서 전례 없는 일까지 발생했다. 어느 날 고객이 장루이민에게 냉장고가 냉장이 되지 않는다는 내용의 불만 편지를 보낸 것이다. 장루이민은 담당 직원 몇 명을 창고로 보내 교환해줄 만한 제품을 찾아오라고 지시했다. 이들은 400대에 가까운 냉장고 가운데 76대가 사용이 불가능하다고 보고했다.

장루이민은 좌절감을 느꼈지만 한편으로는 기회도 보았다. 중국은 중산

층의 성장이 막 시작되려는 시기에 있었다. 이제 곧 중국인들은 결함이 있는 제품을 용인하지 않게 될 것이다. 품질문제를 다른 기업보다 앞서 해결할 수 있다면 작은 냉장고 공장에 불과한 칭다오 냉장고 공장이 스스로를 차별화하는 기회를 얻게 될 것이라고 생각했다.

장루이민은 임직원들에게 발표했다. "지금 이 시점부터 우리 공장에서 출고되는 모든 제품은 1등급이어야 합니다."[9] 그는 직원들에게 결함이 있는 제품 76대를 공장 바깥 도로로 끌어내 줄을 세우라고 지시했다. 그는 양손으로 들어야 하는 대장장이용 대형망치를 가져오게 해 직원들과 함께 수십여 대의 냉장고를 하나씩 모두 부숴버렸다. 다른 공장 직원들과 이웃 주민들이 모두 이 놀라운 광경을 바라보았다.

장루이민이 부순 냉장고는 얼마든지 판매할 수 있는 상품이었고 이는 모두가 아는 사실이었다. 제품 결함이야 수리하면 그만이었으며 대당 판매대금은 당시 직원 한 명의 2년 연봉에 해당하는 금액이었다. * [10]

냉장고를 망치로 부수면서 그는 회사에 새로운 정체성을 못 박은 것이었다. 중국 고객은 저소득층인데다가 소비자로서 자의식이 없으니 아무 제품이나 살 수만 있다면 감사해할 것이라고 단정 지은 대다수 중국 기업과는 다른 길을 갈 것이라는 선언이었다. 중국 소비자들이 겪는 문제에 대한 진정한 해결책을 제시하는 기업이 되겠다는 뜻이었다. 장루이민이 휘두른 망치는 현재 베이징의 국립 박물관에 전시되어 있다.

장루이민은 자신의 약속을 지키기 위해서는 회사의 역량을 빠르게 높여야 한다는 사실을 잘 알고 있었다. 그가 해결한 첫 번째 문제는 바로 낮은 신뢰성이었다. 그는 중국 제조업에 거의 최초로 서구식 품질관리를 도입했다.

* 장루이민이 부순 냉장고 76대가 모두 정상판매되었다면 직원 1800여 명의 한 달 월급 총액에 해당했다.

독일의 산업 엔지니어링 기업인 립헬(Liebherr) 그룹과 합작했다. * 그렇게 장루이민은 칭다오 공장에 식스 시그마(6σ: six sigma)와 그 밖의 여러 혁신적인 린 생산방식을 들여왔다.

그 뒤 장루이민의 공장은 채 2년이 되지 않아 품질과 신뢰성에 관한 지역 규모의 각종 상을 휩쓸기 시작했다. 하지만 장루이민과 공장의 다른 임원들은 품질은 칭다오 공장의 진정한 목표를 달성하기 위한 수단에 불과하다는 사실을 이해하고 있었다. 진정한 목표란 고객이 가진 문제를 해결해 고객의 진정한 니즈를 충족시키는 기업이 되는 것이었다.

중국에서 그런 문제 중 하나가 바로 배송이다. 장루이민은 악명 높은 중국의 복잡한 배송체계를 개선하겠다고 공개적으로 선언했다. 1989년 그는 회사를 개편하며 사명을 하이얼로 바꾸었는데 이는 립헬의 이름 뒷부분 발음에서 따온 명칭이었다. 이때 이미 하이얼은 중국 최대의 가전제품 제조회사가 되어 서구 경쟁사에 대항해 중국시장을 수호하고 있었으며 세탁기, 식기세척기, 전기난로 등으로 사업 영역을 넓혀가고 있었다.

1990년대 하이얼은 기존의 가치제안을 확장하고 역량체계를 활용해 해결책을 여러 다양한 방식으로 제공하게 된다. 즉 틈새시장을 공략한 것이다. 제품 출시를 위한 교차기능팀을 구성해 엔지니어와 마케터가 함께 일하도록 했다. 이를 통해 다른 기업에서는 생각하지도 못한 제품들이 연구되고 생산되었다.

예컨대 장루이민은 중국 농부들이 고구마를 세척할 때 세탁기를 사용한다는 사실을 알게 되었다. 하이얼은 채소를 세척하기 위해 새로 디자인된 신형 세척기를 내놓았다. * *

---

* 1949년 한스 립헬(Hans Liebherr)이 설립한 산업 엔지니어링 회사다. 스위스와 독일에서 건설, 장비, 제조업을 영위한다.

이와 같은 혁신 역량 덕분에 하이얼은 해외에서도 빠르게 성장할 수 있었다. 예컨대 하이얼은 이슬람 국가인 파키스탄에서는 법복을 세탁하기 위한 대형 세탁기를, 속옷과 겉옷을 따로 세탁하는 중국에서는 속옷을 위한 미니 세탁기를 내놓았다. 미국 시장에서는 와인 쿨러와 기숙사용 소형 냉장고를 출시했다.

2000년대에는 솔루션 제공자로서의 역할을 더욱 확장해 수요에 즉각 반응하는 주문생산과 배송 역량을 개발하기 시작했다. 인터넷으로 고객이 직접 원하는 제품 색상과 기능을 선택할 수 있는 멀티채널 시스템을 수립했다. 또한 중국에서 고객지원 역량을 확장해 하이얼 직원들이 고객을 매달 방문해 장기적인 관계를 맺도록 했다.

이런 고객지원 역량 덕분에 하이얼은 새로운 정수기 라인을 출시할 수 있었다. 하이얼의 정수기는 소비자가 거주하는 지역별 특색에 맞춰 오염물질을 걸러내는 기능이 있다. 중국 전역에서 판매되는 변형된 사양만 22만여 가지에 달한다. 이 놀라운 현지 특화 시스템은 스트라우스 그룹(Strauss Group)이나 다우케미칼(Dow Chemical)과의 협업으로 가능했다. 스트라우스는 이스라엘의 식음료 회사이고 다우케미칼은 하이얼과 합동으로 20개 이상의 정수 기술 특허를 보유하고 있었다.

하이얼이 솔루션 제공자로서 달성한 그 밖의 혁신으로는 홈 디자인 서비스와 에어컨 겸 공기청정기를 들 수 있다. 하이얼은 홈 디자인 서비스를 통해 농촌에서 도시로 이주한 중국 안의 수천 명의 이주민들이 아파트 생활에

＊＊ 1997년 장루이민이 중국 서부 내륙의 쓰촨 성으로 출장을 갔을 때 세탁기 배수관이 자주 막혀 불편하다는 고객의 항의를 들었다. 장루이민은 곧바로 실태를 조사했는데 농민들이 고구마 등을 세탁기로 씻는 바람에 찌꺼기가 배수구를 막는다는 사실을 알게 되었다. 이의 해결책으로 회사 직원들은 농민들에게 올바른 세탁기 사용법을 가르치자고 주장했지만 장루이민은 채소를 씻어도 문제가 없는 세탁기를 만들어야 한다고 지시했다. 반년이 흐른 뒤 하이얼은 채소 세척기를 개발해냈다.

익숙해지고 아파트에 적합한 가구와 가전제품을 구매할 수 있도록 도움을 주었다.

하이얼이 만든 에어컨 겸 공기청정기는 소형 바람 통로가 있어 공기의 온도를 약간 낮추지만 너무 차갑게 되지는 않도록 해준다. 이 아이디어는 원래 하이얼의 소셜미디어 포럼에서 어느 소비자가 제안한 것이었다. 중국어로 '천국'이란 뜻의 티안준(Tianzun)이라는 이름이 붙은 이 제품은 중앙부에 동그란 발광 영역이 있어 공기 질이 개선되면 붉은색에서 파란색으로 바뀐다. 또 스마트폰과 연결되는 소프트웨어가 설치되어 있어 사용자가 쉽게 제어할 수 있다. 티안준 에어컨은 중국에서 엄청난 인기를 끌었다.

여러 변화의 바람 속에서도 하이얼 직원들은 회사의 한 가지 특성을 일관되게 의식한다. 바로 솔루션 제공자라는 하이얼의 핵심 정체성이다. 때때로 서구에서 하이얼의 제품을 저가형 브랜드로 인식하기도 하지만 하이얼은 결코 저가형 기업(value player)으로 스스로의 정체성을 정의한 적이 없다. 하이얼은 모든 시장에 모든 가전제품을 제공하겠다는 식으로 사업하지 않는다. 소비자의 특정 문제를 해결하는 데 자신들에게 강점이 있다고 판단했을 때만 해당 시장에 진출한다.

하이얼의 모든 역량은 서로의 전략적인 가치를 강화하고 있다. 다시 말해 응집성을 유지해왔다는 이야기다. 예컨대 하이얼이 창출하는 놀라운 수준의 맞춤화는 적어도 부분적으로는 수요에 근거한 주문생산과 배송 역량에 힘입은 바 크다. 그리고 주문생산과 배송은 다시 하이얼의 오퍼레이션 우수성을 강화하고 있다. 이 모든 역량의 시작은 하이얼이 중국과 전 세계에서 수백만 명의 충성도 높은 잠재고객의 문제를 해결하는 가장 우수한 회사가 될 것이라고 장루이민이 다짐했던 그 시점으로 거슬러 올라간다.

하이얼의 정체성 프로필

중국 산둥성의 칭다오(Qingdao) 시에 본사를 둔 하이얼은 소비자 가전제품을 생산하는 다국적기업이다. 2011년 이래 하이얼의 브랜드는 백색가전 분야에서 세계시장 점유율 1위를 지켜왔다.

가치제안　하이얼은 솔루션 제공자이자 혁신기업이다. 고객의 니즈를 틈새시장과 지역시장에서뿐 아니라 개인고객의 취향에 맞게 충족시켜왔다.

역량체계

► **소비자 반응형 혁신**　하이얼의 제품과 서비스는 점점 더 지역시장과 구체적인 고객의 니즈에 따라 빠르게 맞춤화되고 있다. 특히 중국의 떠오르는 중산층과 그 밖의 틈새시장의 니즈에 민감하다.

► **오퍼레이션 우수성**　하이얼은 지속적인 개선과 내부경쟁을 통해 고품질 제품을 매우 저렴한 비용으로 생산하는 체제를 갖추었다.

► **지역 유통망**　중국의 고도로 분산된 가치사슬 속에서 연마된 하이얼의 역량이며 신흥시장과 그 밖의 지역에서 활용되고 있다.

► **수요에 즉각 반응하는 주문생산과 배송**　끌기(pull) 지향적인 유통체계와 무재고 물류정책을 통합해 최소비용으로 놀라운 다양성을 달성한다.

제품과 서비스 포트폴리오　하이얼의 제품군에는 정수기, 공기청정기, 에어컨, 난방기, 컴퓨터, 텔레비전, 세탁기, 주방가전이 포함된다. 또한 수질 모니터링, 홈 디자인, 소액신용대출과 같은 서비스도 제공한다.[11]

내가 누구인지 정의하기

이 책 여러 곳에 수록된 기업 프로필은 우리가 연구한 기업들의 정체성을 보여준다. 여러분이 속한 회사의 정체성도 그들만큼 강력해질 수 있다. 동일한 정체성을 유지하면서 새로운 사업라인으로 성공적으로 진출할 수 있다. 하이얼의 홈 디자인과 정수 서비스, 스타벅스의 인스턴트 커피 혁신, 애플의 스마트폰과 아이튠즈 스토어, 시멕스의 인프라 디자인 컨설팅, 레고의 컴퓨터 기반 마인드스톰 제품과 바이오니클 캐릭터, 아마존의 클라우드 컴퓨팅 진출처럼 말이다.

물론 아마존의 파이어폰이나 스타벅스의 더운 아침식사 메뉴처럼 성공적으로 개발할 수 있는 것에 한계가 있다는 사실을 깨달을 수도 있다. 때로는 정체성의 경계를 확장해야 하는 경우도 생긴다. 내가 누구인지를 확장하는 것이다.

전략과 실행 사이의 간극을 좁히기 위한 첫째 단계는 회사의 정체성에 대한 두세 가지 핵심요소를 정의하는 것이다. 뚜렷하고 인식이 가능한 가치제안과 이를 지원하는 역량체계를 정의한다.

그리고 나서 이렇게 정의하는 작업을 반복한다. 반복할 때마다 가치제안과 역량체계를 점점 더 긴밀하게 연결시킨다. 어느 시점이 되면 이를 다시 제품과 서비스 포트폴리오와 어떻게 연결할지 고민한다. 가치제안, 역량체계, 제품과 서비스 라인업이라는 세 요소들 사이의 응집성을 어떻게 제고할지 고려해야 한다.

이제 가치제안, 역량체계, 제품과 서비스 라인업이라는 정체성의 세 가지 요소를 보다 상세히 살펴보자.

회사의 가치제안

업계 상황과 우리 회사의 현재 역량을 함께 평가하면 회사에 가장 전망이 좋은 가치제안을 마련할 수 있다. 우선 회사에 맞는 가치제안, 그러니까 시장에서 게임하는 방식을 결정하려면 맨 먼저 가치를 창출하는 가장 흔하고 일반적인 방법을 살펴봐야 한다.

우리는 이를 '원색(puretones)'이라고 부른다. 집합기업(aggregator), 혁신기업(innovator), 저가형 기업, 경험제공 기업(experience provider) 등 가장 기본적이고 명백한 가치제안이 여기에 속한다.

이런 기본적인 가치제안만으로는 기업의 사업 색채를 완전히 표현하지 못할 수도 있다. 하지만 색의 삼원색과 마찬가지로 이들을 섞어 보다 복합적인 가치제안을 만들어낼 수 있다. 우리가 정리한 원색의 가치제안의 전체 목록은 부록C에서 찾아볼 수 있다. 그리고 기업의 가치제안을 파악하기 위한 인터랙티브 도구는 우리 홈페이지에서 사용할 수 있다.

이 책에 수록된 모든 기업 프로필에는 회사의 가치제안을 구성하는 모든 원색, 다시 말해 '건축용 벽돌'이 포함되어 있다. 또한 이런 가치제안을 가능하게 하는 역량체계도 함께 연결해 소개하고 있다.

모든 기업은 원색을 각자의 방식으로 조합해 가치를 제공하기 위한 맞춤식 접근법을 창조해낸다. 예컨대 퀄컴, 이케아, 시멕스는 모두 혁신기업이지만 혁신의 방식은 각자 다르다. 퀄컴은 플랫폼제공 기업이기도 하다. 퀄컴의 모든 혁신은 다른 기업들이 도입할 수 있는 플랫폼 테크놀로지를 프랜차이즈화해 업계 리더십을 확보하는 방향으로 움직인다.

이케아는 저가형 기업이다. 이케아는 포장방식과 물류를 혁신해 비용을 절감했다. 동시에 디자인을 혁신해 매우 저렴한 가격으로 스타일리시한 가정용 가구를 제공할 수 있었다. 시멕스는 솔루션 제공자다. 시멕스의 모든 혁신은 고객이 겪는 문제를 해결하는 데 초점이 맞춰져 있다.

가치제안은 역량체계의 역할을 상세히 정의해준다. 예컨대 이케아의 제품과 매장 디자인 역량은 제품을 더 저렴하게 만드는 것과 매장 환경을 보다 편리하게 만드는 것에 집중되어 있다. 그런 역량체계는 이케아가 저가형 기업과 경험제공 기업이라는 정체성에 부합한다. 이케아의 제품과 매장 디자인 역량은 지금도 지속적인 혁신 과정을 거치고 있다. 시멕스는 잘 단련된 혁신 역량을 보유하고 있으며 가정, 기업, 정부 부문의 고객에게 각각의 해결책을 제공한다. 시멕스의 혁신 역량은 솔루션 제공자로서 가치제안을 강화하는 역할을 해 범용품화하기 쉬운 시멘트와 콘크리트 분야에서 시멕스를 차별화해준다.

기업의 역량은 이미 보유하고 있을 수도 있고 앞으로 구축하거나 매입할 수도 있으며 합작투자 등을 통해 차용할 수도 있다. 이렇게 얻은 기업의 역량이 기업의 가치제안을 결정하는 데 도움이 되기도 한다. 가치제안은 약속이다. 약속을 지키기 위해서는 고유의 차별화된 역량체계가 필요하다. 도입하는 가치제안은 반드시 고객에게 전달할 수 있는 것이라야 한다.

수익이 예상되는 모든 기회를 다 좇아야 한다는 생각을 버려야 한다. 그대신 자신이 가진 역량을 살펴본다. 경쟁의 영역 중에서 도전에 상응하는 기량을 이미 확보하고 있어 전략과 실행 사이에 간극이 없을 만한 부문을 선택한다. 여러분이 목표로 하는 가치제안은 다음의 기준을 충족해야 한다.

- 우리의 강점이 가치제안을 지원하기에 실현 가능하다.
- 경쟁사가 창출하는 가치와 차별화되어 있다. 다른 어떤 기업도 우리만큼 이것을 잘하거나 완벽하게 제공할 수 없다.

- 아직까지 우리가 제공하지 못하는 부분도 장기적으로 보면 제공이 가능하다. 적절한 투자와 관심으로 필요한 역량을 구축할 수 있다.
- 우리의 가치제안을 인정하고 반응을 보일 만한 시장이 있다.
- 우리가 가치를 제공해 이익을 창출할 수 있다.
- 우리의 가치제안은 우리가 예측하는 업계 변화를 감안해도 앞으로도 지속적으로 타당할 것이다.

회사의 역량체계

1장에서 우리는 역량을 잘 설계된 프로세스, 도구, 지식, 기술, 조직설계의 조합이라고 정의한 바 있다. 기업은 이것들을 결합해 사업에 타당하고 구체화된 성과를 지속적이고 안정적으로 제공할 수 있는 역량을 창출한다.

하지만 고유의 차별화된 역량(distinctive capabilities)은 역량보다도 구체적이다. 바로 우리 회사만이 잘하는 것, 고객이 가치 있게 여기는 것, 경쟁사가 따라올 수 없는 것이 차별화된 역량이다.

역량체계(capabilities system)란 우리 회사를 다른 회사와 차별화되게 하는 3~6가지의 고유의 차별화된 역량이며 우리의 가치제안을 달성할 수 있게 하는 것이다. 이렇게 핵심적으로 중요한 역량들은 개별적으로 존립할 수 없다. 이들은 서로를 강화하는 체계의 일부로 존재하며 이것이 바로 기업 차별화의 핵심열쇠다.

예컨대 애플은 정교한 디자인 역량만으로 우수한 기업이 된 것이 아니다. 애플의 '비밀 양념'은 바로 여러 역량의 조합에 있다. 여기에는 잠재적 니즈를 포착하는 데 필요한 소비자에 대한 통찰력, 테크놀로지를 통합하는 능력(주로 다른 기업에서 개발되었으나 애플이 이를 실현하고 개선함), 직관적이고 우아하며 사용이 용이한 사용자 인터페이스를 만드는 탁월한 디자인, 독특한 개성을 담은 제품 패키지와 마케팅 방법, 매장 안의 지니어스 바 설치 등 고객지원까지 영향을 미치는 획기적인 혁신 등이 포함된다.

이런 모든 역량이 애플을 소비자가 기본으로 선택하는 표준으로 만들었다. 이 덕택에 가격이 훨씬 저렴한 컴퓨터나 휴대전화 회사도 애플을 따라잡지 못하며 애플의 제품은 출시되고 나서 꽤 오랜 시간이 지나도 높은 마진율이 유지된다.

앞으로 애플이 이 같은 역량체계를 자동차, 텔레비전, 웨어러블 기기 등으로 성공적으로 확장해갈 수 있을지는 예단할 수 없다. 하지만 이런 전체적인 역량체계 덕분에 애플이 어느 특정 제품이나 서비스를 초월하는 존재가 된 것은 분명하다. 애플은 직원, 고객, 주주가 지속적으로 시간과 돈을 기꺼이 투자하는 애플만의 정체성을 확립했다.

【 도구】 가치제안을 생각하기

여러분의 기업에서 전략을 개발할 때 가치제안이 우선인가, 역량체계가 우선인가? 정답은 둘 모두다. 이 둘은 함께 개발되어야 한다. 한쪽이 다른 한쪽에 영향을 미치기 때문이다.

다음의 도구는 여러분이 가치제안과 역량체계를 동시에 개발하도록 돕는다. 이 도구는 외부지향(시장-후방)적이면서 동시에 내부주도(역량-전방)적이다. 이를 통해 여러분의 강점에 맞는 가치제안을 개발하고 업계 안에서 여러분의 기업을 차별화할 수 있다.

1. 부록C의 원색 목록을 검토하며 여러분의 업계와 관련성이 있는 것을 추려내는 일부터 시작한다. 여러분의 경쟁사는 어떻게 가치를 창출하는

가? 각각의 경쟁사를 어떤 원색으로 표현할 수 있는가? 그들은 가치를 전달하는 데 필요한 고유의 차별화된 역량으로 어떤 것을 갖고 있는가?

2. 업계에서 시장의 나머지 부분, 즉 전체적인 시장 전망을 살펴본다. 아직 채워지지 않은 가치제안이 있는가? 업계와 관련이 있지만 아직까지 어느 기업에서도 채택하지 않은 가치제안이 있는가? 어떤 가치제안이 향후 3~5년간 관련성이 유지될 것인가?

3. 이제 각각의 가치제안을 여러분의 회사가 제공한다고 상상해보라. 얼마나 잘 제공할 수 있는가? 여러분의 회사를 다른 기업에 비해 차별화해줄 것인가? 여러분의 정체성, 즉 가치제안과 고유의 차별화된 역량과 제품 및 서비스는 무엇인가?

4. 마지막으로 여러분 회사의 현재를 살펴본다. 현재 보유하고 있는 각각의 가치제안을 살펴본다. 이미 갖고 있는 관련성이 있는 역량들에는 어떤 것이 있는가? 어떤 간극을 메워야 하는가?

5. 여러분의 회사가 차지할 수 있는 가치제안 중 어떤 것이 가장 잠재력이 높은가? 이유는 무엇인가? 그중에서 어떤 것이 채택될 가능성이 가장 높은가? 왜 그 가치제안에 끌리는가? 회사를 가장 잘 차별화해줄 역량체계에 어떻게 적합한가?

꼭 그래야만 하는 것은 아니지만 이 도구를 쓰기 위해 회사의 고위 경영진이 상당한 시간 동안 몰두해야 할 수도 있다. 여러분의 회사와 경쟁사 사이에 주어진 많은 선택지를 탐색하고 향후 몇 년간 시장에서 게임하는 방식 중 여러분에게 가장 유리할 하나를 선택한다.

애플과 비슷하게 시멕스 역시 여러 역량으로 이뤄진 역량체계로 강력한 정체성을 구축했다. 그중 하나인 솔루션 지향적인 혁신 역량은 앞서 설명한 바 있다.

시멘트와 주택용 건축자재를 만드는 이 회사의 또 다른 역량을 들라고 하면 숙련된 운영 역량을 꼽을 수 있다. 시멕스는 어느 지역에서든 배송 시간이 정확한 것으로 유명하다. 안내를 통한 관계 구축도 시멕스가 자랑하는 역량이다. 시멕스는 지역 공무원과 주택 보유자에게 건물과 디자인에 대한 지식을 안내할 수 있도록 자사의 지역별 영업사원을 훈련시킨다. 고객이 겪는 대출이나 건축과 관련된 문제에 대한 지식을 공유한다.

또한 시멕스는 에너지 효율성이나 건설업과 관련된 여러 환경 지속성 문제를 홍보하기도 한다. 시멕스의 대안연료 사용률은 2005년 5퍼센트에서 2014년에는 업계 최고 수준인 28퍼센트까지 늘어났다.[12] 이런 역량은 단순한 기능적인 활동이 아니다. 이들 각각의 역량은 여러 기능에 걸쳐 사람, 프로세스, 테크놀로지, 인센티브와 같은 조직 차원의 측정치 등을 하나로 결합하고 있다.

일부의 독자는 우리가 설명하는 역량체계를 클레이튼 크리스텐슨(Clayton Christensen)이 『혁신기업의 딜레마(The Innovator's Dilemma)』에서 말한 가치네트워크 개념과 유사하다고 생각할지도 모른다. 가치네트워크란 한 업계 안의 모든 회사가 공유하는 공통의 역량들을 뜻한다. 업계 안의 여러 공급자와 고객이 쉽게 상호작용할 수 있게 하는 공통의 표준, 효율성, 상호호환성 등을 가리킨다.[13]

하지만 가치네트워크는 5장에서 다루는 것처럼 카드게임에서 말하는 '최소 베팅액'과 비슷한 개념이다. 업계에서 살아남기 위해 기업이 도달해야 하는 최소한의 수준, 말 그대로 기본 베팅액인 셈이다. 기본 베팅액은 게임에 참여하기 위한 최소조건이라는 점에서 매우 중요하다. 하지만 공통의 역량은 경쟁우위로 이어지지 않는다. 부록D에서는 산업별로 최소 베팅액에 해당하는 역량이 몇 가지로 정리되어 있다.

고유의 차별화된 역량체계란 가치네트워크와 정반대되는 개념이다. 바로 최소 베팅액에 포함되지 않는 역량들을 뜻한다. 다른 기업에게는 없고 복제나 모방이 어렵기에 우리 기업만의 성공 열쇠가 되는 역량이다.

고유의 차별화된 역량을 설명하려면 정교함이 필요하다. 물류, 혁신, 마케팅, 판매, 애널리틱스와 같이 전통적인 기능 라벨은 지나치게 개괄적이다. 이런 라벨은 역량을 효과적이게 하는 정교한 요소를 못 보고 지나친다. 1994년 C. K. 프라할라드(C. K. Prahalad)와 개리 하멜(Gary Hamel)은 핵심역량(core competencies)이라는 개념을 제안하며 이를 인정한 바 있다. 고유의 차별화된 역량이라는 아이디어의 선구자로서 이들은 "기술과 테크놀로지를 의미 있는 방식으로 모으고 축적하며 진정으로 공통의 이해를 반영하고 촉진하는 라벨에 다다르기 위해서는 막대한 노력이 필요하다"라고 썼다.[14]

역량을 설명하는 가장 좋은 방법은 구체적인 관찰이다. 그래야만 역량들이 갖고 있는 복잡성과 각각의 기업에 역량이 어떻게 연결되어 있는지 개별적인 성격을 반영할 수 있기 때문이다.

예컨대 스타벅스가 가진 고유의 차별화된 역량 중 하나는 소매업 매장에서 기술력이 있고 헌신적인 인력을 훈련하고 유지하는 일관된 능력이다. 이것은 말처럼 쉬운 일이 아니며 '인적자본' 역량이라고 묘사한다면 지나친 단순화다. 여기에는 능숙한 채용부터 장기적인 안목의 건강보험 정책이 기여했고 동시에 신중하게 수립된 직원의 주식 보유 정책도 한몫했다. 파트너라고 불리는 대부분의 직원들은 스타벅스의 주식을 보유하고 있다.

게다가 회사의 모든 파트너들은 다른 직원을 훈련시키는 데 참여한다. 스타벅스는 직원들이 성공적으로 훈련을 받을 수 있도록 프로세스와 도구를 개발했으며 훈련을 통해 스타벅스가 원하는 고객경험과 긴밀히 연결되도록 한다. 이직률이 매우 높은 업계지만 스타벅스의 역량과 몇몇 다른 요소가 결합해 직원들의 높은 충성도와 헌신을 이끌어내고 있다.

프리토-레이, 아마존, 인디텍스 등 세 개의 서로 다른 기업이 보여주는 물류 역량도 좋은 관찰 대상이다. 3장에서 상세히 묘사된 프리토-레이의 공급망은 갈수록 자동화되는 고도로 발전된 매장직송(DSD: Direct Store Delivery) 시스템을 활용하고 있다.* 매장직송 시스템을 통해 프리토-레이는 지역마다 다른 소비자들의 입맛에 맞춰 스낵을 공급할 수 있다.

아마존의 공급망은 배송 자체는 외부업체를 이용한다. 하지만 뛰어난 자체 창고 시스템을 보유하고 있는데 이는 클라우드 컴퓨팅과 로보틱스에 토대를 두고 있다.** 이를 통해 광범위한 종류의 상품을 전 세계에 배송하고 있으며, 매우 저렴한 비용으로 익일 배달서비스를 제공하고 있다. 아마존은 이미 2012년에 로봇 제작업체인 키바 시스템즈(Kiva Systems)를 7억 7500만 달러에 인수한 바 있다.*** [15)]

인디텍스는 반응형 제조라인을 구축하기 위해 자사의 공급망을 사용해서 공장과 자라 매장을 연결한다. 매장에서 이뤄진 대화 중 떠오른 아이디어가 자라 경영진의 관심을 얻어 의상 디자이너에게 전달되고 이것이 다시 대량생산이 가능한 의류로 전환되어 매장 선반에 전시되기까지 걸리는 최소 기

---

* 제조업자나 도매업자가 소매업자의 물류센터를 거치지 않고 매장에 직접 납품하는 자동보충 시스템이다. 상하차 작업이 생략되어 비용을 줄일 수 있다. 납품 수량을 납품하는 쪽이 결정하는 것이 특징이다.
** 로보틱스(robotics)는 인간과 유사한 기술과 지능을 갖고 작동하는 자동장치나 로봇이다. 로봇의 구조, 행동, 관리, 유지를 연구하는 공학 분야를 가리키기도 한다.
*** 고객주문처리 과정을 로봇으로 자동화해 물류처리의 생산성과 정확성을 획기적으로 높인 기업이다.

간은 2주다.[16)]

프리토-레이, 아마존, 인디텍스가 보여준 각각의 역량은 모두 '물류'라는 라벨로 분류할 수 있고 또한 모두 정보기술(IT)의 도움을 받았다. 그렇다고 이들 세 개의 기업이 갖고 있는 역량을 서로의 것으로 쉽게 대체하기란 어려운 일이다.

고유의 차별화된 역량은 대단한 정확성과 상세함을 요구하지만 그렇다고 '디테일'이 전부라고 생각해서는 안 된다. 고유의 차별화된 역량은 전략의 핵심동력이다. 교차기능적이고 다면적이지만 동시에 본질적으로 온전한 전체이기도 하다. 자체로 존립이 가능하며 관련된 모든 활동이 상호보완적이기 때문이다. 전체를 무너뜨리지 않고 일부만 제거할 순 없다. 따라서 역량에 대한 모든 설명은 그것이 가진 힘의 느낌이 전달되도록 간결하고 명확해야 한다. 회사가 성공을 향해 나아가는 데 헌신하도록 CEO를 포함한 모든 리더를 자극할 수 있어야 한다.

3장에서 우리는 어떻게 회사들이 고유의 차별화된 역량을 설계하고 구축하며 확장하는지 설명할 것이다. 여러분이 회사의 역량체계를 개발하려면 회사의 필요, 강점, 문화를 염두에 둬야 한다.

다른 기업의 역량을 모방하는 일은 설령 그것이 세계적인 기업의 역량이라고 해도 여러분의 기업에 크게 도움이 되지 않는다. 예컨대 요즘 기업의 경영진치고 애플의 역량체계를 갖기 싫어할 사람들은 없을 것이다. 하지만 애플과 같은 가치제안과 애플과 유사한 제품과 서비스 라인업을 보유하지 않은 상황에서 애플의 역량체계만 모방하는 것은 경제적으로나 문화적으로나 실현이 가능하지 않다. 각자가 자신의 회사에 맞는 가치 체계를 파악해야 한다.

제품과 서비스 포트폴리오

응집성을 구축하고 유지하기 위해서는 회사가 제공하는 제품과 서비스가 가치제안과 무리 없이 맞아들어 가고 회사의 역량체계에 맞게 확장되어야 한다. 포트폴리오를 검토할 때는 재무적 성과만 아니라 전략 적합성(strategic fit)도 함께 검토되어야 한다. 가장 이상적인 것은 회사의 모든 개별사업에서 이렇게 전략과 실행을 연결하는 것이다.

포트폴리오를 역량 적합성(capabilities fit)이라는 관점에서 살펴보면 선택된 정체성에 적합하지 않은 제품이나 서비스가 많은 회사에서 발견될 것이다. 개별 상품이나 서비스가 성공적인 경우라도 그것이 회사의 전반적인 정체성과는 맞지 않을 수 있다. 반면 제품이나 서비스와 회사의 역량이 잘 맞는 경우에는 점점 더 유리한 상황이 전개되고 그 혜택도 누리게 된다. 이 때문에 점점 더 많은 기업이 역량체계와 들어맞지 않은 사업에서 발을 빼고 있는 것이다. 그러면 회사와 보다 적합성이 뛰어난 제품이나 서비스를 확보하는 데 자금을 투자할 수 있다.

동일업종 안의 제품은 서로 적합도가 높다고 간주하기 쉽다. 하지만 역량 지향적인 관점에서 포트폴리오를 살펴보면 포트폴리오와 성장 기회에 대한 기존의 관점을 버려야 할 때가 많다.

제품과 서비스를 나눌 때 공식적인 분류체계로 많이 쓰이는 것이 미국 행정관리예산국의 표준산업분류(SIC: Standard Industry Classification)다. 하지만 표준산업분류의 정의가 마지막으로 수정된 것이 벌써 20여 년이나 지난 1997년의 일이다. 그래서 기업이 제품과 서비스를 분류할 때나 역량 적합성을 판단할 때 표준산업분류가 적합하지 않은 경우가 많은 것이다.

예컨대 자전거와 오토바이는 표준산업분류 정의에 따르면 같은 범주에 속하지만 둘의 생산방식이나 고객층은 크게 다르고 제품 출시와 마케팅에도 매우 다른 역량이 필요하다. 식료품을 전통적으로 분류하는 방식은 캔, 냉동, 보존식품을 같은 범주로 묶는 것이다. 하지만 이들 식품군은 제조, 유통, 마케팅 방법이 서로 매우 다르다.[17]

이처럼 기업의 역량을 주의 깊게 살피지 않으면 '인접성의 함정'에 빠지기 쉽다. 캔 식품에서 냉동식품으로, 자전거에서 오토바이로 겉보기에 비슷한 제품이나 서비스로 사업을 확장하는 것이다. 새로운 사업에서 성공하기 위해서는 전혀 다른 역량이 필요하다는 사실을 고려하지 않고서 말이다.

【 도구 】역량 관점에서 포트폴리오 검토

다음의 도구는 기업 전체를 조망할 수 있는 위치에 있는 사람들이 함께 실시해야 한다. 기업이 진행 중인 각각의 사업에 대한 전략과 실행 사이의 연결고리를 평가하는 데 도움이 된다. 각 제품과 서비스에 대해 다음의 질문에 답해보자.

► 회사의 제품이나 서비스가 여러분의 가치제안에 얼마나 적합한가? 그것이 회사에 가장 중요한 고객층과 함께할 지속 가능하고 매력적인 성장 기회가 되는 것을 상상할 수 있는가?

► 회사의 제품이나 서비스가 회사의 역량체계에 핵심적인가? 회사의 가장 중요한 강점으로부터 직접적인 혜택을 받고 있고 그로부터 회사의 노력을 확장시키는가?

► 회사의 제품이나 서비스가 회사의 재무적 성과를 올리기 위한 최선의 경로를 합리적으로 제공하는가? 아니면 해당 제품이나 서비스로 최선의 수익률을 올릴 수 있는 데는 다른 곳인가?

세 가지 질문에 모두 그렇다고 대답할 수 있는 사업에 노력을 집중하라. 그런 제품과 서비스야말로 회사가 유지하거나 인수할 가치가 있는 것들이다. 어떤 제품이나 서비스에 대해 위의 세 가지 질문 모두에 그렇다고 답할 수 없었다면 이는 여러분의 회사보다 다른 조직에게 더 가치 있을 수 있다. 진정으로 성공을 추구하기 위해 필요한 역량을 가진 조직에게 가장 가치 있을 것이다.

성장, 변화, 정체성

대부분의 비즈니스 리더들은 강력한 정체성의 힘을 인정한다. 어떻게 전략과 실행의 연결이 회사를 승리하게 하는지 이해하고 이런 연결을 만드는 데 고유의 차별화된 역량이 맡은 역할을 인정한다. 이를 달성하기 위해 매우 높은 수준의 집중력이 필요한 것도 이해한다. 그런데도 경영진이 회사가 산만해지는 것을 막지 못하는 이유는 무엇인가?

한 가지 커다란 이유는 많은 기업들이 벅찬 압박에 마주하고 있다는 점이다. 불확실성, 갈수록 심화되는 경쟁, 무차별적인 범용품화 물결 속에서 성장을 추구해야 한다는 압박감이다. 그래서 다양한 성장경로와 조직적 개입을 시도한다. 때로는 여기에 민첩성(agility)이나 회복력(resilience)이라는 이름을 붙이기도 한다. 천 송이 꽃을 피우다 보면 성공의 경로를 찾을 확률이 높아지리라는 기대를 갖고 이것저것 많은 일을 시도한다. 이렇게 하면 포트폴리오에 대한 어려운 의사결정을 미리 내리는 부담도 덜고 투자에 대한 위험부담을 얼마간 회피할 수도 있기 때문이다.

문제는 이런 시도 탓에 기업의 노력이 분산되고 응집성이 떨어진다는 것이다. 이처럼 다양한 분야에 투자하면 필연적으로 각각의 분야에서 최대한 빨리 매출을 성장시켜 들어간 투자를 회수하는 식의 무차별적인 투자를 정당화하려는 기제가 작동할 수밖에 없다. 심지어 이런 성장은 지속적인 이익 창출을 희생하는 식으로 이뤄지기도 한다.

실제 경영 현장에서 이런 접근법은 기업을 성장의 쳇바퀴 속으로 밀어 넣는다. 분명한 정체성이나 경쟁할 만한 역량체계도 없이 그저 수많은 시장에서 기회를 좇게 된다. 너무나 많은 다양한 고객 그룹에게 다각화된 제품과 서비스를 제공하다가 회사의 진정한 모습이 어떤 것인지 정의하는 것이 불가능한 상태가 되고 만다. 한때는 위대했을지 모르나 초점을 잃게 되면 이제 더는 진정한 탁월성을 유지하기 어렵게 된다.

스미스-코로나(Smith-Corona)라는 기업이 이것의 좋은 예다. 1960~1970년대만 해도 이 회사는 학생, 교사, 재택근무자 등을 위한 사용자 친화적이고 휴대 가능한 타자기를 만드는 탁월한 제조회사였다. 그러던 중 회사의 리더들은 업계에 곧 지각변동이 일어날 것을 감지했다. 회사가 만들던 기계식 계산기가 전자계산기에 밀려나 사업을 접을 수밖에 없었던 것이다. 이들은 컴퓨터로 인해 타자기 시장에도 같은 일이 곧 일어날 것이라고 예견했다.

스미스-코로나가 선택한 길은 위험회피였다. 1960년대 중반에 프록터-실렉스(Procter-Silex)라는 주방가전 회사, 글리덴(Glidden)이라는 페인트 생산회사, 더키(Durkee)라는 샐러드드레싱과 조미료를 만드는 식품회사를 각각 인수했다. 인수한 기업들은 모두 타자기를 만드는 것과는 전혀 다른 역량을 필요로 했다.

여기에 스미스-코로나는 전자 워드프로세싱 기계에도 막대한 투자를 했다. 그나마 후자의 투자는 기존 제품라인을 확장한 것이라고 여겼다. 하지만 1976년 문을 연 회사의 새 연구개발 시설은 코네티컷 주 댄버리에 위치해 있었다. 기계 엔지니어들이 실제 타자기를 만드는 뉴욕 주 시러큐스 본사와는 네 시간이나 떨어진 곳이었다. 본사와 연구소는 독립적으로 운영되었으며 서로에게 배우거나 공통의 정체성을 추구하거나 역량체계를 구축할 기회가 거의 없었다.

5년간 적자가 이어진 뒤 1986년 스미스-코로나는 적대적 인수합병(hostile takeover)을 당했다. 회사의 새 주인은 비핵심 사업을 대부분 매각하고 회사의 자원을 워드프로세싱 컴퓨터 부문에 집중시켰다. 처음에는 성공하는 듯했다. 이름도 SCM으로 개명한 회사는 1989년 시장 선도기업이 되었다.

하지만 회사는 곧 집중력을 잃기 시작했다. 에이서(Acer)와 합작으로 만든 개인용 컴퓨터와 사진 출력 기능이 없던 데이지 휠 프린터, 라벨메이커, 전자사전, 홈 오피스 서비스 등을 포함해 숱한 제품과 서비스가 줄줄이 실패했다. 회사는 1995년 파산을 선언했고 오늘날에는 감압라벨과 감열기록지를 만드는 소규모 제조업체가 되고 말았다.

스미스-코로나는 진정한 정체성을 구축하지 못했다. 이 회사가 애플이나 마이크로소프트조차 이룩하지 못했던 차세대 워드프로세싱 기계를 만들기에 충분한 역량이 있었는지는 사실 의문의 여지가 있다. 하지만 수많은 사업과 프로젝트의 홍수 속에서 힘을 다 쓴 나머지 회사는 그 답을 알아낼 기회조차 갖지 못했다.[18]

기업들이 위험을 알면서도 성장의 쳇바퀴에 갇혀버리는 것은 이해 못할 일은 아니다. 성장의 쳇바퀴는 오늘날 기업들이 맞닥뜨린 주요 딜레마에 대한 자연스러운 반응이다. 그 딜레마란 바로 경쟁우위의 찰나성이다. 업계에서 가장 높은 포지션을 차지하고 있고 자산과 자본이 탄탄하게 뒷받침되는 기업이라도 빠른 변화 앞에서는 속수무책이다. 제품의 범용품화, 테크놀로지의 대격변, 자본 흐름의 변화, 정치적 불안과 규제 변화, 그 밖에도 세계의 혼돈과 예측 불가능성이 언제든 의외의 변화를 불러올 수 있다.

하지만 이와 똑같이 강력한 또 다른 현실적 이유가 있다. 고유의 차별화된 역량은 본질적으로 변화가 느리다. 규모가 크고 응집력이 있는 기업에게 역량체계는 수많은 사람들의 참여와 테크놀로지와 특화기술에 대한 투자를 통해 이뤄진 것이다. 이런 역량은 수없이 많은 의사결정에 의해 천천히 구축되며 따라서 '끈끈한 성격(sticky)'을 갖고 있다. 당연히 업데이트하거나 대체하는 데도 시간이 걸린다. 만일 역량체계가 쉽게 변화가 가능하다면 그것은 그다지 큰 가치가 없을 것이다. 왜냐하면 누구든 그와 비슷한 것을 쉽게 구축할 수 있을 것이기 때문이다. 정체성을 바꾸고 고유의 차별화된 역량을 새롭게 구축하는 과업을 즉각적으로 해내는 것은 불가능하다.

이 문제의 해답은 역량의 안정적 성격을 약점이 아닌 강점으로 바라보는 일종의 역발상에 있다. 적응력과 회복력을 목표로 두는 것은 물론 좋은 일이며 만약 여러분이 속한 업계가 파괴적으로 재편되는 상황이라면 빠르게 움직일 필요도 있다. 하지만 이미 갖고 있는 강점을 활용하는 방향으로 기업의 확장경로를 설정하지 않으면 효과적으로 움직이기 어렵다. 아마존의 창업자이자 CEO인 제프 베조스는 2012년 비디오 인터뷰에서 이와 비슷한 이야기를 했다.

"'앞으로 10년간 어떤 변화가 일어날까요?'라는 질문을 매우 자주 받습니다. 하지만 '향후 10년간 어떤 것이 변하지 않을까요?'라고 묻는 사람은 거의 없죠. 제 생각에는 사실 두 번째 질문이 더 중요합니다. 왜냐하면 시간이 흘러도 변하지 않는 것들을 중심으로 사업 전략을 구축할 수 있거든요."

그러면서 베조스는 다음의 사례를 들었다. "유통업에서 고객들은 저렴한 가격을 원하죠. 지금부터 10년간 이 사실은 변하지 않을 것입니다. 또 배송이 빨리 되기를 원하고 선택지는 많으면 많을수록 좋아하죠. 10년 뒤 어떤 고객이 저에게 와 '제프 씨, 저는 아마존을 좋아하지만 가격이 좀 더 비쌌으면 좋겠어요. 그리고 배송도 좀 더 느리게 해주셨으면 해요'라고 말하는 일은 절대 없을 것입니다." 장기적으로 변하지 않을 확실한 뭔가가 있다면 거기에 많은 에너지를 쏟는 것이 당연하다.[19]

아마존의 핵심 가치제안인 폭넓은 선택, 저렴한 가격, 빠른 배송은 1990년대 말 아마존이 온라인서점으로 출발했던 시절부터 변하지 않았다. 그때부터 지금까지 아마존은 온라인 소매점의 인터페이스 디자인, 후방 공급망 관리, 머천다이징, 고객관계관리, 테크놀로지 혁신 등을 차별화된 방법으로 결합해 사실상 동일한 역량체계를 유지해왔다.

하지만 이처럼 높은 수준의 연속성에도 불구하고 아마존은 분명 빠르게 변화하는 역량도 갖고 있다. 인터넷경매, 클라우드 기반 서비스, 킨들 전자책, 온라인미디어 유통, 자동화된 물류, 빠른 배송서비스 등 아마존의 여러 혁신적인 투자가 성과를 냈다. 파이어폰 등 일부 투자가 실패해 지나친 욕심이라며 비판받았지만 나머지는 회사 전략과 연결되어 있었고 계속해서 주목을 끌며 장기간 지속되는 성장을 이루는 데 도움이 되었다.[20]

진정한 민첩성은 성장이 가능할 듯한 분야를 모두 찔러보거나 우연히 트렌드를 포착해 시장에 먼저 도달하는 방식으로 달성되지 않는다. 자신의 역량으로 승리할 권리를 스스로 쟁취할 수 있는 기회를 좇아 달성되는 것이다. 이는 선택한 사업 분야에서 경쟁사보다 효과적으로 경쟁할 수 있는 능력을 말한다.

민첩성은 이런 우위를 이미 갖고 있는지에 달려 있다. 이 우위는 새로운 시장을 뒤흔들 수 있는 도구와 동력이 되고, 진정으로 필요한 곳에 고객보다 앞서갈 수 있게 에너지를 집중하게 하며, 지속적으로 혁신을 추진할 수 있게 한다. 여기에는 출시하는 개별 제품이나 서비스의 혁신뿐만 아니라 역량 자체의 혁신과 회사가 가치를 창출하는 방식의 혁신까지 포함되어 있다.

아마존의 정체성 프로필

미국 워싱턴 주 시애틀(Seattle) 시에 본사를 둔 아마존은 세계 최대의 온라인 소매기업으로 여러 나라에 온라인쇼핑 웹사이트를 갖고 있다. 아마존 시스템을 통해 아마존 자신이 취급하는 제품과 서비스에서 다른 판매자의 그것까지 끊임없이 다양한 제품과 서비스를 선보이고 있다.

가치제안 아마존은 판매자와 고객의 수퍼집합기업(super-aggregator)이다. 제품과 정보의 제공, 원활한 배송에 대한 손쉬운 접근을 포함해 강력한 원스톱 온라인쇼핑 경험을 제공한다.

역량체계

► **온라인 소매점 인터페이스 디자인** 아마존은 우아하고 원활하며 상세한 내용으로 가득 찬 디지털페이지를 만들고 유지하고 보수한다. 매우 정교하고 세련된 검색, 댓글, 링크, 온라인결제 기능을 갖고 있다.

► **후방 공급망 관리** 아마존은 특화된 물류창고 네트워크와 수많은 파트너, 소매상, 공급자 등으로 이뤄진 유통 네트워크를 통해 막대한 양의 재고를 관리한다.

► **빠르고 효과적인 온라인 머천다이징** 매력적인 상품을 찾아내 사이트 안의 가장 적절한 위치에서 보여주는 능력은 아마존이 보유한 가치의 숨겨진 원천이다.

► **고객관계관리** 아마존은 고객과의 상호작용 기록을 활용해 고객이 호

감을 보일 만한 잠재력 있는 제품을 소개하고 고객불만에 대해서는 문제가 발생하기 전에 미리 해결한다.

▶ **탁월한 테크놀로지 혁신** 원클릭 즉시주문시스템, 킨들과 관련한 제품과 서비스, 클라우드 컴퓨팅 서비스, 그 밖의 수많은 서비스가 공급되는 플랫폼을 제공한다.

제품과 서비스 포트폴리오 아마존은 우편이나 그 밖의 배송서비스를 통해 전달될 수 있는 대상이라면 뭐든지 제공한다. 여기에는 전자책, 클라우드 서비스를 통한 컴퓨터 기반 소프트웨어, 다양한 다운로드와 스트리밍 콘텐츠까지 포함한다.

성장전략을 제안할 때마다 우리는 여러분이 속한 회사의 강점에서 시작하라고 당부한다. 회사가 성장을 추구하려면 역량체계를 잘 이용해야 한다. 우리 저자들의 동료인 제럴드 아돌프(Gerald Adolph)와 킴 데이비드 그린우드(Kim David Greenwood)는 네 가지 상호보완적인 성장 방법을 결합한 모델을 개발했다. 다음의 사항은 여러분 회사의 강점인 역량체계를 활용하는 방법이다.

- **시장 내 성장** 기존에 정의된 방식대로 기존의 핵심시장에서 기존의 고객들 가운데 새로운 성장 기회를 추구한다. 여기에는 시장참여자 누구도 아직까지 활용하지 아니한 성장 전망들이 주로 포함된다. 아마존의 프라임 멤버십이 좋은 예다. 아마존이 판매하는 제품을 변경한 것은 아니다. 다만 매년 고정금액을 받고 모든 구매에 대해 무료 2일 내 배송을 제공한다. 이는 아마존의 차별적 공급망 역량을 매우 잘 활용한 사례로

고정된 매출흐름과 고객충성도를 동시에 발생시켰다.

- **인접 시장 성장** 인접한 시장으로 사업을 확장하되 기존의 역량체계로 차별화를 일으킬 수 있는 곳으로 한정한다. 예컨대 하이얼은 자사의 역량을 활용해 냉장고에서 다른 가전제품과 서비스들 가령 에어컨, 공기청정 및 정수 서비스 등으로 사업을 확장했다. 2015년 테슬라 모터스는 리튬이온 배터리 역량을 활용해 가정과 상업용 건물에서 쓰일 새로운 배터리 라인을 출시한다고 발표했다.* 이 아이디어는 그로부터 4년 전에 회사의 자동차를 산 고객이 온라인포럼에서 제안한 것이다.[21)

- **역량 개발을 통한 성장** 역량체계를 점진적으로 확장해서 하나의 역량으로부터 다른 역량들을 구축해낸다. 이는 때로 '역량 사슬화(capabilities chaining)'라고 불리기도 한다. 기존의 역량체계에 적합한 새로운 형태의 능력을 통해 일련의 새로운 사업을 구축할 수 있으며 이것이 다른 새로운 역량의 구축을 다시 촉진할 수 있다. 이 책에서 연구한 기업들은 모두 역량 사슬화에 관해서는 전문가라고 할 수 있다. 하이얼의 수요 반응형 주문 제작이나 배송 역량, 이케아와 나투라의 지속가능성을 지향하는 구매 역량은 상대적으로 이들 기업 안에서 최근에 개발된 것들이다.

- **파괴적 성장** 새로운 비즈니스 모델과 새로운 역량을 통해 급격한 변화에 대응한다. 이렇게 새로운 사업을 시도할 때는 진정으로 승리할 권리가 있다고 확신할 수 있어야 하며 큰 투자를 하기에 여건이 적합해야 한다. 파괴적 성장을 정당화할 정도의 진정한 파괴는 많은 기업인들이 생각하는 것보다 훨씬 드물다. 예컨대 바이오테크놀로지는 제약업계에

※ 에너지(전력) 저장장치(ESS: Energy Storage System)를 말한다.

막대한 영향력을 미쳤고 콤팩트디스크(CD)는 음반업계를 뒤흔들었지만 이 둘은 산업을 파괴하지 않았다. 제약과 음반, 두 업계의 기본적인 비즈니스 모델과 역량체계는 바뀌지 않은 것이다. 사람들은 전과 같은 방식대로 약과 음반을 만들고 팔았으며 거기에 적용된 기술적 요소만 다소간 바뀌었을 뿐이다. 반면 바이오테크놀로지는 농업용 화학물질 시장에서는 진정으로 파괴적인 결과를 가져와 업계의 모든 기업이 비즈니스 모델을 다시 설계해야 했다. 또한 온라인 뮤직도 음반업계의 모든 면을 파괴했다. 여러분의 업계가 현재 파괴적인 상황을 맞고 있다면 이를 금방 알아챌 수 있다. 현재 가진 역량체계가 더는 쓸모없고 근본적인 변화가 필요할 것이기 때문이다.[22]

어떤 업계는 디지털 테크놀로지가 통합의 경계를 넘어서며 파괴 직전에 놓여 있다. 클라우드 컴퓨팅, 전자상거래, 모바일 결제, 3D프린팅과 디지털 제작기술, 사물인터넷(IOT: Internet of Things), 데이터 애널리틱스(DA: Data Analytics), 광역 기반 활동 모니터링, 소셜미디어와 그 밖의 디지털 혁신은 비즈니스 모델에 변혁을 가져오고 기존의 업무 방식에 도전하고 있다.

어떤 기업은 변화를 잘 관리하는데 왜 어떤 기업은 그렇지 못할까? 디지털 시대에 승리하는 기업은 기존의 역량과 분리된 별도의 테크놀로지 솔루션을 구축하지 않는다. 이들은 기존의 역량을 다시 평가하고 디지털 테크놀로지를 이용해 전략을 실행할 뿐이다.

예컨대 스타벅스는 모바일결제와 강력한 온라인 사이트로 뛰어난 사업모델을 빠르게 구축했다. 이를 성취하는 데 필요한 역량에 경영진의 관심과 시간을 투자했다. 디지털 분야에 집중적으로 투자하면서도 강력한 비용민감성을 활용해 정보기술 공급자가 중복된다든지 하는 일에 돈이 낭비되지 않도록 했다.

레고 역시 스타벅스와 비슷하게 디지털 디자인을 기존의 역량에 통합했다. 마인드스톰 등 레고의 컴퓨터 기반 블록세트는 요즘 어린이와 부모의 취향에 맞게끔 제품을 개선하면서도 동시에 '잘 놀기'라는 장난감의 전통적인 가치에 충실한 사례다.

나투라 코스메티코스는 어찌 보면 더욱 어려운 도전을 겪었다. 나투라의 고객들, 특히 회사의 미래를 좌우할 젊은 여성 고객들은 전자상거래를 이용하는 빈도가 높다. 회사가 온라인, 특히 인터넷과 소셜미디어에서 존재감을 빠르게 확보하지 않으면 젊은 고객층을 잃을 위험이 높아질 것이다.

하지만 나투라의 현재의 가치제안은 지역사회에서 고객과 직접 대면하며 화장품을 팔아온 판매 '컨설턴트'에 근거하고 있다. 온라인매출의 비중을 높이는 것은 나투라 고유의 정체성에 부합하지 않는 방향일 수 있으며 현재의 가치제안이 토대부터 허물어지는 결과를 낳을 수도 있는 상황이었다.

나투라가 선택한 해결책은 기존의 고객관계 구축 역량을 온라인 세계에 적용하는 것이었다. "나투라는 이미 소셜네트워크 자체입니다." 나투라의 전임 CEO인 알레산드로 카를루치(Alessandro Carlucci)의 설명이다. "온라인으로 연결되지만 않았을 뿐이지요. 우리는 이미 오프라인에서 진실의 순간으로서의 고객접점을 갖고 있기에 이 중요한 것을 잃고 싶지 않았습니다. ＊이 관계에 온라인을 추가하고자 했습니다."

새로운 나투라 시스템 덕분에 해외에서 상당한 시간을 보내는 브라질 여성은 외국에서도 나투라 컨설턴트로 일할 수 있게 되었다. 또한 기존에는 나

＊ 진실의 순간(moments of truth)이란 마케팅에서 고객이 회사나 제품에 대해 이미지를 결정하는 15초 안팎의 짧은 순간을 뜻한다. 여기서는 나투라의 컨설턴트가 고객과 만나는 순간을 가리킨다.

투라의 제품을 구매할 수 없었던 중남미 밖의 전 세계 고객을 새롭게 끌어들일 수 있게 되었다.

이 같은 변화를 겪는 과정에서 나투라는 기존의 역량체계에서 멀어지는 일을 의식적으로 피했다. 그 대신 기존 체계의 토대 위에 새로운 역량을 더했다. 나투라의 온라인플랫폼은 핵심적인 가치제안을 지키면서도 근본적인 변화를 일으킨 좋은 사례다.

"어떤 사람들은 컨설턴트 체계를 지키고자 한 우리의 결정에 의문을 표하기도 합니다." 카를루치의 말이다. "하지만 나투라에게 컨설턴트가 필요하다는 사실을 우리는 잘 알고 있습니다. 이들이야말로 회사와 고객을 연결해주는 접점이기 때문입니다. 컨설턴트들이 고객과의 관계에 쏟는 에너지는 우리로선 도저히 따라갈 수 없는 수준입니다. 컨설턴트들이 고객과 이처럼 진실한 관계를 유지하고 있기에 나투라가 온라인플랫폼을 이용해 관계를 더욱 확장할 수 있는 것입니다. 다른 어떤 방식으로도 이만한 관계 확장은 불가능합니다. 이것이 잘되면 나투라 고유의 온라인플랫폼을 구축할 수 있습니다."

정체성 구축의 계기

기업의 정체성을 이 같이 정의하고 완전히 헌신한다는 것은 어찌 보면 벅찬 일일 수 있다. 한 분기가 아니라 수년, 수십 년을 계속해야 하는 일이다. 이렇게 하려면 지나치게 큰 도약이 필요하다고 느낄 수도 있다.

어찌 되었든 여러분의 회사는 지금도 다양한 제품과 서비스 그룹을 토대로 하는 몇 가지의 가치제안을 갖고 있을 수 있다. 하지만 이것이 충분히 정교하게 정의되어 있지 않다면 회사를 차별화하고 업계를 선도하는 데 도움이 되지 않을 수 있다. 여러분의 회사가 역량 자체는 우수할지 모르지만 그것이 교차기능적으로 회사에 내재화되어 있지 않을 수도 있다.

여러분의 회사가 규모가 큰 글로벌 회사라면 제품과 서비스 포트폴리오가 오랜 세월에 걸쳐 즉흥적인 방식으로 진화해왔을 가능성이 있다. 포트폴리오의 다양성이 과거에는 시장의 파괴적인 상황에 대비해서 위험회피 효과를 제공했을지도 모르지만 이제는 회사의 기능에 막대한 압박을 주고 있을 것이다. 그리고 솔직히 말해서 회사의 비용구조에 미치는 부담도 적지 않을 것이다.

이렇게 보자면 여러분은 회사가 성공적으로 성장하는 것은 고사하고 응집력이 있는 기업이 될 만한 자질이 없다고 생각할지도 모른다. 하지만 하이얼이 얼마나 먼 길을 걸어왔는지 생각해보라. 1984년의 하이얼처럼 여러분의 회사도 가치제안이나 역량체계의 최소한의 실마리만 갖고서 얼마나 먼 길을 왔는지, 그 길을 얼마나 빨리 돌파할 수 있었는지 되돌아보며 놀라게될 날이 올지도 모른다. 하이얼이 장루이민의 망치질로부터 불과 3년도 되지 않아 품질과 관련된 상을 휩쓸기 시작했다는 점을 상기하자.

사실 우리가 연구한 대부분의 기업은 상대적으로 응집성이 떨어지는 상태에서 시작했다. 이들은 자신들이 왜 이 길을 걷기 시작했는지, 어떻게 빠르게 변화하고 진보했는지에 대한 자신만의 이야기를 갖고 있다. 우리가 이들 기업의 경영진에게 어떤 계기로 정체성에 헌신하게 되었는지 물어보면 다음의 네 가지 계기 중 하나의 답변이 돌아오고는 했다.

　　어떤 기업은 리더가 탁월한 성과를 낼 수 있는 분야를 깨달으면서 응집성을 향하는 길로 접어들기도 한다. 그렇게 리더가 가리키는 분야를 중심으로 사업을 구축한다. 다나허 코퍼레이션의 창업자인 미첼 레일스(Mitchell Rales)와 스티븐 레일스(Steven Rales) 형제는 1986년 그런 깨달음을 얻었다.

　　당시 레일스 형제는 시카고 뉴마틱(Chicago Pneumatic)이라는 회사를 막 인수한 참이었다. 제조회사로는 처음으로 형제가 인수한 회사였다. 이 회사는 경유 트럭용 브레이크 부품을 생산하는 제이콥스 브레이크 컴퍼니(Jacobs Brake Company)를 자회사로 보유하고 있었다. 통상 제이크 브레이크라고 불리던 자회사는 당시 사장인 조지 쾨닉세커(George Koenigsaecker)가 주도하는 주목할 만한 기업회생 과정에 있었다.

　　제이크 브레이크에서 생산하는 제품은 몇 년 전만 해도 품질이 너무 낮고 직원들도 같이 일하기 까다로워 일부 대형 고객사들은 공개적으로 다른 부품 공급업체를 찾고 있던 지경이었다. 쾨닉세커는 일본 제조업의 높은 품질 관리 수준과 린 생산방식에 대해 잘 알고 있었다. 그는 도요타 생산 시스템(TPS: Toyota Production System)의 전직 주임강사 두 명을 초빙해 1년간 매달 1주일씩 프로세스 개선을 위한 컨설팅을 받았다.

　　"일주일이라는 기간이 절묘했던 것 같아요." 쾨닉세커의 말이다. "학습하고 변화를 만들고 변화를 어느 정도 굳히기에 충분한 시간이었거든요." 일본의 생산방식을 미국 산업계에 최초로 적용한 사례인 제이크 브레이크는 그 뒤 빠르게 회복해 고품질 제품을 생산하면서도 높은 생산성과 고객만족도를 유지하는 기업이 되었다.

　　레일스 형제는 기업회생의 혜택을 맛볼 수 있는 적절한 시기에 제이크 브레이크를 인수했다. "인수한 뒤에 저희가 어떻게 하는지 보려고 레일스 형제가 방문했지요." 쾨닉세커의 회상이다. "저희가 하는 방식을 그만두라고 할 줄 알았어요. 만약 그들에게 제조업 경험이 있었다면 저희의 방식이 말이 안 된다고 생각했을 것이 뻔했으니까요." 하지만 형제는 오히려 다른 기업을 인수해 제이크 브레이크와 비슷한 방법을 쓰면 실적을 개선할 수 있다는 사실을 알아차렸다. 사모투자전문회사(PEF: Private Equity Firm)라면 제이크 브레이크를 다시 매각했겠지만 다나허는 계속 보유하며 실적 개선의 혜택을 보기로 했다.

제이크 브레이크에서 쓰인 접근법은 위기 상황이 아닌 기업에서 오히려 더 효과적인 것으로 드러났다. 그리고 이 책의 서두에 이미 언급했지만 다나허는 이런 일에 재능이 있었다. "그로부터 1년도 지나지 않아 우리는 오늘날 다나허 비즈니스 시스템의 시초가 될 프랙티스를 확립했어요." 쾨닉세커의 말이다. 이 회사의 고위 경영진은 다들 제이크 브레이크 공장을 구해낸 경험에 대해 이야기한다. 1990년 시가총액이 4억 달러에 불과하던 다나허를 2015년 620억 달러의 가치를 가진 기업으로 키워낸 여정의 첫 단추였기 때문이다.[24]

"우리에게는 꿈이 있다!"

응집성이 있는 기업들은 글자 그대로 세계를 바꾸기 위해 존재하며 적어도 세계의 일부분을 바꿔낸다. '많은 사람을 위한 더 나은 일상의 삶을 창출하기'라는 이케아 사명문에 나타난 잉바르 캄프라드의 열망도 회사가 정체성에 헌신하는 좋은 계기가 되었다. 다른 사례로 나투라의 슬로건인 '벰 에스타르 벰'을 들 수 있다.[25] 애플의 '보통 사람들을 위한 컴퓨터'와 월마트

(Walmart)의 '365일 최저가(everyday low prices)'라는 비전 또한 좋은 예다. 월마트의 최저가에는 소비용품만 아니라 기초보건, 시력검사, 금융서비스 등까지 포함한다.

현재까지 예로 든 기업 중 가장 잘 알려진 사례는 스타벅스일 것이다. 하워드 슐츠는 1987년 시애틀에서 다섯 곳의 매장을 가진 커피숍을 인수해 세계적인 소매기업으로 성장시켰다. 그는 스타벅스에서 '지금까지의 있는 모습 그대로 보지 않고 미래의 가능성'을 보았다. '커피 경험이라는 낭만과 따뜻함이라는 느낌, 그리고 지역사회 주민을 위한 공간을 제공하는 스타벅스 매장'이라는 개념에 근거해 집과 직장을 넘어 사람들이 모일 수 있는 유쾌한 '제3의 공간'을 상상했다. 그때부터 이미 그는 파트타임 직원들을 위한 건강보험을 제공했고 6개월 이상 근무한 모든 직원에게 스톡옵션을 제공했다. "스타벅스는 다른 기업에서는 임원에게나 적용될 만한 존중을 창고 직원이나 신참 판매원들에게 보여줍니다."[26]

슐츠는 자신의 포부를 직원들의 충성심을 고취하고 고객을 얻기 위한 방법 정도로 생각했다. 하지만 사실 그 이상의 것이었다. 이는 2007년 회사가 방향성을 잃고 나자 뚜렷하게 언어화되었다. 당시 슐츠는 CEO에서 물러나 이사회 의장으로 있었다. 슐츠의 후계자는 하루에 매장을 최대 여섯 개나 오픈하는 등 성장 드라이브의 신봉자였다.

공급망의 효율성은 나아졌으나 전반적인 품질은 미묘하지만 분명히 빠르게 나빠지고 있었다. 매장 매니저들은 어떤 식으로든 매출을 진작하라는 지시를 받았다. 곧이어 봉제인형 등 오랫동안 신중하게 형성된 스타벅스의 분위기와 어울리지 않는 상품들이 판매되기 시작했다. 더운 아침식사 메뉴는 좋은 아이디어인 듯했지만 그 바람에 온종일 매장에서는 녹인 치즈 냄새가 나게 되었다. 새로 도입한 에스프레소 머신은 바리스타가 음료를 만드는 과정을 고객이 볼 수 없게 만들었다. 그 밖의 무형의 변화도 있었다. 직원 훈련의 품질이 저하되는 등의 변화는 당장 눈에 띄지 않는 일이었지만 고객들이 받는 매장 경험에는 전반적으로 영향을 끼쳤다.

이런저런 실책이 쌓이며 점차 스타벅스 체인은 차별성을 잃어갔다. 2007년이 되자 매출이 눈에 띄게 둔화되었다. 맥도날드와 던킨 도너츠(Dunkin' Donuts) 등 경쟁사가 스타벅스를 따라잡는 것 같았다. 상품을 범용품화하지 않고 빠르게 확장하는 글로벌 체인사업에서 도전에 대응하는 일은 감당하기 힘든 과제 같았다.

슐츠는 CEO에 복귀하며 새로운 포부를 발표했다. '인간 정신의 고취와 양성'이 그것이다. 이를 실현하기 위해 카운터 뒤의 파트너들(직원들)의 참여도와 기술을 새로운 수준으로 끌어올리겠다고 발표했다. 스타벅스가 직원과 고객들, 매장 주변 지역사회의 삶의 질에 관심을 기울이는 사업모델을 보여주겠다는 말이었다.

슐츠의 선언은 경기불황이 전 세계적으로 최고조에 달한 시점에서 나왔다. 다른 유통기업은 직원 숫자를 줄이고 월급을 동결하는 상황에서 스타벅스는 커피 테이스팅을 포함한 몰입형 학습 프로그램과 과정에 투자했다. 이 과정은 나중에 대학 학점까지 인정받게 된다. 이때가 바로 슐츠가 이 장의 앞부분에서 설명한 일곱 가지의 과감한 변화를 발표한 시점이기도 하다.

스타벅스는 그들의 목표를 달성하기 위해 항상 필요한 역량을 혁신하고 개선하며 절대로 가격경쟁에 나서지 않는다. 낮은 가격은 스타벅스의 가치 제안이 아니다. 그럼에도 스타벅스는 2007년의 위기로부터 성공적으로 탈출했고 그 이상으로 성장했다. 스타벅스의 부흥에 관한 많은 책이 출간되었는데 그중 하나인 마이클 게이츠 길(Michael Gates Gill)의 『땡큐! 스타벅스(How Starbucks Saved My Life)』는 스타벅스에서 일하는 임직원들이 어떻게 절망에서 벗어나 삶을 다시 구축할 수 있었는지에 대한 이야기를 자세히 담고 있다. 회사가 원대한 꿈을 향해 스스로를 재정비하면 이런 일도 가능한 것이다.[27]

"우리는 위기를 맞을 것이다!"

어떤 기업은 미리 어려움을 인지하는 선견지명을 갖고 있기도 하다. 전략과 실행 사이의 간극 때문에 떠오르는 도전에 취약해질 수밖에 없음을 인지하는 것이다. 1980년 말 북미자유무역협정(NAFTA)에 대한 논의가 시작되자 시멕스는 새로운 현실과 마주해야 했다. 북미자유무역협정 체결은 미국, 멕시코, 캐나다 사이의 상업 거래에 제약을 없앤 사건이다. 문제는 시멕스가 멕시코 안에서 오랫동안 시멘트와 기타 건축자재의 공급업체로서 보호를 받아왔다는 점이었다.

당시 시멕스 CEO이었던 로렌조 잠브라노(Lorenzo Zambrano)는 자유무역협정을 시멕스가 의존하던 보호받는 사업모델에 대한 전략적 위협으로 인지했다. 이제 전 세계의 경쟁사들이 멕시코에 진출해 시멕스의 시장점유율을 잠식하고 무너뜨릴 수 있게 된 것이다.

세 나라 사이에 협정이 발효되는 1994년까지 남은 몇 년간 잠브라노는 시멕스에서 변혁을 주도해 위협을 기회로 바꾸었다. 강력하게 운영 효율성을 추구하면서 멕시코와 스페인, 그 밖의 중남미 지역에서 몇 차례 인수를 진행했다. 잠브라노의 굳은 의지 덕에 시멕스는 시멘트 분야에서 손꼽히는 세계적인 기업이 되었는데 이는 신흥경제국에서 유일한 사례다. 시멕스의 성공은 솔루션 제공자로서의 능력과 직접적으로 관련되어 있다.

"우리는 이미 위기를 맞았다!"

어떤 기업은 더는 다른 선택지가 없을 때가 되어서야 응집력을 키우는 길로 나아간다. 위기 상황에서 절망은 변화의 원동력이 되기도 한다. 쇠퇴하는 중이거나 실패가 임박했거나 심지어 파산이 눈앞에 있고 모두가 이를 알고 있다고 가정하자. 유일한 대응 방법은 싸우거나 도망가는 것이다. 장기적으로는 회사가 필요로 하는 역량을 구축하며 동시에 단기적으로는 출혈을 최대한 줄이든지 아니면 회사가 조금이라도 더 오래 버티며 수동적으로나마 생존할 수 있는 틈새를 찾든지 둘 중 하나다.

레고는 2014년 세계에서 수익률이 가장 높은 장난감 회사다. 하지만 딱 10년 전인 2004년 레고는 매일 수백만 달러의 적자를 보고 있었으며 수익률은 마이너스 30퍼센트에 달했다. 레고의 경영진은 반전이 없다면 회사의 생존 자체가 의문스러운 상황임을 급작스레 깨달았다.

레고의 문제 중 하나는 회사가 복잡하다는 것이었다. 서른 종의 제품이 매출의 80퍼센트 이상을 차지하는데 레고의 재고 창고에는 1500종에 달하는 롱테일 제품이 쌓여 있었다.* 레고는 수천 가지의 부속품을 만들었으며 블록 색깔은 백 가지가 넘었다. 협력업체의 숫자가 1만 1000개를 넘는 충격적인 수준으로 비행기를 만드는 보잉(Boeing)보다 많을 지경이었다.

한편 레고가 선호하는 중소형의 독립 완구매장을 이용하는 고객은 점차

---

* 롱테일(Long Tail)은 미국의 넷플릭스(Netflix), 아마존 등의 특정한 비즈니스 모델을 설명하기 위해 ≪와이어드(Wired)≫의 편집장 크리스 앤더슨이 명명한 개념이다. '롱테일'은 판매곡선에서 불룩 솟아오른 머리 부분에 이어 길게 늘어지는 꼬리 부분을 가리킨다. 비즈니스에 성공한 기업 상당수를 분석하니 20퍼센트의 소품종 대량판매 상품(머리)이 아닌 틈새시장에 적합한 80퍼센트의 다품종 소량판매 상품(꼬리)이 이익과 성장에 더 중요하다는 것이 발견되었다. 인터넷과 물류혁신을 통해 소비자가 원하는 물건에 접근이 쉬워지면서 틈새상품의 중요성이 더해지는 새로운 경제 패러다임이다. 이를 롱테일 법칙이라고 한다.

줄고 있었다. 그 대신 토이저러스(Toys "R" Us) 등 대형 유통매장의 비중이 늘고 있었는데 레고는 이런 대형매장과는 기존의 중소매장들만큼 긴밀한 관계를 유지하지 못했다.[28] 여기에 비디오게임, 의류, 테마파크 등 레고에게 성공의 역량이 없는 분야에까지 다각화 시도가 진행되고 있었다.

레고의 이사회는 예르겐 비 크누드스토르프(Jørgen Vig Knudstorp)를 신임 CEO로 임명하고 회사의 전략과 실행을 재고하는 역할을 맡겼다. 크누드스토르프와 임원들은 워룸(war room, 작전상황실)을 만들었다. 여기서 어떤 제품을 단종할지, 운영상의 문제점은 어떻게 보완할지 등 여러 의사결정이 신속하게 내려졌다. 그렇게 보완된 회사의 문제점으로는 레고 블록의 원료인 수지의 비용절감 방안과 물류센터의 위치 등 상세한 내용까지 포함되었다.* 크누드스토르프는 워룸을 자주 방문했다.

레고의 CEO에 취임한 지 2년이 지나자 크누드스토르프는 회사의 전략과 실행 사이의 간극을 해소했고 그 둘이 함께 움직이게 할 수 있었다. 회사의 물류와 공급망 역량을 다시 정비해 수년 만에 처음으로 수익을 올릴 수 있었다. 그러면서도 레고는 어린이와 부모가 함께 기뻐할 만한 혁신적이고 차별화된 장난감을 만든다는 회사의 정체성은 포기하지 않았다.

레고의 정체성 프로필

덴마크의 빌룬드(Billund) 시에 본사를 둔 레고는 어린이와 성인을 위한 블록형 장난감과 관련 게임을 만드는 세계 유수의 제조업체다. 최근에는 '세계에서 가장 강력한 브랜드'로 선정되기도 했다. 세계에서 가장 큰 장난감

※ 수지(resin)는 유기화합물과 그 유도체로 이뤄진 비결정성의 고체 또는 반고체이며, 천연수지와 합성수지(플라스틱)로 나눌 수 있다.

회사이면서도 비상장 기업인 레고는 2014년 연 매출액이 286억 덴마크 크로네(미화 45억 달러)에 달했다.

가치제안　레고는 플랫폼과 경험제공 기업으로 '놀이와 학습을 통한 어린이의 창의성 개발'에 초점을 두고 있다. 레고의 고객층은 열광적이고 모든 연령대에 걸쳐 있어 온라인과 오프라인 양쪽에서 커뮤니티를 양성하는 데 힘을 쏟고 있다.

역량체계

▶ 모든 연령대의 사람을 위한 매력적인 블록과 세트 설계　레고의 디자인은 디자이너들의 협업을 통한 혁신과 어린이가 어떻게 놀이하고 배우는 지에 대한 집중적인 연구를 토대로 하고 있다.

▶ 합리적 비용의 복잡성을 지향하는 운영　복잡성을 퇴치하려고 들거나 관련 비용을 소비자에게 전가하는 대신 레고는 이를 관리하는 능력을 개발했다. 레고는 정교하게 맞물리는 수천 가지의 부품 제조와 포장을 관리한다. 모든 부품은 서로 조립이 가능하도록 제조되며 각 조립세트마다 필요한 가짓수의 부품을 정확하게 갖추고 있다. 높은 수익성을 유지하는 방향으로 부품이 구매되고 조직화되어 있다.

▶ 고객 지향의 플랫폼 관리　열렬한 고객을 중심으로 네트워크 관계를 구축한다. 여기에는 온라인과 오프라인 활동이 모두 포함된다. 포럼, 클럽 같은 지역사회에 뿌리를 둔 오프라인 활동도 포함한다.

▶ 학습 지향적인 브랜드 개발　어린이의 인지가 개발되는 데 놀이가 갖는 장점을 홍보한다. 놀이의 장점을 레고가 만드는 장난감과 서비스에 연결한다. 레고를 갖고 노는 일이야말로 어린이의 인지발달에 유익하고

창의적인 효과를 주는 활동이라고 포지셔닝한다.

제품과 서비스 포트폴리오 모든 연령대의 소비자를 위한 블록형 장난감
과 세트를 제공한다. 레고에 초점을 맞춘 비디오 시리즈, 온라인 커뮤니
티, 테마파크와 같은 커뮤니티 구축 서비스도 제공한다.

2006년 레고의 명성은 더욱 공고해지고 시장에서의 존재감도 더욱 커졌
다. 수년 만에 처음으로 흑자를 기록하기도 했다. 이 회사는 계속해서 영화,
텔레비전, 비디오게임 등과 결합하고 장난감 세트에 새로운 종류의 디지털
역량을 통합하는 중이다. 그러면서도 사업 운영에 있어서는 수익이 확보될
만큼 충분한 수준의 단순성을 유지하며 지속적으로 브랜드 입지를 구축하고
있다. 2009년 레고는 '날마다 새로운 장난감이 됩니다'라는 새로운 슬로건을
발표하고 지속적으로 발전하고 있다.

대부분의 기업은 위에서 설명한 네 가지 계기 중 하나를 겪게 된다. 이런
계기는 종종 변화를 위한 촉매로 작용한다. 응집성이 있는 회사라면 헌신을
위한 기폭제로 작용할 것이다. 여러분의 회사가 지금 네 가지 계기 중 하나
를 겪고 있다면 선택은 여러분의 몫이다. 다음 분기에 생존하는 것을 목표로
하는 빠른 임시방편을 택할 것인가? 아니면 장기적으로 회사의 유산이 되어
줄 정체성을 확립할 것인가?

3장

전략을 일상 업무로
전환하라

STRATEGY
THAT
WORKS

HOW WINNING COMPANIES CLOSE
THE **STRATEGY-TO-EXECUTION** GAP

CB

대부분의 대기업은 실행의 온상이요 격전지다. 어느 기업을 가든 전사적자원관리(ERP: Enterprise Resource Planning) 시스템을 구축하고 디지털마케팅을 지원할 수 있는 프로세스를 구축하며 공급망의 일부를 재설계하느라고 바쁜 이들을 볼 수 있다. 하지만 조금 더 자세히 살펴보면 이런 활동이 기업의 전략적 의도와 연결되어 있지 않을 때가 많다.

지금까지 여러분이 했던 투자를 생각해보라. 예컨대 여러분은 회사의 컴퓨터 시스템을 업그레이드하거나 제품개발과 같은 복잡한 의사결정이 필요한 프로젝트를 효과적으로 수행하고 관리하기 위해 새로운 스테이지 게이트 (stage gate) 방법론을 도입하고 적용하기 위한 투자를 했을 것이다. *

※ 스테이지 게이트 방법론은 불확실성이 매우 높고 수행하는 과정에서 목표나 방법이 자주 바뀌며 고도의 창의력을 발휘하고 높은 위험을 관리할 수 있는 기업가 정신이 요구되는 기술혁신형 프로젝트 관리 방법론이다. 로버트 G. 쿠퍼(Robert G. Cooper) 박사가 소개한 개념으로 PDMA(Product Development & Management Association) 조사에 따르면 전 세계 선도기업의 70퍼센트가 이 방법론을 쓰고 있다. 이 방법론에서는 과제 수행에서 필요한 노력을 의사결정점으로 분리된 어떤 스테이지(stage) 구간으로 분할한다. 스테이지는 일련의 세부적인 업무 활동을 하나의 프로세스로 묶을 수 있는 단위를 나타내며 게이트(gate)는 의사결정점을 나타낸다. 스테이지는 활동이 일어나는 장소이며 연구개발, 제품개발, 마케팅 활동이 포함된 교차기능적인 활동으로 시장 진입 속도를 높여준다.

물론 투자를 결정한 이유는 새로운 역량이 긴급히 필요했기 때문이며 해당 투자는 기능팀이나 사업부의 리더가 승인했을 것이다. 만약 성공적으로 구현되었다면 프로젝트가 애초 약속한 목표가 어느 정도 달성되었을 것이다. 중대한 문제를 해결했거나, 매출을 창출하는 제품과 서비스를 어느 정도 지원했거나, 회사의 프랙티스에 존재하던 전략과 실행 사이의 간극을 메웠을 것이다. 하지만 이 같은 투자로 회사의 전체적인 가치제안은 얼마나 지원받았으며 고유의 차별화된 역량체계는 얼마나 진전되었는가?

최고정보책임자(CIO: Chief Information Officer)를 포함해 회사의 리더들은 이런 질문을 아예 고려조차 하지 않는 경우가 너무나 많다. 만약 이런 질문을 고려했다면 새로운 소프트웨어나 교육훈련 프로그램, 프로세스를 구현하는 일을 정의하고 계획하고 전사에 확산하는 방식이 매우 달라졌을 것이다.

전략과 실행 사이의 연결 부재는 부분적으로는 새롭게 구축하고 이행하는 과업을 계획할 때 전략적 이슈를 고려하지 않는 오랜 습관 탓이기도 하다. 이런 습관이 있으면 고유의 차별화된 역량을 구축하고 개발하는 일이 무척 어려워진다. 어쩌면 과거에 역량을 모으던 방식을 모두 잊고 다시 처음부터 전략과 긴밀하게 연결된 새로운 방식을 배워야 할 수도 있다. 이미 2장에서 논의했던 것처럼 회사가 어떤 정체성에 헌신하기로 했다면 이제는 그 정체성을 일상 속의 프랙티스로 전환해야 하는 것이다. 이 장의 제목은 그렇게 나온 것이다.

역량을 구축하기 위한 새로운 접근법은 우리 회사만을 위한 맞춤형 접근법이어야 한다. 다른 회사의 방법을 벤치마킹하거나 흉내 내서는 안 된다. 설령 상세 내용과 프랙티스는 빌려오더라도 이를 우리 회사만의 방식으로 개선하고 승화할 수 있어야 한다.

이런 접근법은 어쩌면 낯설 수도 있다. 대부분의 기업에게는 기능적 우수성을 달성해본 경험은 많지만 진정으로 차별화된 교차기능적인 역량을 자신만의 방법으로 구축해본 경험은 없다. 지금까지 기업들은 모든 사업에 포괄적으로 적용이 가능하도록 만들어진 프로그램을 따라왔다. 그렇기에 한 기업의 기능별 활동이 다른 기업의 기능별 활동과 비슷해지고 말았다.

반면 이 책에서 연구한 기업들은 고유의 맞춤형 역량을 구축하고 자사의 정체성에 적합한 베스트 프랙티스를 골라 적용한다. 그들 스스로 신규 프랙티스를 고안하고 그 과정에서 다른 기업은 해본 적이 없는 새로운 무언가를 배운다. 여기에 가장 잘 들어맞는 사례가 펩시코 그룹의 스낵 회사이자 연매출이 140억 달러를 넘는 프리토-레이다.[1]

프리토-레이는 35년간 자신이 하는 일에서 경쟁사들보다 뛰어났기에 시장 선두주자의 위치를 지켜왔다. 다양한 신제품을 짧은 주기에 성공적으로 출시하며 모든 제품을 항상 변화하는 스낵 소비자의 입맛에 맞도록 관리하고 있다. 프리토-레이는 꾸준히 높은 품질을 유지하며 충동구매가 자주 발생하는 제품군의 기업에게 가장 중요한 강점인 '판을 장악(own the streets)'하고 있다. 프리토-레이는 항상 적시에 적합한 상품을 필요한 매장에 공급한다.

그 결과 오늘날 이 회사는 레이스(Lays), 러플스(Ruffles), 워커스(Walkers), 프리토스(Fritos), 치토스(Cheetos), 도리토스(Doritos), 토스티토스(Tostitos) 등 10억 달러 이상의 매출을 올리는 브랜드를 일곱 개나 보유하고 있다. 그 밖에도 스마트푸드(Smartfood)나 선칩(Sun Chips) 등 잘 알려진 스낵 브랜드도 프리토-레이 소유다.

주목할 만한 역량체계를 가진 다른 많은 기업들처럼 프리토-레이도 이런 성과를 쉽게 달성한 것처럼 보인다. 하지만 이들의 성공은 하룻밤 사이에 달성되지 않았다. 회사의 시간과 자금을 꾸준히 투자했을 뿐 아니라 그보다 더 중요한 사실은 역량체계를 구축하고 개선하는 데 임직원들이 관심을 기울였다는 점이다.

프리토-레이 이야기는 다년간 여러 곳에서 책으로 소개된 바 있다. 특히 테크놀로지 분야에서 자주 다뤄졌는데 이들이 소비자제품 업계가 공급망에 대해 갖고 있던 기존 통념을 혁명적으로 뒤바꿔놓았기 때문이다. 변화의 과정 중에 프리토-레이는 스마트폰이 등장하기 20년도 더 전에 세계 최초의 핸드헬드(handheld) 모바일 컴퓨터를 발명했다. 오늘날에도 프리토-레이는 위치추적 테크놀로지(LTT: Location-Tracking Technologies), 로보틱스와 애널리틱스 등을 구체화하는 등 여전히 최첨단 기업으로 남아 있으며 직원 채용과 훈련에도 많은 관심을 기울이고 있다.

프리토-레이의 역량체계를 확립한 것은 사실상 이 시스템이라고 할 수 있다. 이 역량체계는 마케터, 거래 프로그램 설계자, 제조와 배송 전문가, 그밖의 다른 의사결정자가 함께 연결된 강력한 전사적 네트워크의 근간을 이루고 있다. 프리토-레이가 이 시스템과 다른 혁신에 힘입어 달성한 생산성 향상 정도는 2010년대 중반 이래 연간 10억 달러 이상의 순이익에 해당하는 것으로 알려져 있다.[2]

우선 프리토-레이의 매장직송 역량을 살펴보자. 일반 식료품 매장의 입장에서 보면 프리토-레이의 시스템은 비용이 높으면서 효율은 낮은 것처럼 보일 수도 있다. 다른 대부분의 식품기업들은 상품을 분류하고 배송하는 초대형 물류센터를 통해 각 매장에서 요구하는 상품을 공급한다. 물류시설을 다른 생산자와 공유하는 이유는 규모의 경제를 달성해 유통비용을 절감하기 위해서다.

반면 프리토-레이는 모든 종류의 소매 판매시설에 맞춤공급이 가능한 자체배송 시스템을 보유하고 있다. 프리토-레이의 초대형 물류센터는 공장에서 배송된 상자를 고도로 효율적인 방법으로 포장한다. 또한 다양한 크기의 트럭을 보유하고 있으며 각 차량에는 한두 명의 판매원(seller, 프리토-레이 안에서 부르는 공식 명칭)이 탑승한다. 이들은 까다로운 채용과정을 거쳤고 고도의 훈련을 받았으며 임금 수준도 높다. 이들은 운송과 배달뿐 아니라 판촉과 영업까지 책임진다.

판매원의 업무는 고도로 구조화되어 있으며 '완벽한 주문(perfect order)'이라는 개념에 기반을 둔 상세한 실행 프레임워크를 갖고 있다. 완벽한 주문이란 소비자 기호에 맞춰 모든 개별 매장에 공급되어야 할 이상적인 제품조합을 뜻한다.

이 모두는 프리토-레이가 신중하게 설계한 정보기술 인프라가 지원하기에 더욱 강력해진다. 판매원의 핸드헬드 컴퓨터는 판매와 재고 데이터를 즉시 본사로 전송한다. 여기에는 경쟁사 제품의 판매현황에 대한 관찰 자료까지 포함된다. 본사에서는 판매원이 보내온 데이터를 분석하고 새로운 판매 품목과 수량을 예측해 익일 배송계획을 수립한다. 이를 통해 판매원들과 이들을 관리하는 지역담당 매니저는 재고를 확충할 때 정확하고 올바른 결정을 내릴 수 있다.

사실 매장직송 역량은 프리토-레이의 성공을 이끈 커다란 역량체계의 일부일 뿐이다. 주문과 매출 정보는 프리토-레이의 뛰어난 맛 혁신 역량에 활용되어 소비자 요구를 충족하는 신제품을 빠르게 출시할 수 있게 한다. 이 역량은 오랫동안 놀라운 수준이었지만 2010년대 중반 이래로 크라우드소싱과 소셜미디어를 통해 더 강화되었다. *

영국에서 시작되어 미국에서도 실시된 프리토-레이의 '맛을 베풀어주세요

---

* 크라우드소싱(crowdsourcing)은 2006년 정보기술 잡지 ≪와이어드≫의 편집자 제프 하우(Jeff Howe)가 제시한 군중(crowd)과 아웃소싱(outsourcing)의 합성어다. 인터넷처럼 익명의 군중이 모인 네트워크에 문제점을 올려 많은 사람들에게서 해결을 위한 아이디어를 얻고 이를 기업 활동에 활용하는 방식을 말한다.

(Do Us a Flavor)' 캠페인은 소비자가 새로운 스낵 맛을 제안하고 투표하도록 유도한다. 우승자에게는 100만 달러의 상금을 걸었다. 첫해에 미국에서 우승한 치즈 갈릭 브레드 맛은 대히트를 기록했다. 그다음 해 우승작인 와사비 생강 맛은 다양화하고 세계화한 맛을 향한 새로운 변화가 시작되었다는 것을 알려주었다.[3]

프리토-레이는 고품질 생산 역량과 현지 소비자 마케팅 역량을 향상하기 위해 노력해왔다. 현지 소비자 마케팅이란 개별 소비자 그룹에 맞춤화한 매장진열과 판촉행사를 뜻한다. 맛 혁신, 매장직송, 제조품질, 현지 소비자 마케팅 등 프리토-레이의 모든 역량은 회사가 신제품을 출시할 때 커다란 경쟁우위를 제공한다.

프리토-레이의 경쟁 스낵업체가 신제품을 내놓고 식료품 매장 진열대에 전시해 소비자의 눈길을 끌게 하기 위해서는 매장 쪽에 상당한 수수료를 줘야 한다. 실패의 위험을 줄이기 위해 다른 스낵업체들은 비용도 더 들고 출시도 지연될 수 있는 프로세스를 거치며 제품을 신중하게 테스트해야 한다.

하지만 프리토-레이는 진열대를 자체 관리하기에 이런 수고를 거칠 필요가 없다. 데이터 애널리틱스를 활용해 어느 정도는 잘 팔릴 것으로 확신되는 제품을 빠르게 출시할 수 있다. 또한 이 회사는 신제품을 몇 개 매장에서 먼저 진열해 저비용으로 테스트한 뒤 소비자가 선호하는 제품을 적합한 특정 나라나 대륙에 빠르고 광범위하게 출시할 수 있다. 진정한 힘은 역량체계 안에 있고 이 모든 강점들이 서로를 강화해 프리토-레이에게 무적의 경쟁우위를 제공하는 것이다.

실제 프리토-레이는 자신들의 역량체계로 미국 스낵푸드 시장에서 60퍼센트의 점유율을 차지하고 있으며 신흥시장에서는 사업을 빠르게 성장시키고 있다. 또한 매년 10억 달러에 가까운 비용을 절감하는 생산성 엔진을 보

유하고 있으며 신제품 출시에서도 극도로 높은 성공률을 보이고 있다.[4]

"이 역량체계가 주는 진정한 혜택은 그것이 회사 전체에 가져다주는 에너지입니다." 이 접근법을 고안해낸 주요 설계자 중 하나인 찰스 펠드(Charles Feld)가 최근 인터뷰에서 한 말이다. "제품을 만들고 유통하고 파는 데 참여하는 모든 기능팀 사이의 연결을 단단하게 해주거든요."[5]

프리토-레이의 역량체계 구축

프리토-레이가 역량체계를 자신들에게 적합하게 구축하기 위해 어떤 과정을 거쳤는지 살펴보자. 이 회사는 항상 상대적으로 응집성이 있는 편이었다. 이 응집성은 1950~1960년대 스낵푸드와 관련해 능력 있다고 알려진 몇몇 기업을 인수하며 형성된 것이다. 프리토 코퍼레이션(Frito Corporation)의 창업자 중 하나인 찰스 엘머 둘린(Charles Elmer Doolin)은 겉에 치즈 맛 가루를 입힌 바삭한 스낵인 치즈 퍼프를 발명했으며 콘칩을 개선해 현재 형태로 완벽하게 만들었다. 하지만 펩시콜라(Pepsi Cola)와 합병해 펩시코가 되고 15년이 흐른 1980년대 초가 되어서야 프리토-레이의 역량체계는 현재의 모습을 띠게 되었다.

프리토-레이의 정체성 프로필

텍사스 주 플레이노(Plano) 시에 본사를 둔 프리토-레이는 펩시코의 간편식품 사업부문이다. 프리토-레이는 세계에서 가장 유명하고 많이 팔리는 짭짤한 스낵을 다수 만드는 회사다.

가치제안 프리토-레이는 간편식품 사업의 카테고리 선도기업(category leader)이자 경험제공 기업이다. 다양한 소비자 선호에 맞춤화된 폭넓은 종류의 충동구매형 스낵제품을 소비자가 어디서나 구매할 수 있도록 편리한 접근성을 제공한다.

역량체계

► 빠르고 고도로 성공적인 맛 혁신 다양한 신제품을 출시하는 맛 혁신 역량이 특히 뛰어나다. 수없이 다양한 현지시장과 변화하는 소비자 입맛에 잘 어울리는 스낵을 만들어낸다.

► 현지 소비자 발굴과 소매 마케팅 프로그램 개발 소비자와 시장데이터를 모니터링한 뒤 머천다이징 배합과 판촉활동을 그에 맞게 조정하는 데 탁월한 능력이 있다.

► 매장직송 잘 설계된 매장직송 시스템과 숙련된 직원, 테크놀로지의 우수성으로 개별 매장에 맞는 제품조합이 가능하다. 프리토-레이만의 유연성, 생산성, 진열대에 대한 영향력이 생겨난다.

► 일관성 있는 제조와 끊임없는 개선 맛, 신선함, 인지된 가치 측면에서 지속적으로 높이 평가되고 있다.

제품과 서비스 포트폴리오 프리토-레이는 인기 브랜드 스낵기업으로 우월한 포지션을 갖고 있다. 2015년 현재 총 30개 브랜드 아래에 셀 수 없이 다양한 스낵제품을 관리하고 있다. 가장 잘 알려진 브랜드로 레이스, 러플스, 프리토스, 치토스, 도리토스, 토스티토스, 워커스, 스마트푸드, 선칩 등이 있다.

프리토-레이의 역량체계 구축은 매장직송을 최적화하려고 했던 시점에서 시작되었다. 프리토-레이의 직배송 체계가 업계를 앞서 나가는 것이었지만 당시만 해도 이 체계는 지나치게 비용이 많이 들었고 효율은 낮았다. 일례로 매장 선반의 재고현황을 추적하는 서류 작업은 너무 복잡한 나머지 데이터가 프리토-레이 본사로 돌아오기까지 열흘이나 걸렸다.

1981년 프리토-레이는 IBM에서 자사를 담당하던 찰스 펠드를 새로운 최고정보책임자로 스카우트했다. 당시 CEO였던 웨인 캘러웨이(Wayne Calloway)는 정보기술을 회사의 간접비용이 아닌 탁월성의 동력으로 보는 펠드의 관점에 깊은 인상을 받았다. 캘러웨이의 지원을 등에 업고 펠드는 다른 최고경영진과 함께 모든 트럭 운전기사를 본사와 즉각적인 소통이 가능하도록 연결하려는 계획에 착수했다.

시범지역에서 프로토타입으로 몇 가지 아이디어를 실험해본 뒤 이들은 미국 전역을 대상으로 목표하는 역량을 구축하기 위해서는 얼마나 많은 투자, 혁신, 조정이 필요한지 깨달았다. 영업, 머천다이징, 배송을 모두 통합해야 하고 후선업무 프로세스를 완전히 개편해야 했다. 유통, 혁신, 마케팅 기능이 서로 협업하도록 이들 사이에 새로운 관계를 수립하는 일도 필요했다.

업무 경로를 설계하는 데도 새로운 투자가 요구되었다. 배송 경로별로 방문빈도와 판매원의 훈련에 맞는 최적의 운송수단을 골라야 했고 상황에 따라 경로를 빠르게 바꿀 수 있는 능력도 필요했다. 다시 말해 이것은 단지 핸드헬드 컴퓨터를 지급하거나 정보기술 시스템을 변경하는 문제가 아니었다. 사실상 회사 전체가 효과적으로 변혁되어야 가능한 일이었다.

이 프로젝트가 얼마나 복잡하고 야심 찬 것이었던지 프리토-레이는 몇 번이나 계획을 포기하려고 했다. 하지만 그때마다 계획을 포기하려는 일을 재고했다. 프로젝트를 완수하기 위해 수많은 리더와 기능팀이 셀 수 없이 다양한 방식으로 기여해야 했고 프리토-레이가 가진 거의 모든 것을 10여 년에 걸쳐 쏟아부어야 했다.

프로젝트가 진행되는 동안 바뀐 CEO만 세 명이나 되었다. 캘러웨이의 뒤를 이어 마이클 조던(Michael Jordan)이 1984년 취임했고 로저 엔리코(Roger Enrico)가 1990년 CEO의 고삐를 넘겨받았다. 조던과 엔리코의 지원은 프리토-레이가 새롭게 진화하는 중에 정체성을 지켜나가는 데 크게 기여했다.

이 둘은 프로토타입이 얼마나 수익성 개선에 기여했는지 두 눈으로 보기 전까지는 이 프로젝트의 가치에 대해 회의적이었지만 결국에는 이 역량 구축의 최대 옹호자가 되었다. 예컨대 지역별 현장판매 조직이 새 역량체계에 저항하는 모습을 보이자 조던은 이들에게 해마다 영업비용을 1퍼센트씩 감축해야 한다는 요건을 제시했다. 이케아의 '연례 가격 인하' 정책처럼 이 또한 혁신을 강제하는 힘이 있었다. 조던은 목표를 달성하는 유일한 길은 현장판매 조직이 새로운 접근법을 받아들이는 것뿐임을 알고 있었다.[6]

프리토-레이는 1980년대 중반부터 새로운 역량체계를 일부 적용했다. 시작한 지 7년 뒤인 1991년 드디어 이 체계가 전사적으로 확립되었다. 이 무렵 이미 투자는 가시적인 성과를 거두고 있었다. 프리토-레이의 매니저들은 경쟁사의 유통범위와 가격에 대해 경쟁사 스스로가 아는 것보다 더 많이 알고 있었다. 또한 가격 인하나 광고방안, 그 밖의 마케팅 이니셔티브 등에 '…라면 어떻게 될까?(what-if questions)'와 같은 질문을 해볼 수 있었다. * 아울러 시뮬레이션을 통해 판매에 미치는 잠재영향을 계산해볼 수 있었다. 매니저들은 지속적으로 서로의 지식을 높여주면서 점점 더 정교한 방식으로 업무

※ what-if 분석에서 적용하는 질문이다. what-if 분석은 의사결정 변수나 변수 사이의 관계가 변할 때 그 결과나 다른 변수들의 값이 어떻게 달라지는지 영향을 분석하는 데 쓰인다. 조건-결과 분석이라고도 한다.

에 활용할 수 있었다.

위대한 역량이 많지만 언젠가는 업계의 다른 기업에게 따라 잡히고 만다. 그래서 프리토-레이와 같은 회사는 지속적으로 경쟁사와 소비자 기대를 앞서 나가야 한다. 2000년대 들어 개발된 중요한 혁신 가운데 하나가 바로 지리적 엔터프라이즈 솔루션(GES: Geographic Enterprise Solution)이다. 자동화된 물류시스템으로 로봇과 센서를 활용해 유통센터에서 상품의 흐름을 자동으로 추적하는 시스템이다. 머천다이징 패턴을 구별하는 첨단 애널리틱스와 함께 이 같은 혁신은 재고비용을 줄이고 회사의 탄소발자국과 에너지 사용량을 절감했다.* 환경적 지속가능성은 프리토-레이가 속한 펩시코에서는 높은 우선순위를 차지하고 있다.

이 같은 혁신으로 소매 판매자들은 개별 매장에서 제한된 시간을 효과적으로 활용하면서 매장 선반의 제품이 항상 신선한 상태로 유지되게끔 할 수 있었다. 대체로 제조한 뒤 1~2일 안의 제품이 진열되었다. 생산성 향상으로 절약된 비용의 대부분은 추가적인 개선을 위해 다시 투자되었다.[7]

여러분도 이처럼 강력한 역량을 회사에 구축할 수 있다. 프리토-레이처럼 여러분의 회사도 역량을 구축하는 것과 거의 동시에 혜택을 얻기 시작할 것이며 혜택은 역량체계를 개선하면 할수록 기하급수적으로 불어날 것이다. 다만 거기까지 가기 위해서는 프리토-레이가 그랬던 것처럼 접근 방안을 세 가지의 주요 활동으로 농축해야 한다.

첫 번째는 역량체계의 '청사진을 작성(create a blueprint)'하는 일이다. 내가 개발해야 하는 역량의 성격을 우선 명확히 표현해본다. 역량들이 어떻게 상호작용해 부가가치를 창출하는가? 역량이 실행되는 모습은 어떠할 것이

※ 탄소발자국(carbon footprint)은 개인이나 단체가 직간접적으로 발생시키는 온실가스의 총량이다.

며 역량이 잘 작동하기 위해서는 무엇이 필요할 것인가 등을 그려본다.

두 번째는 필요한 역량체계를 '구축(build)'하는 일이다. 집중적인 관여, 획기적인 혁신, 지속적인 개선, 마지막으로 인수합병까지 활용하며 이미 여러분이 가진 역량을 강화한다.

세 번째는 이 모두를 '확장(scale)'하는 일이다. 대부분의 임원들이 기대하는 것보다도 훨씬 더 많이 참여해야 하는 과정이다. 여러 기능에 걸친 활동을 조직하고 암묵적 이해를 표출된 형식적 지식으로 명문화하는 법을 찾아야 한다. 그러면서도 작은 기업 특유의 창의성은 잃지 않아야 한다.

역량에 대한 청사진을 작성하고 구축하며 확장하는 일은 익숙한 작업처럼 보일 수도 있으며 모든 기업이 항상 하는 일이라고 여길 수도 있다. 그러나 다음부터 살펴보겠지만 고유의 차별화된 역량에 생명력을 불어넣기 위해서는 엄청난 혁신, 관심, 절제, 창의력이 필요하다. 이들은 여러분의 가치제안과 긴밀히 연결되어 있기 때문에 이 과정에서는 전략과 실행 사이의 간극이 없다. 전략을 개발하는 과정은 관련된 역량을 구축하는 과정과 직접적으로 연결되어 있다.

역량체계의 청사진 작성

첫 번째로 해야 할 일은 연역적인 작업이다. 우선 원하는 결과에서 시작한다. 2장에서 개괄한 가치제안과 이것을 누구보다도 탁월하게 실현하기 위해 필요한 3~6가지 역량에서 시작하는 것이다. 청사진이란 역량체계의 상세한 설계도이자 구성도로 역량이 어떻게, 왜 약속된 가치를 전달하는지를 설명하는 역할을 한다.

2장에서도 이야기했듯이 기업의 역량이란 사람, 프로세스, 테크놀로지, 조직의 조합으로 기업이 의도한 결과를 달성하도록 하는 무언가다. 청사진은 이 모든 요소를 포함하지만 이들을 따로 분리하지 않으며 오히려 이들이 서로 어떻게 조화되는지 정의한다. 또한 역량을 하나하나 구축할 사람들, 사람들의 행동을 이끌어낼 목표치와 인센티브, 역량 구축의 전체 일정 등에 대한 상세한 계획도 세워야 한다.

청사진을 작성하는 CEO와 팀은 반드시 직접 실천하는 모습을 보이며 사람들을 이끌어야 한다. CEO가 상세한 모든 내용을 직접 계획할 필요는 없지만 적어도 상세 계획을 감독할 사람은 직접 골라야 한다. 필요하면 프리토-레이의 웨인 캘러웨이가 찰스 펠드를 고용했던 것처럼 외부에서 데려올 수도 있다. 그리고 CEO 스스로가 긴밀하게 참여해야 한다.

레고의 CEO였던 예르겐 비 크누드스토르프를 예로 들 수 있다. 크누드스토르프는 지속적으로 자사의 워룸을 방문해 상황을 점검했고 회사의 새로운 공급망과 제품개발 역량을 위한 청사진을 실질적이고 효과적으로 만들어냈다. 이런 일은 단순히 기능팀 리더들에게 위임할 수 있는 것이 아니다. 무수히 많은 연결점과 상충되는 요소 사이의 취사선택이 필요한 것을 감안하면 더욱 그렇다.

건축 청사진과 마찬가지로 역량체계 청사진도 완전히 기능적인 것만은 아니다. 예술적이기도 하며 회사의 정체성을 환기하기도 한다. 청사진은 다양한 프로세스와 테크놀로지를 의미 있게 통합하면서도 회사 전체의 전략적인 가치를 보전해야 한다. 어떤 경우에는 청사진을 여러 번 작성하고 상세히 다듬으며 역량을 향상시키는 일을 반복해야 할 수도 있다.

예컨대 애플에서 제조 프로세스를 아웃소싱하는 것은 애플이 가진 제품 디자인 역량의 일부다. 『인사이드 애플(Inside Apple)』의 저자 아담 라신스키

(Adam Lashinsky)는 애플의 제조 아웃소싱 역량은 이 회사가 중국 현지 제조 시설의 운영 청사진을 무수히 반복 수정해서 완성한 역량이라고 했다. 중국 현지공장의 애플 대표는 "애플 본사의 고위 임원들이 볼 수 있도록 최신 베타버전을 들고 미국으로 날아와 바로 다음 날 중국행 비행기에 오른다. 이 과정을 계속해서 반복한다"라고 말했다.[8]

우리는 다른 기업의 활동을 벤치마킹할 수도 있다. 업계의 베스트 프랙티스를 아는 것은 항상 도움이 되기 때문이다. 하지만 이때도 회의적인 태도를 견지해야 한다. 아무리 좋은 사례라도 우리 회사에는 맞지 않을 수 있고 위험도 따르기 때문이다. 경쟁사가 하는 모든 것을 잘하려고 할 필요는 없다. 경쟁사의 정보기술 시스템이나 공급망을 따라잡아야 한다는 압박감을 느낄 필요도 없다. 실제로 그럴 이유가 있지 않다면 말이다. 그러는 대신에 우리 회사의 성공에 가장 중요한 영역에서 탁월성을 구축하는 데 집중해야 한다. 이것이 바로 린 경영이다. 나머지 모든 곳에서는 그저 '최소한의 수준'만 유지하면 된다.

현재 구축하고자 하는 역량과 동일한 역량을 성공적으로 개발한 회사에서 영감을 찾으라. 그 회사가 꼭 우리 회사와 같은 업계에 있을 필요는 없다. 오히려 다른 업계인 쪽이 더욱 좋다. 애플이 리츠칼튼(Ritz-Carlton) 호텔의 컨시어지 데스크(concierge desk)를 응용해 지니어스 바를 만든 것은 잘 알려진 이야기다. 레고는 공급망 역량을 재창조하면서 전자업계의 경험을 활용하다가 싱가포르의 전자부품기업인 플렉스트로닉스(Flextronics)에게 생산 일부를 아웃소싱하기도 했다.[9]

2000년대 중반 다나허 코퍼레이션은 도구와 기구 분야를 넘어서는 새로운 제품 혁신 역량을 개발했다. "우리 팀을 프록터앤갬블(Procter&Gamble)에 파견했습니다." 당시 기획을 총괄한 다나허의 전 부사장 스티븐 심스(Steven

Simms)의 회상이다. "프록터앤갬블이 가진 혁신 개념이 우리의 사고 과정을 확장해주었지요. 우리는 고객관리를 살펴보기 위해 스타벅스에도 여러 차례 방문했어요."[10]

역량 청사진에는 대개 공개를 꺼리는 경쟁력의 비밀이 들어 있기에 외부인이 볼 수 있는 기회가 드물다. 하지만 우리의 전작인 『경쟁우위의 본질』에는 상세한 청사진을 어떻게 작성해야 하는지에 대한 좋은 사례가 있다. 1990년대 존슨 콘트롤즈 산하의 JCI 오토모티브 시스템즈 그룹(JCI-ASG)에서 벌어진 이야기다.

JCI-ASG는 차량 좌석 등 차량용 실내부품을 생산하는 곳으로 후일 JCI 오토모티브 익스피리언스 그룹(Automotive Experience Group)으로 이름을 바꾼 바 있다. 배터리, 에너지 효율 관련 제품, 난방, 환기와 에어컨 시스템 등을 생산하는 JCI는 2015년 중반 ASG가 독립된 회사로 분사할 가능성이 있다고 발표하기도 했다.[11]

1991년쯤 JCI-ASG 경영진은 시장이 변화하고 있는 것을 인지하기 시작했다. 지난 수십 년간 차량 좌석은 수백 가지 부품이 들어가는 고도로 정교한 장치가 되었다. 이제 차량 좌석은 운전자의 체형에 맞게 제작되고, 장거리 운전에서 척추 부위를 보호하고, 사전에 설정된 자세를 인식하고 추적하며, 난방과 환기기능을 제공하고, 가장 중요하게는 충돌이 발생할 경우 운전자를 지키는 보호장치 역할을 한다.

한편 회사의 인건비가 노조 활동에 따라 상승하면서 차량 좌석의 설계와 생산비용도 덩달아 증가했다. 그러자 완성차 업체에서는 차량 좌석이라는 복잡한 메커니즘을 보다 낮은 가격에 생산해줄 수 있는 공급업체를 찾기 시작했다.

JCI-ASG 경영진 중 핵심그룹은 여기서 경쟁사보다 앞서갈 수 있는 기회를 찾았다. 기존처럼 차량 좌석을 사양에 따라 제작해 가격경쟁을 하는 프랙티스를 버리는 것이었다. 지금까지는 수주를 위해 경쟁사보다 싸게 입찰한 뒤 가혹한 비용절감을 통해 차액을 보전하는 방식으로 사업을 해왔다.

하지만 이제는 솔루션 제공자로서 새로운 가치제안을 도입하기로 했다. JCI-ASG 경영진은 자사의 엔지니어들이 '황금좌석'이라고 부르는 소비자 만족 지점에 도달해 완전한 챔피언이 되려는 노력을 선도해야 한다고 결정했다. 운전자의 변화하는 니즈를 이해하려고 노력하고 인간공학(ergonomics), 기능성, 소비자 어필에 대한 완성차 업체의 우려를 해결하려고 노력하는 것이다. 또한 이 모든 것을 달성하면서 동시에 테크놀로지를 지속적으로 개발하는 것이다.

고위 경영팀은 의사결정을 내리기 위한 교차기능 운영위원회(cross-functional steering committee)를 구성해 역량 청사진의 개발을 감독하도록 했다. 위원회에서는 가치제안을 작동시키기 위해 필요한 역량에 대해 집중적이고 연역적인 분석을 실시했다. 이 분석을 우리는 '양파 까기(peeling the onion)'라고 부른다. 당시 필요한 역량 중 JCI-ASG가 이미 확보하고 있었던 것은 딱 하나뿐이었다. 도요타(Toyota)의 공급업체로서 배웠던 JIT 생산(Just-in-Time manufacturing) 역량이었다. 고위 경영팀 사람들은 다른 네 가지 역량은 상당한 구축 노력이 필요하며 그중 몇몇은 아예 바닥부터 시작해야 한다고 결론지었다.

- **솔루션 판매** 완성차 업체의 조달팀은 물론 제품 출시 엔지니어팀과 직접 대면하고 기술적 숙련도를 증명해 신뢰를 확보한다. 혁신적인 차량 좌석 디자인을 제공해 솔루션을 판매하고 이런 새로운 접근법이 가능하도록 고객과의 관계를 관리한다.

- **최초 설계** 완성차 업체가 가이드나 사양을 제공할 때까지 기다리지 않고 엔지니어링 우수성을 활용해 혁신적 좌석을 창조하고 설계한다.
- **규격화 기술** 회사가 만드는 모든 차량 좌석을 위한 공통의 디자인 플랫폼을 창조한다. 당시에는 아직 새롭고 낯설었던 모듈식 연구개발 관리 역량이다. 대부분의 프로젝트 매니저들은 처음에는 이 아이디어에 대해 격렬히 반대했다. 기능과 디자인을 맞춤화하는 능력이 낮아질 것이라는 이유에서였다. 당시 JCI-ASG는 포드(Ford) 한 회사에만 해도 19가지의 좌석 디자인을 공급하고 있었다. 하지만 공유 디자인 역량은 규모와 확장성을 확보해 새로운 혁신적인 기능이 제공하는 잠재력을 실현하고 테크놀로지의 비용효과성을 확보하기 위해 필수적이었다.
- **확장형 기업** 차량 좌석을 구성하는 컴포넌트(component)를 생산하는 다른 공급업체를 양성한다. 과거에는 이것에 그다지 신경 쓰지 않았다. 하지만 이제는 차량 좌석이 기술적으로 정교해지면서 회사가 아웃소싱해야 하는 부품이 늘어났다.[12]

이들 역량을 실행하기 위한 각각의 프랙티스는 JCI-ASG의 사업단위 모두가 활용할 수 있을 만큼 최대한 단순해야 했다. 동시에 회사를 세계적인 수준으로 끌어올릴 수 있을 만큼 강력해야 했다.

디자인팀이 청사진을 작성하는 데 여러 달 걸렸다. 디자인팀이 청사진을 만들 때 엔지니어링, 조달, 제조, 계약과 관련한 법무, 가격과 원가를 내는 재무 담당 임원들이 최고경영진과 함께 참석해 긴밀히 협의했다. 각각의 역량에 필요한 프로세스, 시스템, 기술, 행동, 조직의 변화를 명확하고 상세하게 기술했다. 역량마다 원하는 목표에 도달하기 위한 계획을 작성했고 비용, 디자인 변경, 공급업체 정보, 완성차 업체의 관련팀에 대한 인사이트가 담긴 상세한 데이터베이스로 뒷받침했다.

최종 완성된 청사진은 JCI-ASG가 되고자 하는 모습을 상세히 담았다. 최초 디자인과 같은 일부 새로운 역량은 최첨단 컴퓨터지원설계(CAD: Computer-Assisted Design) 시스템 등 정보기술 도구에 대한 대규모 투자가 필요했다. 재배치나 재조직화가 필요한 역량도 있었다. 기존의 JIT 생산 역량을 개선하기 위해 회사는 좌석 프레임과 발포충전재를 만들던 시설을 서로 더 가까운 곳으로 재배치했고 트림커버 제조와 같은 일부 활동은 해외로 이전했다.

아울러 새로운 확장형 기업 역량의 일환으로 JCI-ASG는 조달, 리서치, 디자인 기능을 제품개발과 보다 긴밀하게 연결했다. 정규 공급업체의 수를 수백여 개에서 30여 개로 줄였다. 제품개발 그룹은 엔지니어링과 디자인 쪽으로 통합했으며 전용 커뮤니케이션 링크를 만들고 새로운 자금조달 약정도 체결했다.

여러분의 회사에서 전략과 실행 사이의 간극을 좁히려고 할 때도 JCI-ASG가 한 것과 비슷한 청사진을 구성해야 한다. 청사진에 상세한 내용을 채워가면서 2장에서 소개된 개념들을 자연스럽게 시험할 수 있을 것이다.

첫 번째 단계는 운영그룹을 제대로 구성하는 것이다. 운영그룹은 교차기능 그룹으로 기업의 고위 리더들이 참석자가 되는데 CEO가 이끄는 것이 가장 이상적이다. 회사의 주요 사업라인과 기능부서가 모두 참여해야 한다. 그다음 단계는 2장 마지막 부분을 통해 파악된 역량체계를 상세히 살펴보는 것이다. 역량체계 안에 들어 있는 각각의 차별화 역량에 대해 일련의 질문을 스스로에게 던져보아야 한다. JCI-ASG 운영위원회가 '솔루션 판매'라는 새로운 역량에 대해 스스로에게 던진 질문과 그에 대한 답변은 다음과 같다. 다음의 질문에 여러분이 대답할 때 온라인 템플릿을 사용하고 싶으면 우리 홈페이지를 방문해 'Capabilities Visioning'에서 'Peeling the Onion'을 확인하
면 된다.

1. **무슨 역량인가?** 각각의 역량을 정의하는 단순한 행위로도 지금 구축하
   고자 하는 역량이 무엇이며 왜 그것이 중요한지 훨씬 선명한 관점을 가
   질 수 있다. JCI-ASG가 솔루션 판매에서 규정한 정의는 '장기적인 전략
   적 관계를 구축하는 것'이었다. 이들은 완성차 업체의 조달 담당자뿐
   아니라 기술 엔지니어와 직접적으로 커뮤니케이션했다. 제품에 관해
   자체적인 재무모델을 구축해 계약서에 날인하기 전에 미리 원가와 잠
   재적인 매출을 파악하고자 했다.

2. **왜 이 역량이 가치가 있는가?** 이 역량이 회사의 가치제안과 사업을 위
   해 어떤 역할을 할 수 있는지 이해해야 한다. JCI-ASG에서 이 역량은
   솔루션 제공자로서 기업이 필요로 하는 변화를 가능하게 하는 것이었
   다. 가격에 근거한 판매에서 가치에 근거한 판매로 전환하는 일이다.
   또한 범용품화의 위험을 최소화하고, 고비용 거래를 없애며, 완성차 업
   체에 의해 다른 공급업체와 강제로 파트너십을 맺어야 하는 데 따른 갈
   등의 소지도 없앨 수 있다. 회사가 보유한 독자기술을 경쟁사로부터 보
   호할 수도 있다. 또한 마지막 순간에 이뤄지는 설계변경이나 여러 대안
   을 설계해야 할 필요가 없어 투입되는 시간과 비용이 줄어드는 등 비용
   절감 효과도 크다.

3. **역량이 현재 갖고 있는 역량과 어떻게 다른가?** 기존 프랙티스에 따르면
   JCI-ASG 같은 공급업체는 차량 플랫폼 개발 과정에서 너무 후방단계에

서 관여하기에 제품 전반에 걸쳐 영향력을 행사할 수 없었다. 이제 JCI-ASG는 고객사의 차량 플랫폼 개발 사이클에 처음부터 참여하게 될 것이었다. 완성차 업체가 선택한 사양에 맞추는 것이 아니라 전체 완성차 콘셉트에 맞는 디자인을 스스로 한다. 또한 고객이 지정하는 대로가 아니라 테크놀로지, 공급업체, 생산방법을 자체적으로 선택한다.

4. 이 역량의 생애 중 하루를 묘사하라. 이 역량이 실제 작동하는 모습은 어떤가? 어떤 기능 그룹이 관여하는가? 이 그룹에서 어떤 종류의 일을 하는가? JCI-ASG팀에서는 관련 업무의 모습과 느낌이 어떤지 상세히 계획하고 묘사해놓았다. 이들이 작성한 시나리오에는 통합된 목표를 설정하기 위한 미팅, 설계변경을 일괄 처리하기 위한 새로운 방법들, 어느 한쪽이 지시하는 것이 아니라 완성차 업체와 협업해 관리되는 프로그램 일정 등이 포함되어 있다.

5. 이 역량이 성공하기 위해서는 무엇이 필요한가? 이 역량을 실현하는 데 어떤 프로세스, 시스템, 도구가 필요한가? JCI-ASG는 역량을 새로운 조치를 담은 긴 목록으로 세분화했다. 목록에는 일부 프로세스가 담겨 있었는데, 예를 들어 제품사양 개발, 프로그램 관리, 품질보증과 제품책임에 대한 정보를 설계에 통합하는 새로운 방법 등이었다. 또한 성과와 원가추적, 재무모델, 기존 해결책의 재고 등을 위한 새로운 정보기술 시스템, 전략적 소싱을 위한 공급업체 데이터베이스 등도 필요했다. 이들은 전략적 소싱, 성과와 관련한 선택과 집중, 허용오차범위의 산출, 고객이나 자체 협력업체와의 유익한 관계 구축 등 업무와 관련한 수많은 영역에서 지식을 쌓아야 했다. 또 효과적인 솔루션 판매자가 되기

위해서는 조직을 재편할 필요가 있었다. 회계, 법무, 품질관리 등 지원 기능을 강화해야 하기 때문이다.

6. 역량체계를 위한 비즈니스 케이스는 어떤 모습인가? 투자를 정당화할 수 있도록 투자수익률(ROI: Return on Investment)과 다른 변수를 계산해야 한다. JCI-ASG팀은 새로운 역량을 위해 이미 구체화한 각각의 조치별로 정보기술 시스템, 채용과정, 신규 인력 급여 등 일회성 비용과 반복적으로 발생하는 비용을 추정했다. 또한 신규 고객으로부터 발생할 매출, 마지막 순간에 이뤄지는 설계변경을 방지해 절약되는 비용, 보다 유연한 가치기반 가격산정으로 얻을 수 있는 이익 등 반복적인 혜택의 가치도 산출했다.

7. 이 역량이 역량체계를 구성하는 다른 역량들과 어떻게 조화를 이루고 적합성을 갖는가? 논리에 허점이 없는지 점검해야 한다. 역량체계의 모든 부분이 전략에 기여할 수 있어야 한다. 이 역량들이 서로 어떻게 조화를 이루고 적합성을 갖는지 한걸음 물러나서 생각해보라. 한 역량에서 다른 역량으로 이어지고 확장되는 가상의 라인을 상상해보라. 이 라인 안에 흐르는 투입과 산출은 무엇이 될 것인가? 예를 들어 솔루션 판매의 산출 곧 성과 중 하나는 JCI가 공급업체 선정에서 보다 자율성을 확대해달라고 요구하게 된 것이었다. 이것이 '확장형 기업' 역량의 전제조건인 것으로 드러났기 때문이다. 전체 시스템이 완벽하게 입안될 때까지 어떤 역량이 어떤 역량에 기여하는지 치밀하게 고려해야 한다. 모든 산출 곧 성과들이 완전히 실현되었을 때 그 궁극적인 결과물이 바로 가치제안이 되어야 한다.

이제 역량체계를 만들기 위한 계획을 고려한다. 이미 갖고 있는 역량과 필요로 하는 역량 사이의 간극을 줄이기 위해 어떤 단계를 밟아야 하는가? 사실 엄격하게 말하면 이 단계는 청사진 작성 단계라기보다는 집을 실제로 짓기 위한 계획에 가깝다. 하지만 이 단계는 반드시 필요하다. 어떤 종류의 사람들을 새로 고용해야 하는지 생각해보라. 현재 사업하는 분야에서 일반적으로 필요로 하지 않는 기술로 어떤 것이 있는지 생각해보라. 최초의 애플 매킨토시를 만든 핵심팀에는 그래픽아티스트와 폰트디자이너가 포함되어 있었다. 매킨토시 프로젝트 초반에는 이런 재능을 하찮게 여기는 엔지니어도 있었다. 하지만 나중에 이들은 그래픽 사용자 인터페이스(GUI: Graphical User Interface)를 만드는 데 핵심적인 역할을 한 것으로 드러났다.

어떤 기능 그룹이 참여하도록 해야 하는가? 다양한 기능팀에서 어떤 사람들을 끌어들여야 하는가? 지금 가진 역량을 강화하거나 아니면 새로운 역량을 디자인하고 구축하기 위해 필요한 사람들은 누구인가? 그리고 이를 관리하고 유지하기 위해 필요한 사람들은 또 누구인가?

이 과정에서 내부저항에 맞닥뜨릴 수도 있다. 새로운 역량체계가 구축할 만한 가치가 있다는 사실을 JCI-ASG의 머리가 굳은 일부 임원들에게 납득시키는 데는 노력이 필요했다. 어떤 이들은 몇몇 투자에 의문을 표명했다. 예컨대 최초 설계와 규격 기술을 실현하기 위해 도입이 필요한 새로운 컴퓨터지원설계에 투입되는 비용에 대해 의문이 제기되었다.

하지만 JCI-ASG의 운영위원회는 제기되는 비판에 성실히 답하며 꿋꿋하게 밀어붙였고 결국 회사는 서서히 바뀌기 시작했다. 위원회는 힘이 있었기에 회사의 모든 자금을 신규 역량에 연결했고 다른 사업부문에서 비용을 줄여 회사가 더욱 강해지게 만들었다. 이런 접근법에 대해서는 5장에서 보다 상세히 다루겠다.

궁극적으로 수백 명의 사람들이 기존의 업무방식을 바꿔 다섯 가지 역량이 통합될 수 있었고 JCI-ASG는 차량 좌석 분야에서 최고의 제조업체가 되었다. 차량용 인테리어 공급업체인 프린스(Prince)를 인수한 뒤 이 회사는 동일한 역량체계를 더 넓은 차량용 인테리어 부품 부문에까지 확장하는 중이다. 이런 변화는 매출에도 반영되었다. JCI의 연매출은 1980년대 중반 3억 달러에서 2014년 410억 달러로 치솟았는데 그중 ASG의 공헌이 가장 크다는 점은 두말할 필요도 없다.[13]

JCI-ASG의 정체성 프로필

존슨 콘트롤스 산하의 JCI-ASG는 위스콘신 주 밀워키(Milwaukee) 시에 위치해 있다.

가치제안 JCI-ASG는 테크놀로지와 다른 기능을 지속적으로 혁신해 광범위한 자동차 라인에 필요한 좌석을 완성차 업체에 제공하는 솔루션 제공자가 되었다.

역량체계

▶ JIT 제조 완성차 업체가 필요로 하는 시기에 맞춰 차량 좌석을 생산한다. 동시에 재고비용은 절감한다.

▶ 솔루션 판매 완성차 업체와 장기적인 관계를 구축하고 유지한다. 기술 엔지니어들과 직접 접촉하며 프로젝트에 조기에 참여한다.

▶ 최초 설계 완성차 업체가 가이드나 사양을 제공할 때까지 기다리지 않고 엔지니어링 지식을 활용해 혁신적으로 차량 좌석을 창조한다.

▶ 규격화 기술 회사가 만드는 모든 좌석의 공통 모듈 플랫폼을 개발하고 유지한다. 더 다양한 제품을 더 낮은 가격에 공급한다.

▶ 확장형 기업 핵심 공급업체와 보다 협업적인 관계를 구축해 품질, 안정성, 혁신성을 보장한다.

제품과 서비스 포트폴리오   현재 모든 종류의 완성차 업체를 위한 자동차 내장재를 생산하는 중이다. 설계부터 제조까지 전체 프로세스를 모두 자체적으로 해결하고 있다.

고유의 차별화된 역량 구축

이제 여러분의 회사는 고유의 차별화된 역량이 분명히 기술된 청사진과 이를 구축하기 위한 계획을 갖고 있는 상태다. 이미 각 역량에 구축할 사람과 팀을 배정했을지도 모른다. 이제 여기에 생명력을 불어넣을 차례다.

고유의 차별화된 역량체계를 창조하는 일은 다면적인 과정이다. 어쩌면 이 과정이 익숙해 보일 수도 있다. 역량 구축은 모든 기업이 늘 거치는 과정이기 때문이다. 하지만 이 과정에서 필수적인 집중력과 창조력을 발휘하는 기업은 드문데 여러분의 회사는 그보다는 잘할 수 있다. 레고, 애플, 스타벅스와 우리가 연구했던 그 밖의 기업들이 고유의 차별화된 역량을 구축했던 것과 같은 방식으로 역량을 구축할 수 있다. 최고의 인재들을 과업에 배치하고, 필요한 자원을 그들에게 제공하며(이는 5장에서 설명), 조직의 고위 리더들을 과업에 긴밀히 참여시키고, 그 결과물인 가치제안을 항상 염두에 두고 있으면 된다.

이런 노력은 보통 세 가지 기본 활동이 결합해 이뤄진다.

- 첫째는 집중적 개입이다. 회사가 이미 갖고 있는 역량을 더욱 다듬는 활동이다.
- 둘째는 역량 혁신이다. 경쟁사가 쉽게 모방할 수 없는 새로운 프랙티스를 창조하는 활동이다.
- 셋째는 회사의 인수합병에 대한 역량 지향적 접근(capabilities-oriented approach)이다. 인수한 업체의 사업 활동을 통해 자사의 뛰어난 기량을 강화하는 활동이다.

이 모든 노력은 교차기능적이다. 각각의 관련된 기능팀에서 사람들을 뽑아 소규모팀들을 만드는 것이다. 여기에는 주로 운영, 영업, 마케팅, 혁신, 학습과 개발, 정보기술, 구매 등이 포함된다. 팀에 배정된 이들은 서로 상대방의 언어로 말하고 공동의 목표를 향해 협력하는 방법을 배워야 한다. 나중에 설명하겠지만 이런 교차기능성(cross-functionality)은 구축된 역량을 회사 전체로 확장할 때 더욱 중요해진다. 고유의 차별화된 역량을 단독으로 맡는 기능팀은 없다. 어떤 것이든 고유의 차별화된 역량은 항상 회사 전체에 속해야 한다.

집중적 개입

필요한 숙련도를 달성하기 위해서는 기업이 이미 갖고 있는 역량에 의미 있는 변화를 만들어내야 한다. 변화 중 일부는 사업의 핵심부에서 시작할 수도 있다. 다른 일부는 처음에는 주변부에서 시작하는 듯했으나 나중에 주류에 합류시킬 필요가 생길 수도 있다. 필요한 집중적 개입 중 일부는 청사진 작성 단계에서 파악될 것이고 다른 것들은 나중에야 보다 명확해질 수도 있다. 이상적으로는 기업의 전 생애에 걸쳐 집중적 개입을 지속하는 것이다.

2000년대 초 화이자의 소비자제품 사업부가 이 같은 과정을 거쳤다. 당시에 화이자 컨슈머 헬스케어(PCH: Pfizer Consumer Healthcare)라고 불리던 이 회사는 2006년 존슨앤존슨에 매각되었다. 이 회사는 2009년 화이자가 와이어스(Wyeth)를 인수해 보유하게 된 2016년 현재의 화이자 컨슈머 헬스케어와는 다른 회사다. 그래서 이 책에서는 2000년대 초 화이자의 소비자제품 사업부를 화이자 컨슈머(Pfizer Consumer)라고 부르기로 한다.

당시 모기업인 화이자는 시판(비처방) 약품, 제과, 개인 생활용품 분야에서 몇 가지 널리 알려진 브랜드를 보유하고 있었다. 리스테린(Listerine) 가글제, 홀(Hal) 기침약, 바바솔(Barbasol), 쉬크(Schick), 로게인(Rogaine) 같은 면도와 헤어관리용 브랜드, 니코레트(Nicorette) 금연보조제, 치클릿(Chiclet), 트라이던트(Trident) 껌, 베나드릴(Benadryl), 지르텍(Zyrtec) 같은 알레르기용 제재, 속쓰림용 잔탁(Zantac), 오한이나 유행성감기 등에 이용되는 슈다페드(Sudafed) 등 널리 알려진 것이 모두 화이자 제품이었다.

이들 브랜드 대부분은 화이자가 인수를 통해 보유하게 된 것이었다. 예컨대 리스테린과 각종 껌 브랜드는 2000년 화이자가 인수한 대형 제약·식품업체인 워너-램버트(Warner-Lambert)가 소유하고 있었다. 각각의 제품은 개별적으로 보자면 매우 성공적으로 매출을 올리고 있었지만 다양한 인수합병으로 통합되다 보니 응집성이 떨어졌다. 이 모든 제품에 적용되는 하나의 가치제안이나 역량체계가 없었던 것이다. 그래서 합쳐 놓으니 수익성이 기대만큼 높지 않았다.

우리는 전작 『경쟁우위의 본질』에서 화이자 컨슈머가 가치제안을 어떻게 구축했는지 설명한 바 있다. 시판약을 판매할 때 입증 가능한 건강상의 혜택을 명확하게 기술해 함께 제공하는 것이었다. 이를 위해 목표로 하는 가치제안에 적합하지 않은 제품군(면도기, 면도크림, 껌 등)을 매각하고 적합한 제품군에만 집중했다. 예컨대 화이자 컨슈머는 리스테린을 구강 보건을 지향하는 제품으로 용도를 다시 설정해 리스테린을 쓰면 양치와 치실만 할 때보다 플라그가 52퍼센트, 치은염이 21퍼센트 더 감소한다고 광고했다.[14] 니코레트, 슈다페드, 잔탁, 베나드릴, 지르텍, 로게인 등도 검증된 강력한 건강 효능을 함께 마케팅했고 이런 접근법은 먹혀들었다.

4년이 채 안 되어 화이자 컨슈머는 응집성이 없어 산만했던 포트폴리오를 40억 달러 규모의 사업으로 키워내 2006년 존슨앤존슨에게 166억 달러에 매각했다. 이 수치는 당시 이익의 20배를 웃도는 수준이었다.＊ 참고로 당시 시장 평균은 15배 정도였다. 응집성이 있는 회사가 어느 정도 가치를 갖는지 보여주는 증거라고 할 수 있다.

화이자 컨슈머가 이 같은 전략을 실행할 수 있었던 이유는 강력한 역량체계를 갖고 있었기 때문이었다. 이는 회사 안에 다양한 형태로 존재하는 여섯 가지 역량으로 구성되어 있었다. 그중 일부는 화이자의 제약 부문에 뿌리를 두고 있던 유산이기도 했다.

- 새로운 시판약 제품을 출시하고 상품화할 수 있는 역량: 주로 처방약·시판약 전환(Rx to OTC switches) 방식으로 이뤄진다. 의사의 처방이 필요한 약(Rx: prescription)을 비처방 형태로(OTC: Over the Counter) 판매할 수 있도록 전환하는 것을 의미한다.

＊ 매각 직전 해인 2005년 매출액은 약 39억 달러였으며, 이를 기준으로 할 때의 배수는 약 4.25배다.

- 규제당국과 정부 정책에 영향을 미치는 역량: 건강상의 효능과 관련된 회사의 주장을 여러 국가와 관할권에서 사용이 가능하도록 한다.
- 새로운 '형태와 계통(forms and formulations, 약리학자들이 제품을 가리킬 때 쓰는 이름)' 역량: 구체적인 건강 효능과 관련지어 회사가 전체 제품 포트폴리오의 가치를 끌어올릴 수 있도록 혁신하는 역량이다.

나머지 역량은 워너-램버트로부터 물려받은 것이었다.

- 제품 포지셔닝, 효능 관련 커뮤니케이션, 가격산정, 프로모션 등 유통을 효과적으로 실행하는 역량: 다양한 소매 유통 형태와 약국의 비중이 계속해서 높아지고 있는 상황에서 중요하다.
- 소구점 기반 마케팅(claims-based marketing) 역량: 제품의 장점을 소비자와 관련성이 높은 간결한 메시지로 변환해 입증 가능한 건강상의 효능을 강조한다.
- 우선순위가 높은 제품부터 글로벌시장에 출시하는 초점 있는 포트폴리오 관리 역량.

변혁 프로그램의 일환으로 각 역량별로 새로운 전략과 완전히 연결하기 위해 자체적이고 집중적인 개입이 이뤄졌다. 예를 들어 '형태와 계통'의 혁신을 완전히 개발하기 위해 화이자 컨슈머는 연구개발의 각 단계별로 투자를 승인하는 게이트 프로세스를 다시 정의했다. 이를 통해 소구점인 건강 효능과 관련된 프로젝트를 우선순위로 정했다. 글로벌팀에서는 소구점 기반 마케팅 역량을 구축하기 위해 리스테린 등의 제품과 관련된 엄청난 양의 임상 데이터를 꼼꼼하게 검토해 사용 가능한 소구점을 끌어내기 위한 방법론을 개발했다. 이는 극도로 어려운 과제로 결정적으로 중요한 역량과 구체적으로 연결되지 않았다면 절대로 실행하지 못했을 것이다.

또 다른 사례를 들자면 규제관리 역량이다. 당시에도 이미 화이자 컨슈머의 규제관리 역량은 선진경제 국가에서 매우 인상적인 수준이었다. 화이자의 규제관리팀은 전 세계 정부를 상대로 제약회사가 소비자에게 제시할 수 있는 제품 설명을 규제하는 규정을 협상하고 준수하고 있었다. 하지만 이 역량은 각각의 개별 정부 위주로 만들어져 있어 글로벌 수준으로 확장하기 어려웠다.

사업부문의 리더들은 전 세계의 규제 관련 업무를 맡은 직원들을 재편해 이들을 가상의 탁월성센터(COE: Center of Excellence)로 연결했다. 이를 통해 규제 담당 직원들은 주기적으로 커뮤니케이션하며 서로에게 규제당국과의 관계 관리에 대해 자문하기 시작했다. 이 집중적인 개입은 매우 빠르고 즉각적인 성과로 나타났는데 한 예로 화이자 컨슈머는 아이케어와 금연 보조제품에 대해 유럽에서 규제당국의 승인을 매우 빠르게 획득했다.

또 다른 집중적인 개입으로 연구개발 기능팀 안에 있는 규제관리 그룹은 신흥시장의 정책에 영향을 미칠 수 있는 능력을 계발하는 일에 착수했다. 이를 위해 정부의 규제 요건을 문서 하나하나까지 매우 치밀하고 상세하게 충족할 수 있는 인재를 채용하고 적재적소에 투입했다.

화이자 컨슈머의 정체성 프로필(2001~2006년)

화이자의 한 사업부문이었던 화이자 컨슈머는 2006년 존슨앤존슨에 166억 달러에 매각된 뒤에 완전히 통합되었다.

가치제안　화이자 컨슈머는 카테고리 선도기업, 규제조정 기업(regulation navigator), 평판기반 기업(reputation player)이다. 전 세계에서 소비자를 위한 비처방 헬스케어 제품을 개발하고 입증 가능한 소구점을 통해 제품의 건강상 효능을 마케팅한다.

역량체계

▶ **새로운 시판약 제품을 출시하고 상품화하는 역량**　특히 믿을 만한 건강 관련 효능을 가진 비처방약을 상품화한다.

▶ **규제당국과 정부 정책에 대한 영향력**　자사의 건강 효능 관련 주장이 여러 국가와 관할권에서 규제를 통과하도록 한다.

▶ **효능 중심의 혁신**　건강 관련 효능을 뒷받침할 수 있는 새로운 '형태와 계통'을 개발한다.

▶ **효과적인 유통 실행**　제품에 대한 인지도를 끌어올릴 수 있는 제품 포지셔닝과 그 밖의 프로모션 활동을 적절한 매장들, 특히 약국 등에서 실행한다.

▶ **소구점 기반 마케팅**　여러 제품에 대해 입증 가능한 건강상의 효능을 강조하고 커뮤니케이션한다.

▶ **초점 있는 포트폴리오 관리**　우선순위가 높은 제품부터 글로벌시장에 출시한다.

제품과 서비스 포트폴리오　화이자 컨슈머는 구강 건강, 스킨케어 제품과 시판약을 폭넓게 제공한다. 그 밖에도 리스테린과 같이 널리 알려진 브랜드를 여럿 보유하고 있다.

집중적인 개입은 대부분의 기업에서 익숙한 활동이다. 일선 기업에선 매일같이 정보기술 시스템을 업그레이드하거나 지표를 수정하거나 사람들을 승진시키거나 새로운 트레이닝 프로그램을 실행하거나 기능부서를 재편하는 등의 과업이 이어지고 있다. 대부분의 제조업에서 이제 표준 프랙티스로 자리 잡은 지속적인 개선은 포인트 개입(point intervention)의 반복이라고 볼 수 있다.

하지만 이런 활동 중 회사의 가치제안을 실현하는 데 맞춤화된 것은 얼마나 되는가? 전략을 일상 업무로 전환하고자 한다면, 다시 말해 전략과 실행 사이의 간극을 극복하고자 한다면 모든 개입은 회사의 가치제안과 연결되어야 한다. 전략적인 의미가 없다면 아예 하지 말아야 한다는 뜻이다.

집중적인 개입이 가진 힘을 잘 보여주는 사례가 1990년대 초 맥도날드에서 있었다. 패스트푸드 체인점은 빠르고 일관된 서비스를 제공해야 하기에 청량음료 기계에 대한 의존도가 높다. 음료기계가 고장 나면 금세 화난 고객들이 줄을 길게 늘어서고는 했다. 특히 바쁜 러시아워 시간에는 더욱 그랬다. 게다가 고장 난 기계를 고치는 부담은 일선 매장의 매니저에게 있었다. 매니저는 매장 근처의 수리공을 찾아 서비스를 요청해야 했지만 항상 제때 서비스를 받을 수 있는 것은 아니었다.

이 같은 주먹구구식 대응에 지친 맥도날드 운영팀 리더들은 이미 강력했던 레스토랑 프로세스를 더욱 강화하기로 결정했다. 프랜차이즈 점주와 운영 전문가들을 모아 해결책을 논의했다. 그 결과 당시 하이테크 컴퓨터 업계에서 뜨고 있던 콜센터 비즈니스에서 아이디어를 빌려오기에 이르렀다.

오늘날 미국 안의 모든 맥도날드 매장에는 음료기계 수리를 위한 전용번호가 있다. 이 번호로 전화를 걸면 훈련된 전문가가 즉시 응답하며 일련의 자가진단법을 알려준다. 이것으로 전체 문제의 80퍼센트가 해결된다. 나머지 문제는 '레벨2'의 전문기술자에게 이관해 책임을 인수하도록 한다. 전문기술자는 매니저가 다른 자가진단법과 맞춤식 프로세스를 시도해볼 수 있게 한다. 이렇게 해도 여전히 기계가 작동하지 않으면 근처에 있는 맥도날드와 계약되어 신속대응 훈련을 받은 사전인증 서비스 기사가 파견된다. 이들 기사까지 가면 아주 드문 경우를 제외하면 대개 최초의 전화가 있은 지 몇 시간 안에 모든 문제가 해결된다.

이 해결책은 훨씬 비용이 많이 드는 매장 주변의 수리공을 쓰는 경우를 크게 줄여서 엄청난 비용절감 효과를 가져왔고 업계 전체를 바꿔놓았다. 맥도날드는 새로운 음료기계 수리 서비스를 핵심 음료 제공업체인 코카콜라가 보다 효과적으로 운용할 수 있다고 판단해 코카콜라에 완전히 넘겼다. 코카콜라는 다른 체인 레스토랑에 진출할 때 이 서비스를 활용해 훨씬 더 경쟁력을 갖추게 되었다.[15]

디지털 테크놀로지가 발전하면서 사물인터넷, 데이터 애널리틱스, 클라우드 컴퓨팅, 모바일 기기가 새로운 포인트 개입의 기회를 창출할 것이다. 산업기업들도 우버(Uber)나 에어비앤비(AirBnB)와 같은 공유경제 스타트업(shared-economy start-up)의 사례를 뒤따를 것이다. 디지털 테크놀로지를 이용해 사업 운영의 유연성과 대응성을 높이고 과거에는 절대 가능하지 않았을 수준까지 제품과 서비스를 맞춤화할 수 있다.

예를 들어 중국에서는 하이얼이 판매하는 모든 가전제품은 소비자가 선택한 사양대로 색깔과 기능을 맞춤 제작할 수 있다. 하이얼의 웹사이트에서 사전에 옵션을 선택하면 가능하다. 이 경우 포인트 개입은 웹사이트의 설계나 공장의 맞춤생산 능력이 아니었다. 이런 능력은 이미 존재하고 있었다. 여기서 개입이란 이 두 가지 활동을 한데 엮어 신규판매 제품에 놀라운 수준의 맞춤화가 가능하도록 표준을 만들고 하이얼의 주문생산과 배송 역량에 통합한 것이었다.

이런 기술변화는 너무나 빠르게 이뤄지고 있어 대부분의 기업은 아직 그 기회가 주는 혜택을 누리지 못하고 있다. 여전히 모든 기업은 시제품 제작과 실험을 통해 더 배워나가야 한다. 하지만 전략을 일상으로 전환할 때는 순전히 실험 자체만을 위한 실험은 지양해야 한다. 성공적인 기업들은 테크놀로지 주도 개입을 전략과 긴밀하게 연결한다. 이들은 다른 회사가 모두 하는 똑같은 테크놀로지 솔루션을 도입하는 것이 아니라 테크놀로지를 자신들만의 방식으로, 자신들만의 고유 프랙티스에 적용한다.

이런 방식으로 디지털 테크놀로지를 효과적으로 사용한 회사 중 하나가 언더아머다. 언더아머는 1996년 케빈 플랭크(Kevin Plank)가 설립했다. 플랭크는 전직 대학교 풋볼팀 주장이었다. 그는 면 티셔츠가 시합 중 땀에 젖으면 지나치게 무거워지기에 경기나 훈련에 적합하지 않다고 생각했다. 언더아머의 운동복은 합성섬유로 만들어져 습기가 피부에서 빠르게 증발해 쾌적하고 가벼운 상태를 유지한다. 플랭크는 대학교 운동팀들과 함께 마케팅하는 역량을 구축해 이들 사이에서 우선 소규모 고객을 확보했다. 그 뒤 언더아머는 종합 스포츠용품 회사로 발전해 2014년 30억 달러의 매출을 올렸다.

언더아머의 디지털 테크놀로지 이용은 선수의 편안함과 퍼포먼스를 향상하는 옷을 지속적으로 만든다는 그들의 스포츠 지향적인 가치제안에 구현되어 있다. 언더아머는 컴퓨터지원 직물 디자인의 선구자가 되었다. 수분을 투과하는 재질로 옷을 만들어 운동한 뒤에도 땀에 축축하게 젖지 않고 보송보송한 느낌을 받을 수 있게 했다. 또한 레인코트만큼 방수 기능이 뛰어난 방수 스웨트셔츠도 만들었다.

언더아머는 의류를 피트니스 트래커(fitness tracker)의 데이터와 통합한 최초의 회사 중 하나이기도 하다. 피트니스 트래커란 시계처럼 손목에 차고 있으면 운동량도 측정되고 건강정보도 담기는 전자기기다. 2013년 언더아머는 피트니스 트래커 데이터를 종합해 선수들이 운동과 섭취한 음식물을 모니터링하는 맵마이피트니스(MapMyFitness)라는 기업을 인수했다. 이 모든 움직임의 핵심은 특정 제품을 개선하는 것이 아닌 언더아머의 차별화된 제품개발 역량을 지속적으로 개선하는 데 목적이 있었다. 애플, 퀄컴, 나투라 코스메티코스처럼 언더아머 또한 회사가 주기적으로 출시하는 혁신적 신제품을 기대하는 일련의 추종자를 양성해냈다.[16]

여러분의 사업에 위협이 되는 파괴적 테크놀로지에 대해 논의할 기회가 오면 이를 반전하려고 해보라. 조직의 미션을 뒷받침하고 가치제안을 더욱 성공적으로 달성하려면 여러분의 역량에 어떤 기술적인 변화를 만들어야 할 것인가? 이 질문을 정보기술 투자를 늘리라는 요청으로만 생각하지 말아야 한다. 정보기술 인프라 프로젝트 중 진정으로 회사를 차별화하기 위해 설계되는 것은 많지 않다. 비용 대비 일정한 기능적인 성과만이 요구될 뿐이다. 대신 정보기술 투자를 포인트 개입으로 생각해보라. 다른 기능과 협력해 원래 여러분이 하던 일을 더 잘할 수 있게 하거나 더 대규모로 할 수 있게 하는, 여러분의 현재 역량을 개선하기 위한 움직임으로 생각해보라.

역량 혁신

이케아의 역사에서 가장 위대한 순간 중 하나는 1956년에 있었다. 길리스 룬드그렌(Gillis Lundgren)은 세 개의 다리를 가진 이파리 모양의 뢰버트(Lövet) 사이드테이블을 디자인한 바 있다. 그는 이 테이블을 이제 어떻게 차의 트렁크에 넣을 수 있을지 연구하던 중이었다. 그는 테이블의 상판과 다리를 분리한 채로 판매하고 소비자들이 재조립하도록 할 수 있겠다고 생각했다.

룬드그렌은 이케아의 납작한 플랫팩 포장의 창시자로 알려져 있다. 이케아의 저렴하고 스타일리시한 제품 디자인 역량의 핵심요소이며 우리가 아는 한 그때까지는 대량생산되는 가구업계에서 이뤄진 적이 없는 일이었다.[17]

이 혁신은 또 다른 혁신으로 가는 길을 닦았다. 이케아의 셀프서비스 창고의 탄생이다. 이케아의 셀프서비스 창고는 1970년 스웨덴 스톡홀름에 있던 이케아의 플래그십 매장이 화재사고로 거의 전소될 뻔한 뒤 재개장하며 탄생했다.

재개장 직후에 이케아 창업자인 잉바르 캄프라드와 매장 매니저는 창고 선반 가운데 한곳에 올라가 매장을 높은 데서 둘러보았다. "그 지점에서는요." 피터 앙게피젤의 회상이다. 다른 이케아 고위 임원들과 마찬가지로 앙게피젤도 평생을 이케아에서 일했다. "쇼핑코너를 한눈에 내려다볼 수 있었어요. 손님들로 완전히 꽉 차 있었지요. 그러고는 눈을 돌려 창고코너를 돌아보았는데 네댓 명의 직원만 돌아다니며 고객이 주문한 제품을 찾고 있었지요. 그래서 생각한 것입니다. 이 벽을 허물고 고객들이 창고로 들어오게 하면 어떨까?"[18]

그것이 바로 우리가 아는 한 세계 최초의 창고형 소매매장(warehouse style retail outlet)의 기원이다. 이를 통해 이케아는 고객중심의 소매 디자인 역량만 가진 기업이 아니라 그 역량을 새로운 아울렛 형태로 변환한 기업이 되었다. 이제 가구는 조립되기 전 상태에서 고객이 직접 선반에서 집어 드는 상품이 된 것이다. 소비자가 스스로 조립하기 위해서다.

이 혁신에서 오는 이점은 단지 제품이나 서비스에 국한되지 않는다. 기업이 제공하는 모든 것에 적용할 수 있는 지속 가능한 역량이 되어준다. 우리가 살펴본 모든 회사는 전부 대단한 역량 혁신가들이다. 이들은 새로운 일을할 수 있는 능력의 한계를 지속적으로 확장해 새롭게 확보한 역량을 점점 더 폭넓은 활동에 적용했다.

혁신의 추진은 청사진 단계에서 시작할 수도 있다. 필요한 역량을 구축하기 위해 해결해야 할 문제가 무엇인지 고려하는 단계에서 말이다. 하지만 혁신은 거기서 멈추지 않는 경우가 더 많다. 역량 개발이 완료되는 과정에서 새로운 프로세스, 프랙티스, 테크놀로지를 구축하는 것은 이제 삶의 한 방식이 되었기 때문이다. "엔지니어링 문제가 발생하면 어떻게 해결해야 할지 잘 모르는 경우가 태반입니다." 우리가 인터뷰했던 퀄컴의 한 고위 임원의 말이다. "하지만 고객에게는 솔루션을 기한까지 제공하겠다고 약속했습니다. 그러니 이제 엔지니어링팀에서는 답을 찾아내야만 하는 것이지요. 기존에 누구도 해결한 적이 없는 문제지만 바로 그것 때문에 퀄컴의 사람들은 자극을 받게 됩니다."

역량의 획기적인 혁신은 너무나 강력한 나머지 회사 정체성의 핵심에 완전히 새로운 업무방식으로 자리 잡게 된다. 가장 잘 알려진 사례는 글로벌 의류기업 인디텍스의 플래그십 브랜드인 자라다. 자라가 이룩한 차별화된 성취는 인도에 기반을 둔 패션 유통 리서치 그룹인 아시팩(ASIPAC)의 창업자인 아미트 바가리아(Amit Bagaria)가 다음과 같이 깔끔하게 정리한 바 있다. "자라는 매년 3만 6000가지의 새로운 디자인을 내놓습니다. 그리고 매주 2~6회씩 신제품을 1900개가 넘는 전 세계 매장에 배송합니다. 매장이 주문하면 24~48시간 안에 배송이 완료됩니다. 제품이 디자인 단계를 거쳐 매장의 판매진열대에 오르기까지 걸리는 시간은 10~15일에 불과합니다."[19]

자라의 사업모델은 패션 변화에 바탕을 둔 일관성에 있다. 고객들은 자라에서는 항상 유행하는 복장을 합리적인 가격에 살 수 있다는 사실을 안다. 그것도 비슷한 디자인이 패션쇼의 런웨이에 선보인 지 몇 주 안으로 말이다. 그리고 고객들은 자라의 옷이 제조품질이 좋고 내구성이 있다는 것을 알고

있다. 또한 나오자마자 사지 않으면 다시는 그 옷을 보지 못할 수 있다는 점도 알고 있다.[20]

인디텍스는 1963년 스페인의 북쪽 해안에 위치한 갈리시아 지방의 항구 도시인 라 코루냐의 의류제조 지역기업으로 설립되었다. 오늘날 이 회사는 여러 브랜드와 6600여 개 소매 매장을 거느린 글로벌 의류산업의 리더가 되었다.[21] 이 회사의 혁신적인 역량체계의 뿌리는 창업자인 아만시오 오르테가(Amancio Ortega)가 사업을 보완하기 위해 여성의류 매장을 오픈했던 1975년으로 거슬러 올라간다.

오르테가는 싸구려로 보이지 않는 패션을 적당한 가격에 판매하는 것을 목표로 삼았다. 의상을 직접 만들고 고객들이 구매하는 아이템에 세심하게 주의를 기울여 그에 맞게 라인을 빠르게 조정하면서 목표를 실현했다. 오르테가와 그의 가족이 소유했던 회사는 의류를 어느 회사보다도 빠르게 생산해 상대적으로 낮은 가격에 판매할 수 있었다.

사업이 커지자 오르테가는 혁신적인 기술과 프로세스 디자인을 이용해 이 역량을 기존의 누구도 실현한 적 없는 방식으로 대규모로 확장했다. 이 역량 덕에 인디텍스는 다른 의류 유통회사가 겪는 재고 문제에서 상대적으로 자유롭게 되었다. 다른 회사들은 대개 해외에서 몇 달 전에 제품을 선주문으로 구매해야 했기에 앞으로 어떤 옷이 인기가 있을지 예측해야 하는 문제가 있었다. 인디텍스는 팔리지 않은 옷을 보관하고 할인 판매하는 일을 피할 수 있었다. 하지만 그것보다 더 중요한 것은 유행을 놓치게 되어 발생하는 기회비용을 피할 수 있었다는 점이다.

자라의 디자이너들은 패션쇼 무대, 패션 블로그, 텔레비전 쇼를 살펴보고 대학생들의 스타일을 관찰하며 소비자들이 다음에 유행할 옷으로 무엇을 원하는지 초기 조짐을 파악한다. 동시에 자라의 유통부문 직원들은 회사의 최일선의 눈과 귀가 되어 데이터를 추적하고 고객을 관찰하며 일상 속의 인상을 수집하도록 훈련받는다. 자라의 매장에서는 소비자의 선택 정보와 이들이 찾지 못한 아이템과 관련된 질문 내용과 대화까지 수집해 정리한다. 고객들이 스커트를 찾는가, 바지를 찾는가? 선명한 컬러를 찾는가, 은은한 컬러를 찾는가? 일선 매장에서 수집된 일상 속의 인상은 본사 디자이너와 운영전문가들에게 직접 보내진다. 이들은 받은 정보를 즉시 매장 진열대에 걸릴 신제품으로 변환해낸다.[22]

수많은 데이터에 압도되지 않고 이에 근거해 의사결정을 내리기 위해 인디텍스는 명백하고 확장이 가능하고 교차기능적인 커뮤니케이션 프로세스를 창조해냈다. "우리는 정보의 삼각형이라는 것을 갖고 있습니다." 인디텍스의 최고커뮤니케이션책임자(CCO: Chief Communications Officer)인 헤수스 에체바리아 에르난데스(Jesús Echevarría Hernández)가 하버드대학교 연구자에게 한 말이다.

"정보의 삼각형이란 매장 매니저, 지역담당 매니저, 40개 정도의 매장 판매수치를 살펴보는 영업담당자를 가리킵니다. 영업담당자는 일간 판매정보를 받아 매장 매니저와 지역담당 매니저에게 매일 전달해 트렌드를 포착하고 그 숫자를 해석할 수 있게 합니다. 매장 매니저들은 색상이나 사이즈 등 모델을 변경해달라거나 반바지를 긴 바지 상품으로 변형해달라는 식의 요청을 받습니다. 아예 새로운 디자인을 요청받는 경우도 있지요. 이런 요청이 여러 가게에서 들어온다면 영업담당자는 본사 디자인팀과 커뮤니케이션합니다. 그러면 디자인팀에서는 해당 요청사항을 디자인해서 다시 모든 매장으로 돌려보냅니다."[23]

자라는 최근 온라인 판매를 성공적으로 확대하고 전 세계적으로 매장 숫자를 늘려왔다. 그리고 고객이 무엇을 찾고 무엇을 사는지에 대해 지속적으로 정보를 수집해왔다. 자라의 순매출은 해마다 꾸준히 늘어 이 분야에서 카테고리 선도기업으로 단단히 자리 잡았다.[24]

인디텍스의 정체성 프로필

인디텍스는 스페인 갈리시아 지방의 알테이소(Arteixo) 시에 본사를 둔 의류기업이다. 전 세계적인 인기를 얻고 있는 패스트패션 산업(fast-fashion industry)의 선두주자로 2014년 약 181억 유로(미화 190억 달러)에 가까운 매출을 올렸다. 인디텍스는 종종 핵심브랜드 이름인 자라로 통칭된다.

가치제안   맞춤화 기업(customizer)이자 혁신기업으로 인디텍스는 트렌디한 의류를 합리적인 가격에 제공한다.

역량체계

► 고객에 대한 깊은 통찰력 인디텍스는 유행선도자(trendsetter)와 패션쇼, 자사 제품에 대한 시장반응을 분석해 목표고객층에 어필하는 의류를 디자인한다.

► 빠르고 패션을 선도하는 제품 디자인 매장의 관찰정보를 포함한 고객에 대한 통찰을 제조가능성과 통합해 의류 디자인으로 빠르게 전환한다.

► 제조와 운영의 신속한 대응력 제품을 디자인하고 매장에 진열하기까지 2주가량밖에 걸리지 않는다. 또한 인디텍스는 고도로 유연한 생산능력을 갖고 있다. 이 역량은 빠르게 움직이며 끊임없이 원활하게 작동하도록 통합된 물류시스템에 기초하고 있다. 아울러 유연성을 확대할 수 있도록 생산단계를 스마트하게 진행하는 능력에도 의존하고 있다.

예컨대 의류염색은 후반 프로세스에서 처리하는 것이 이에 속한다.

► 전 세계적인 브랜딩의 일관성과 편재성 인디텍스의 브랜딩 접근법은 제품에서 매장 위치, 머천다이징에서 인력수급에 이르기까지 트렌디하면서도 고품질의 경험을 제공하기 위해 구조화하는 것이다. 이런 접근법을 통해 회사는 매장의 유동인구를 높이고 트렌디한 환경을 제공하며 고객의 피드백을 더욱 많이 수집하고 판매를 신장할 수 있다.

제품과 서비스 포트폴리오 인디텍스는 여성, 남성, 아동의류에 특화되어 있다. 전체 의류 생산량의 85퍼센트를 정가에 판매하는데 이는 의류업계 평균을 크게 상회하는 수준이다.

퀄컴 또한 획기적인 혁신을 통해 역량을 구축했다. 여기에는 회사의 매출 대부분을 창출하는 라이선싱 능력도 포함되어 있다. 저널리스트 데이브 목(Dave Mock)이 『퀄컴 이야기(The Qualcomm Equation)』에서 퀄컴의 역사를 회상하며 쓴 바 있듯이 퀄컴의 역량은 "라이선스를 사용하는 기업이 테크놀로지에 빨리 익숙해지고 시장에 내놓을 수 있도록 돕기 위해" 개발되었다.[25] 종래의 라이선싱 접근법에서 한걸음 더 나아가, 특허와 지적재산 관리뿐 아니라 깊이 있는 자문과 보다 다양하게 통신기업과의 관계를 구축하는 것까지 포함한 것이었다.[26] 라이선스 사용 기업이 성공하면 그때 요금을 올리는 가격결정 모델은 이런 획기적인 혁신의 일부였다.

퀄컴의 라이선싱 역량은 다른 기술 혁신과 마찬가지로 매우 독창적으로 개발되었다. 이야기의 시작은 휴대전화 산업이 미국에서 막 활성화되던 1990년대 초로 거슬러 올라간다. 퀄컴은 코드분할 다중접속(CDMA: Code-Division Multiple Access)이라는 휴대전화 송신기술을 상업화한다. 특정 무선주

파수 대역에 의존하던 당시 다른 모바일통신 표준과는 달리 CDMA는 사용이 가능한 전자 스펙트럼의 어느 대역에서든 전송이 가능했다. 그 덕분에 기존에 사용하던 동일한 송신신호에 대해 신호당 수용용량이 훨씬 크고 통화 품질도 우수했다.

하지만 퀄컴은 힘든 싸움에 맞닥뜨렸다. 퀄컴의 기술은 혁신을 위해 막대한 투자가 필요했지만 뚜렷한 시장은 없는 상황이었고 퀄컴이 유일한 공급업체인 셈이었다. 처음 CDMA를 제안했을 때는 구축이 가능한 테크놀로지 플랫폼이라기보다는 아직은 단순한 콘셉트에 불과했다. 당시 통신기업들이 CDMA를 수용하기에는 기술적인 난관이 많이 남아 있었다.

많은 통신기업들이 이미 다른 표준을 채용한 상황이었다. "CDMA가 실제로 작동하리라고 믿는 사람은 아무도 없었습니다." 당시 회사에 재직했던 퀄컴의 전 임원 빌 데이빗슨(Bill Davidson)이 회상했다. "업계의 다른 기업들은 우리를 완전히 비웃었어요. 우리가 베이퍼웨어(vaporware)를 팔고 있다는 소문이 돌았습니다. * 회사의 공동창업자이자 당시 회장이었던 어윈 제이콥스(Irwin Jacobs)를 미치광이라고 부르기도 했지요."

퀄컴의 엔지니어와 물리학자들은 자신들이 옳다는 확신이 있었다. 하지만 계속 버티기 위해서는 기술적인 난제를 해결하는 동시에 이 신기술을 위한 실행 가능한 비즈니스 모델을 구상해야 했다. 이를 위해 새로운 요금구조를 설계했다. 요금은 비즈니스 파트너를 끌어올 수 있을 만큼 충분히 저렴하면서도 지속적으로 퀄컴의 혁신을 보조할 수 있을 만큼 높아야 했다. 퀄컴은 스스로를 공정하고 정직한 브로커로 재정립했다. 아무에게도 특혜를 주지 않고 휴대전화 제조업체와 모바일네트워크 운영업체를 끌어들여야 했다.

※ 발표만 요란하게 하고 실제로는 완성될 가망이 없는 소프트웨어를 뜻한다.

퀄컴의 시도는 업계의 기존 프랙티스와 여러모로 어긋나는 것이었다. 벨 시스템(Bell System)에 속해 있던 AT&T(American Telephone & Telegraph Co.) 와는 달리 퀄컴은 정부가 인가한 독점권도 없었고 라이선싱 경험도 거의 없었다. 상대적으로 휴대전화 업계에 인맥도 거의 없는 상태에서 모든 것을 홀로 감당해야 했다.[27] 퀄컴은 새로운 라이선싱 시스템의 디자인을 법무팀과 재무팀에 맡기지 않고 고위 경영진이 관심을 쏟아 고객서비스와 결합했다. 엔지니어, 변리사, 라이선스 협상담당자, B2B(Business-to-Business) 마케터 등을 한데 모아 디자인했다.

1990년대 중반 이후 CDMA는 다른 기술에 대체되었지만 퀄컴은 비슷한 역할을 반복적으로 수행하고 있다. 3G, 4G에 이어 최근에는 5G 송신표준에 이르기까지 차세대 모바일커뮤니케이션 기술에 투자한 뒤 자사의 라이선싱 모델을 사용해 업계에 구애하는 역할이다. 데이빗슨이 말한 것처럼 그때의 고생이 오히려 행운이었다. "당시에는 운이 좋다는 생각을 못했지만 처음에 의심받는 처지였던 것이 결과적으로는 좋은 영향을 미쳤던 것 같습니다. 매우 공세적인 조직문화를 만들어주었지요." 퀄컴의 기술적 대담함은 비범하다. 하지만 고유의 차별화된 역량을 구축한 모든 회사는 퀄컴과 비슷하게 자체적이고 구조적인 혁신을 통해 비로소 해당 분야에서 우뚝 설 수 있었다.

퀄컴의 정체성 프로필

미국 캘리포니아 주 샌디에이고(San Diego) 시에 본사를 둔 퀄컴은 모바일 커뮤니케이션을 지원하는 반도체 설계와 라이선싱 설계 카테고리에서, 그리고 최근에는 인터넷서버 카테고리에서도 글로벌 선도기업이다. 퀄컴의 비즈니스 원동력은 세계에서 가장 혁신적인 무선솔루션을 제공하고

사람들을 정보와 엔터테인먼트는 물론 서로에게 더욱 가깝게 연결하고자
하는 욕망이다. 퀄컴은 2014년 265억 달러의 매출을 올렸다.[28]

가치제안 퀄컴은 혁신기업이며 플랫폼제공 기업이다. 첨단 커뮤니케이
션에 필요한 인프라를 개발하고 제공한다.

역량체계
▶ 과학적 개념화와 실현 역량 첨단 이론으로부터 고유한 제품 콘셉트를
  개발해 어떻게 현실에 구현할 수 있을지 보여준다.
▶ '스프린트' 형식의 집중적인 혁신 역량 전통적인 스테이지 게이트 방식
  의 접근법을 뛰어넘는다. 각각의 새로운 테크놀로지 도전과제에 집중
  해 함께 작업할 엔지니어팀을 꾸려 제품과 서비스를 온라인에 신속하
  고 효과적으로 출시한다.
▶ 솔루션 지원과 실현가능성 입증 역량 복잡한 기술에 대해 제시하는 역
  량이다. 예컨대 고도로 전문화된 B2B 고객과 협업이 가능한 맞춤화된
  파견 및 서비스 센터를 보여주거나 자사의 기술이 실현 가능하다는 점
  이 입증되도록 설계된 프로토타입 제조라인을 보여준다.
▶ 탄탄한 네트워크 라이선싱 역량 탄탄한 라이선싱 능력을 근거로 자사
  의 특허에 사용권을 부여해 수익을 창출한다.

제품과 서비스 포트폴리오 퀄컴은 첨단 모바일커뮤니케이션과 네트워
킹을 가능하게 만드는 하드웨어와 소프트웨어 제품을 판매한다. 또한 통
신산업에서 자사 기술의 라이선싱 사업도 하고 있다.

역량체계의 혁신에 대한 이야기는 얼마든지 더 많이 할 수 있다. 애플, 레고, 아마존, 스타벅스 같은 회사들은 모두 기존 프랙티스의 경계를 매우 성공적으로 깨트린 것으로 유명하다. 이들의 획기적인 혁신 중 어떤 것은 작지만 강력하다. 예컨대 애플의 계산 프랙티스는 점원들이 매장 안을 돌아다니며 휴대용컴퓨터로 주의 깊게 대금 지급을 처리하는 방식이다. 이 때문에 애플스토어에서는 아무도 계산대에 줄을 서서 기다릴 필요가 없다. 이 프랙티스는 겉으로 보이는 것보다 더 중요하다. 소비자가 느낄 수 있는 짜증의 근원을 없애고 매장의 편안하고 격식 없는 환경을 더욱 강화하기 때문이다.

이런 포인트 개입과 마찬가지로 디지털 테크놀로지의 출현은 역량의 혁신을 지금까지 우리가 상상할 수 없었던 방식으로 변혁시킬 것이다. 예를 들어 은행들은 재무건전성과 관련해 사람들과 상담하고 안내하는 일에 훨씬 더 적극적인 역할을 수행하는 앱(application)을 이제 막 개발하기 시작했다.

PwC에서 개발한 미래 시나리오 중 하나는 이렇다. 어느 젊은 전문직 여성이 1650달러에 달하는 월세를 낸 뒤 앱에게 계속해서 임차를 해야 할지 묻는다. "좋은 질문입니다." 앱이 답한다. "향후 10년간 어떻게 재산을 모아야 할지 논의해보지요." 그리고 앱은 여성에게 일련의 프로그램과 서비스를 소개하고, 적당한 동네를 찾아 안내하고, 부동산 구매비용을 계산하고, 저축계획을 설계하고, 직장에 점심을 싸 갖고 다니라는 등의 조언을 한 뒤 계획을 지키라고 매일 그녀를 독려한다. 아마도 최종적으로 그녀의 세간을 새로운 집주소로 옮겨줄 이삿짐센터까지 앱은 찾아줄 것이다.

이런 일을 완수하는 데는 몇 해가 걸릴 테지만 은행은 앱의 형태로 여성의 손목이나 주머니에 항상 있으면서 과정 전체를 함께할 것이다. 이 같은 일을 위한 기술적인 역량은 이미 완성되어 있다. 하지만 테크놀로지 자체는 핵심적인 혁신요소가 아니다. 은행은 비즈니스 모델을 다시 구성해 모바일 기기를 게이트웨이로 삼아 고객 행동에 영향을 미치는 안내자로서의 역할을 수행하도록 완전히 새롭고 비용효과적인 방법을 찾아내야 한다. 이런 종류의 역량을 개발했거나 고객이 충성을 바칠 만한 신뢰받는 어드바이저로서의 정체성을 개발한 금융서비스 기업은 아직 없다.[29]

역량 지향적 인수합병

역량은 딜메이커의 전략레이더에서 항상 높은 위치에 있어야 한다.* 그럼에도 역량이 가치창출을 위한 근본적인 수단이 아닌 상대적으로 사소한 요소로 취급받는 일이 너무나 잦다. 하지만 스타벅스, 아마존, 다나허 코퍼레이션처럼 역량을 구축하고자 하는 눈으로 유망한 인수 대상 기업을 바라보면 인수합병에서 훨씬 더 높은 효과를 거둘 수 있다. 그리고 전반적인 가치창출에서도 더 성공적일 수 있다.

몇 년간 우리는 상대적으로 성공한 인수합병에 대해 연구를 수행했다. 이 중 몇 가지는 1장에서 간단히 언급한 바 있다. 가장 최근에 수행된 2015년 연구에서는 2001~2012년 사이에 발표된 전 세계 540개 주요 기업의 인수합병 거래를 분석했다. 화학, 필수소비재, 전기와 가스 공급, 금융서비스, 헬스케어, 산업재, 정보기술, 미디어, 유통 등 아홉 개 분야에서 가장 규모가 큰 60건의 딜을 뽑은 것이다.

전략과 실행의 맥락에서 보았을 때 인수합병 딜은 크게 세 종류로 나눌 수 있었다. 딜의 분류는 인수기업이 투자자, 언론, 규제당국에 보내는 의향서 (LOI: Letter of Intent, Statements of Intent)를 살펴보면 쉽게 파악할 수 있다.

---

* 딜메이커(dealmaker)는 인수합병 시장에서 인수합병을 주선하고 거래를 성사시키려고 애쓰는 사람이다.

레버리지 딜(leverage deals)은 인수하는 모기업의 역량체계를 활용할 수 있는 제품과 서비스를 선호한다. 다나허는 레버리지 딜을 하는 것으로 잘 알려져 있다. 다나허 비즈니스 시스템을 적용했을 때 성과가 개선될 만한 기업을 인수하는 것이다. 스타벅스 역시 레버리지 딜의 이력을 갖고 있다. 스타벅스는 종종 시애틀커피(Seattle Coffee) 같은 체인점을 통째로 매입해 스타벅스 매장으로 바꿔 회사를 확장한다.

시멕스도 레버리지 딜을 잘 활용한다. 시멕스는 1980년대 멕시코에서 경쟁사였던 세멘토스 아나후악(Cementos Anáhuac)이나 세멘토스 톨테카(Cementos Tolteca) 등을 인수했고 1992년에는 스페인의 시멘트업체인 발렌시아나(Valenciana)와 산손(Sanson)을 인수했다. 1990년대 후반에는 다수의 남미 시멘트업체를, 2000년대 초중반에는 미국의 시멘트업체 두 곳을 인수한 바 있다.[30] 이들 기업은 시멕스로 통합된 뒤 솔루션 제공자라는 시멕스의 가치제안과 모든 역량을 공유하고 있다.

강화 딜(enhancement deals)은 인수하는 모기업이 갖고 있는 역량체계의 간극을 메우기 위해 인수합병을 하는 경우다. 예컨대 스타벅스가 2012년 1억 달러를 들여 라 블랑제(La Boulange) 베이커리 체인을 인수한 것이 한 예다. 당시 스타벅스에게는 고품질의 빵과 케이크를 새롭게 출시하는 것만이 문제가 아니었다. 라 블랑제를 인수한 덕에 스타벅스는 차별화된 음식, 그러니까 매장 분위기를 음식 냄새로 망치지 않도록 그릴 없이 음식을 제공하는 능력을 개선할 수 있게 되었다.

아마존은 2009년 온라인 구두매장인 자포스(Zappos)를 인수해 고객서비스에 대한 전문성을 높일 수 있었다. 또한 2012년 로봇 주도형 창고관리 기업으로 알려진 키바 시스템즈를 인수해 자동화된 유통물류 체계에 큰 변화를 가져왔다.[31] 언더아머는 2013년 맵마이피트니스를 인수하고 2015년 엔도몬도(Endomondo)와 마이피트니스팰(MyFitnessPal)을 인수해 핵심역량인 피트니스 장비 역량과 연결되는 디지털 역량을 구축할 수 있었다.

강화 딜은 잘 관리되지 않으면 위험할 수 있다. 인수합병의 성공이 피인수 기업의 사람과 기술을 통합하는 인수기업의 능력에 달려 있기 때문이다. 대부분의 강화 딜은 인수한 뒤 장기간의 보유가 필요하다. 이 기간 중에 두 회사는 각자가 새롭게 보유하게 된 역량을 어떻게 소화할지, 인수기업은 피인수 기업에게서 배울 수 있는 환경을 어떻게 조성할지 파악하게 된다.

제한적 적합성 딜(limited-fit deals)은 보다 높은 성장을 달성하기 위해 주로 수행된다. 다각화를 지향하는 딜이며 역량과는 그다지 관계없을 수도 있다. 제한적 적합성 딜은 다른 것에 비해 성공률이 훨씬 낮다.

PwC의 연구에서 일관되게 발견된 결과는 인수합병이 발표된 뒤 2년 안에 총주주수익률로 판단했을 때 가장 즉각적으로 성공적인 결과를 낳은 딜은 레버리지 딜이었다는 점이다. 레버리지 딜은 제한적 적합성 딜보다 평균 14.2퍼센트포인트 더 높은 성과를 올렸다. 강화 딜 또한 제한적 적합성 딜보다 수익률이 평균 12.4퍼센트포인트 더 높았다. 다만 가장 성공적인 강화 딜 사례는 가장 성공적인 레버리지 딜 사례보다 수익률이 더 높았다.

합병의 성공 여부는 합병후통합(PMI: Post Merger Integration)의 품질에 달려 있다. 저자들이 수행한 모든 연구에서 역량 적합성이 높은 인수합병은 다른 형태의 인수합병보다 지속적으로 현저히 높은 성과를 보여주었다.[32]

역량 적합성은 주로 인수를 통해 구성된 다나허가 왜 그렇게 좋은 성과를 올리는지 설명해준다. 얼핏 보면 다나허는 서로 잘 맞지 않는 복합기업처럼 보인다. 다나허는 콜모젠(Kollmorgen), 팬톤(Pantone)과 같은 산업재, 플루크(Fluke), 테크트로닉스(Tektronix)와 같은 테스트와 측량도구, 카보(Kavo), 커(Kerr)와 같은 치과용 의료도구, 라디오미터(Radiometer), 헤모큐(HemoCue)

와 같은 생명공학, 길바코 비더루트(Gilbarco Veeder-Root), 하크 인스트루먼
츠(Hach Instruments)와 같은 환경측량과 제어, 라이카(Leica), 베크만 인스트
루먼츠(Beckmann Instruments), 비디오젯(Videojet), 폴(Pall)과 같은 과학중심
회사 등을 포함해 폭넓은 분야에서 사업하고 있다.

하지만 다나허의 인수 조합은 우연의 산물이 아니다. 다나허는 인수할 기
업을 신중하게 고른다. 때로는 인수를 실행하고 후속작업을 하는 데 몇 해가
걸리기도 한다. 그리고 인수 근거는 항상 같다. 과학기술에 우호적인 고객
기반을 가졌고, 재무적으로 어려움을 겪고 있으며, 운영과 비즈니스 규율에
서 다나허의 역량으로 부활시킬 수 있는 회사가 인수 대상이다. 2016년 현재
다나허는 두 개의 회사로 분사를 진행하고 있으며 각각의 그룹에 보다 맞춤
화된 두 가지의 새로운 역량체계를 구축하려고 하고 있다.

PwC의 인수합병팀은 다나허를 연쇄적인 기업인수 회사로 분석했다. 다
나허는 1995년에서 2011년 사이 31개의 인수를 실행했고 이는 다나허 시가
총액의 72퍼센트를 차지한다. 31개의 인수는 거의 모두 레버리지 딜로 분류
할 수 있다. 각각의 인수에서 다나허는 자사의 역량체계를 신제품이나 서비
스 영역에 적용했다. 대체로 인수한 회사와 브랜드명은 바꾸지 않았지만 다
나허 비즈니스 시스템과 그 밖의 핵심 프랙티스는 항상 적용했다. 이렇게 고
도로 집중화된 인수합병 프로그램으로 지난 16년간 다나허의 주가는 15배
나 올랐다. 스탠더드앤푸어스500(Standard&Poor's 500) 지수뿐 아니라 다나
허의 경쟁사들을 훨씬 앞서는 실적이다.

5장에서 보다 상세히 살펴보겠지만 다나허는 회사를 인수하고 나면 새로
합류한 임원들의 온보딩을 완료하는 데 몇 달을 보낸다. * 또한 최고경영진

※ 온보딩(onboarding)은 신규 임원이 회사 분위기에 익숙해지도록 돕는 다나허 특유의 문화
적응 프로세스다.

을 다른 회사로 주기적으로 옮기게 해 다나허 고유의 날카로운 차별화된 비즈니스 지식이 그룹 안의 모든 회사에 골고루 스며들도록 한다. 그 밖에도 다나허는 교차형 플랫폼과 영역 교차형 교육훈련을 제공해 그들의 프랙티스를 보완하고 있다. 이렇게 보면 다나허가 그토록 응집성이 있는 것이나 그 응집성이 다나허가 새로 진출하는 모든 사업 분야에까지 미친다는 것이 그렇게 놀랍지는 않다.

게다가 다나허가 레버리지 딜을 하는 회사로 알려져 있지만 다나허의 대부분의 딜은 회사의 역량체계를 강화하기 위한 지향점도 동시에 갖고 있다. 가장 크게 성공했던 몇몇 인수는 사실상 레버리지와 역량 강화를 한 거래에서 동시에 활용하는 다나허의 능력에서 나온 것인 듯하다. 전략과 실행 사이의 간극을 꾸준히 일관된 방식으로 좁히는 것이다.

"회사를 인수하면 새로운 것을 배우게 됩니다." 다나허의 짐 리코(Jim Lico) 부사장의 말이다. 그는 다나허가 분사한 뒤 산업재 부문 새 기업의 CEO가 될 예정이다. "치과 관련 사업에는 우리가 기존에 알지 못했던 훌륭한 영업관리 프랙티스가 있었어요. 플루크와 하크를 인수했을 때는 좋은 제품관리법을 배웠습니다. 테크트로닉스와 그 밖의 몇몇 생명과학 사업을 인수했을 때는 기술개발, 최첨단 연구개발, 소프트웨어 개발 등에 대해 더 많은 것을 배웠습니다. 이런 교훈은 전부 다나허 비즈니스 시스템에 통합되었어요. 이 시스템에 대해 우리가 말할 수 있는 가장 중요한 점은 우리 포트폴리오가 진화하면서 이 시스템도 함께 개선되고 변화된다는 것입니다."[33]

장기적으로 보면 강화 딜이 레버리지 딜보다 수익성이 더 좋을지 모른다. 시간과 관심을 투자하고 새로 유입된 역량을 회사 시스템과 통합하고 제품과 서비스 포트폴리오에 적용하는 데 필요한 자본을 투자할 수만 있다면 말이다. 역량의 전부나 일부를 인수해 다른 것과 결합할 수도 있다. 물론 그보다 좋은 것은 역량을 활용하거나 강화하는 모든 인수가 근원적인 촉매제로서 역할을 하는 것이다. 좋은 인수는 혁신과 지속적인 개선을 향한 노력에 불을 붙여 강력하고 집중적인 개입을 가능하게 한다.

마지막으로 사업의 일부를 역량을 보다 잘 활용할 수 있는 다른 기업에게 매각하는 것도 생각해볼 수 있다. 예컨대 2013년 퀄컴은 운송과 물류관리를 위한 인공위성 기반의 추적과 메시징 시스템을 제조하는 옴니트랙스(Omni-tracs)를 처분했다. 이 사업은 1985년 처음 시작했을 때부터 퀄컴의 일부였다. 퀄컴은 2013년 비스타 에쿼티 파트너스(Vista Equity Partners)에 옴니트랙스를 매각하면서 기자들에게 다른 모기업 아래에서 더 좋은 성과를 낼 것이라고 믿는다고 밝힌 바 있다.[34]

대부분의 기업에서 역량 구축에 대한 전체적인 접근법은 집중적 개입, 역량 혁신, 역량 지향적 인수합병 등 세 가지의 조합이 포함되어야 하며 이 모든 것이 동기화되어야 한다. 각 단계마다 역량은 더욱 강해지고 회사의 응집성은 커질 것이다. 사람들은 확립한 새로운 프랙티스와 사례를 반복해 연습하면서 어떤 것이 잘 작동하고 어떤 것이 그렇지 않은지 보다 긴밀하게 관심을 기울일 것이다. 역량체계를 시범 가동한 부문이나 그것이 자연스럽게 존재하는 부문에서 효과적으로 작동하게 되면 이제 역량을 확장할 준비가 된 것이다.

역량체계의 확장

고유의 차별화된 역량을 구축하는 데는 비용이 많이 든다. 고정비용이 상당히 들어갈 뿐만 아니라 경영진의 커다란 관심도 필요하다. 투자가 잠재가치를 발휘하도록 하려면 몇몇 곳에만 초점을 맞추고 이것이 회사 전체와 사업하는 모든 곳에 스며들게 해야 한다.

많은 기업들은 이렇게 하는 대신 소규모의 비밀실험실이나 엘리트 특수부대를 운영하고자 하는 유혹에 빠지고는 한다. 고유의 차별화된 역량은 높은 잠재력을 지닌 소수 엘리트나 수행할 수 있는 일종의 장인의 기교라고 생각하기 때문이다. 엘리트가 장시간 일해 특별한 성과를 내고 기업의 나머지 구성원은 평소대로 응집성이 없는 방식으로 허둥대는 식이다. 이런 방식으로는 성공할 가능성이 거의 없다. 특히 역량을 확장하는 데 성공한 응집성이 있는 회사를 경쟁자로 두고 있다면 더욱 그렇다.

따라서 고유의 차별화된 역량을 성공적으로 확장하는 것은 CEO의 어젠다 목록에서 최상단에 두어야 한다. 역량체계를 확장하는 최선의 방안은 회사마다 다르지만 그래도 핵심에는 두 가지 공통과제가 있다.

첫 번째는 회사 안의 여러 기능부서들 사이의 경계를 초월하는 것이다. 이것만 해도 달성하기 어려운 성과다. 두 번째는 두 가지 형태의 지식 사이에 균형을 잡는 것이다. 두 가지 지식의 형태란 사람들의 행동과 습관에 들어 있는 암묵적 지식(tacit knowledge)과 공유가 가능하도록 표현(코드화)되고 공식화된 형식적 지식(explicit knowledge)을 의미한다.

이 일은 전사적으로 활동을 집중화하고 체계화하면서 동시에 참여와 실험을 촉진하는 것이다. 결국 회사가 속한 산업이나 회사의 크기와 관계없이, 고유의 차별화된 역량을 회사 전체로 확장하는 것은 경영진이 할 수 있는 일 중 가장 어려우면서 가장 필요한 일이다. 이 두 가지 과제를 보다 상세히 살펴보자.

기능적 경계를 초월하기

이 책을 위해 조사와 연구를 시작할 때만 해도 우리는 조직설계(organizational design)에 대한 이야기를 많이 듣게 되리라고 예상했다. 창조적이고 역량이 풍부한 회사들은 조직구성 방식이나 구조 개혁의 가치에 대해 많이 신경을 쓸 것이라고 생각했다.

하지만 인터뷰를 하다 보니 연구 기업들은 조직형태와 구조가 회사의 정체성과 함께 개발되면서 자연스럽게 진화하도록 내버려두는 편이었다. 사실 우리가 조직설계에 대해 아는 점을 돌아보면 당연한 일이다. 우리 동료인 개리 닐슨(Gary Neilson)이 지적했듯이 최선의 조직설계란 '목적에 맞는(fit for purpose)' 것이기 때문이다. 여기서 목적에 맞는다는 말은 특정 회사의 고유의 차별화된 역량을 강화하기 위한 설계를 뜻한다. [35]

조직설계에서 드러난 반복되는 패턴은 한 가지밖에 없었다. 이는 고유의 차별화된 역량을 확장하는 능력과 긴밀하게 연관되어 있었다. 우리가 연구한 기업들은 각자 자기만의 방식으로 기능 사이의 경계를 초월하고 있었다.

보다 더 전통적인 회사에서는 역량 관련 업무를 독립적인 기능부서에서 따로따로 처리하고 있다. 대개의 회사에서는 고객관계관리 업무는 마케팅부서에 속하고, 예산관리는 재무부서에, 공급망관리는 운영부서에, 아웃소싱은 구매부서에, 교육훈련은 인사부서에, 신제품개발은 연구개발부서에 속하게 마련이다. 어떤 역량은 다양한 모습으로 여러 기능부서에 동등하게 걸쳐 있기도 하다. 예를 들면 정보기술, 인사, 운영부서는 아웃소싱 역량을 각자의 버전으로 보유하고 있으며 다른 기능부서가 갖고 있는 아웃소싱 역량에 대해서는 어렴풋하게만 이해하고 있을 뿐이다.

기능적 조직모델의 시작은 1850년으로 거슬러 올라간다. 기업에서 최초로 등장한 기능직 형태는 일정관리 업무를 하던 철도전신 오퍼레이터들이었다. 그다음으로 영업부서, 재무부서, 연구개발 실험실이 생겨났다. 토머스 에디슨(Thomas Edison)과 알렉산더 그레이엄 벨(Alexander Graham Bell)의 초기 실험실도 여기에 해당한다. 기업이 차츰 성장하면서 '전사 스태프(corporate staff)'라고 불리는 조직도 함께 성장했다. 오늘날 기업조직에는 기능적 모델이 완전히 각인되어 있어 이제는 의문을 제기하는 사람조차 없다. 사업부문은 생겼다가 없어지기도 하지만 재무, 인사, 마케팅, 정보기술, 법무, 연구개발 등의 부서는 영원할 것으로 보인다.

우리가 말하는 것이 기능부서를 없애라는 뜻은 아니다. 누구도 기능부서의 가치를 부인할 수는 없다. 어떤 기업도 이들 부서 없이는 유지되지 못할 것이기 때문이다. 이들은 핵심활동을 관리하기 위한 중요한 기술을 갖고 사람들을 이끄는 필수적인 업무를 수행한다. 하지만 많은 기업들에서 기능부서는 고유의 차별화된 역량과 뚜렷한 연결고리 없이 그저 존재만 하기에 기업의 비응집성을 부추기고 전략과 실행 사이의 간극을 넓히는 경향이 있다.

어떻게 보면 기능부서는 기업 안에서 전문성의 원천으로 여겨진다. 이 때문에 보통의 기능부서는 세계적인 수준의 기업에 있는 다른 기능부서를 모방하고 싶어 한다. 불가피하게 이들과 비교되기 때문이다. 하지만 다른 측면에서 보면 이들은 기업의 코스트센터(cost center, 원가 중심점)이자 지원부서로 사내 다른 구성원들의 니즈를 주어진 예산한도에서 최대한 빨리 충족해야 하는 책임을 안고 있다. 5장에서 살펴보겠지만 실제로 예산배분 과정 전체가 이를 촉진하고 강화한다.

그래서 기능부서의 리더들은 필요한 자원을 유지하기 위해 자기 부서의 기능적 업무범위를 보호하고 확대하려는 동기를 갖고 있으며 그렇게 노력하게 된다. 일선 부서들로부터 종종 상충하는 요구를 받아 끝없이 조율하기에 기능부서들은 대개 눈앞의 문제를 해결하는 데 뛰어난 기술을 갖게 된다. 그래서 이들은 가장 중요한 고유의 차별화된 역량보다는 임시방편에 관심을 쏟게 된다. 이런 압박과 유혹에서 벗어나는 유일한 전략적 방법은 기능부서와 역량을 연결하는 것이지만 대부분의 기업에서 이는 고려하기조차 쉽지 않다.

기능적 조직모델은 전략과 실행 사이의 간극 때문에 고군분투하는 기업이 왜 그렇게 많은지 설명해주는 중요한 배경 중 하나다. 기능부서 모델은 기업이 여러 일을 잘 처리할 수 있게 하지만 동시에 그 어떤 일에도 빼어날 수 없게 만든다.[36) 기능부서 사이의 경계가 뚜렷하면 역량 관리를 위한 구성요소는 없어지게 된다. 누가 역량의 오너인지, 역량에 사용된 비용을 어떻게 추적할지, 역량을 전략이나 역량 상호 간에 어떻게 연결할지 분명하지 않게 된다.

역량 확장 작업의 상당 부분은 기능부서 사이의 한계를 초월하는 것에 달려 있다. 고유의 차별화된 역량은 본래 교차기능적이기 때문이다. 가장 중요한 역량체계는 수십 년 전 설계된 역량 배합에는 제대로 들어맞지 않는다. 사실 강력한 역량체계가 갖고 있는 차별성 중 상당 부분은 서로 다른 배경, 기량, 테크놀로지, 관점을 가진 사람들이 함께 일하며 프랙티스와 프로세스를 구축할 때 창출되는 불꽃으로부터 시작된다.

프리토-레이의 매장직송 역량은 정보기술, 마케팅, 물류, 유통, 재무분석 분야가 함께 협력하는 것이다. 이케아의 제품 디자인 프로세스에는 디자인, 소싱, 배송, 제조, 고객통찰 등이 포함되어 있다. 애플 고유의 직관적인 제품과 사용자 인터페이스 디자인 또한 고객통찰, 엔지니어링, 제조, 마케팅, 유통의 협업을 필요로 한다. 이 모든 사례에서 각 기능부서들은 순차적인 것이 아니라 공동으로 협력해서 작업했다. 프로젝트를 '담 너머로' 서로에게 던지는 것이 아니라 함께 생각하는 것이다.

가장 흔한 조직화 솔루션은 교차기능팀이다. 특정문제를 해결하기 위해 문제와 관련 있는 여러 부서에서 사람들을 끌어모아 만든 위원회다. 하지만 교차기능팀은 대개 효과적이고 효율적인 해결책을 제시하기에 한참 부족하다. 먼저 모인 사람들 각자의 사고방식(ways of thinking)의 차이부터 해결해야 하는데 여기에 필요한 시간을 확보하기 어렵다. 또한 교차기능팀을 구성하는 각 기능들 사이에 우선순위가 충돌하거나 책임 소재가 분명하지 않은 문제 등으로 제약을 겪기도 한다.

게다가 이런 팀들은 대개 임시조직이다. 팀은 프로젝트 종료와 함께 해체되고 팀원들이 다시 함께 일할 기회를 얻기란 쉽지 않다. 그리고 이런 교차기능팀이 회사 안에 너무 많다. 팀의 수가 많으면 많을수록 더욱 빠르게 증식하는 경향도 있다. 모든 교차기능팀이 임시조직이라면 회사는 이런 장애를 극복할 동기를 굳이 찾으려고 하지 않을 것이다.

영구적인 형태로 만들어진 교차기능팀은 상대적으로 상황이 낫다. 예를 들어 최근 점점 늘고 있는 연구개발, 마케팅, 고객통찰, 정보기술 등으로 이뤄진 혁신그룹은 장기적인 조직이다. 이 같은 조직은 여러 이질적인 기능부서의 기술을 한데 모아 새로운 제품이나 서비스를 출시하도록 돕는다.

이들 팀 중 일부는 상대적으로 비공식적이며 다른 일부는 조직구조에 중대한 변화를 가져오기도 한다. 화이자 컨슈머 같은 경우에는 포트폴리오 관리 역량을 개발하기 위해 프랙티스별 커뮤니티를 만들기도 했다. 변호사, 보건전문가, 마케팅전문가 등으로 이뤄진 조금은 덜 공식적이면서도 지속적인 네트워크를 만든 것이다. 화이자 컨슈머의 커뮤니티는 핵심 아이디어와 베스트 프랙티스를 전 세계 곳곳에 있는 브랜드와 제품 그룹에 확산하는 데 도움을 주었다.[37]

영구적인 교차기능팀에서부터 공식적인 역량팀(capabilities team)까지 가는 길은 멀지 않다. 역량팀은 기존의 기능적인 조직구조에서 완전히 벗어나서 운영되며 새로운 직무를 담당하는 고위 임원이 이끈다. 최고디지털책임자(CDO: Chief Digital Officer), 최고리스크책임자(CRO: Chief Risk Officer), 최고혁신책임자(CIO: Chief Innovation Officer) 등이다. 역량팀의 팀원은 아무리 전문적인 기술을 가졌다고 해도 교차기능적인 경력이 있어야 한다. 자신이 보고해야 하는 사람이 자신과 비슷한 배경을 갖고 있지 않을 수 있는데 이들은 하나의 역량과 그에 관한 모든 프로젝트에 공동으로 헌신하는 사람들이기 때문이다. 회사의 기능부서들은 프로젝트를 관리하는 것이 아니라 역량팀에 파견된 직원을 교육 개발하며 부서별 관련 기능에 대해 전문적인 지도를 하는 것에 초점을 맞춘다.

역량팀이 운영된 실제 사례로 이케아의 지속가능팀과 나투라의 공급망관리협의회 등이 있다. 나투라 협의회의 권한에는 소싱, 제조, 물류뿐 아니라 판매 컨설턴트들과의 관계 중 일부도 포함되어 있다. 역량팀 모델은 교향곡을 연주하는 오케스트라에 비유할 수 있다. 지휘자가 오케스트라 전체의 연주 작업과 역량에 책임을 지지만 연주자는 도움이 필요한 경우 지휘자가 아닌 특정 악기의 대가에게서 지도받을 수 있는 것이다.

선견지명이 있는 기능부서의 리더는 이런 변화가 자신을 덮칠 때까지 무작정 기다리지 않는다. 회사가 역량체계의 현황을 평가하는 데 도움을 주고 역량체계의 잠재력을 실현하기 위한 방법을 제안하는 등 이미 첫발을 떼고 있다. 이는 회사에 필요한 전략적 파트너로서 기능부서 리더에게 요청되는 새로운 임무이기도 하다. 즉 개별 구성원의 요구가 아니라 회사 전체가 필요로 하는 일을 수행하는 것이다.

암묵적 지식과 형식적 지식 사이에 균형 잡기

이제는 고전이 된 경영학 서적『지식창조 기업(The Knowledge-Creating Com-pany)』에서 경영학자 이쿠지로 노나카(Ikujiro Nonaka)와 히로타카 다케우치(Hirotaka Takeuchi)는 대부분의 기업에서 고유의 차별화된 역량을 운영하는데 사용되는 지식은 암묵적(tacit)이라고 주장했다.[38] 암묵적 지식은 업무를하는 사람들의 마음속에 들어 있는 것으로 습관에 따라 추종되며 현장직무교육훈련(OJT: On-the-Job Training)을 통해 전수된다.

암묵적 지식은 체계를 갖춘 방식으로 문서로써 기술하기가 어렵다. 암묵적 지식은 주로 기능부서나 사업부문에서 직접 일하는 것을 통해서만 배울수 있기에 회사 안의 각 부서마다 차이가 날 수 있다. 즉 회사 안의 특정 부서가 다른 부서보다 훨씬 뛰어날 수 있는 것이다.

암묵적 지식을 확장하기 위해서는 이를 '엘리트 특수부대'라는 한정된 범위 밖으로 끌어내야 한다. 암묵적 지식이 밖으로 표출되어 형식화(explicit)되어야 한다. 체계적으로 수집되어 레시피(recipe, 음식조리법)나 업무순서를 명확하게 기술한 설명서의 형태로 기술되어야 한다. 알고리즘이나 청사진처럼프로세스와 기술적 배치에 내재화해 누구든지 레시피를 읽으면 업무를 수행할 수 있도록 해야 한다. 이처럼 명문화된 업무순서나 프랙티스는 모든 수준과 모든 장소에서 반복되어야 하는 표준 프랙티스로 다뤄져야 한다. 그렇지않으면 회사는 지식의 일관된 가치를 상실하게 되고 고유의 차별화된 역량또한 잃게 된다.

역량을 명문화하는 일은 역량의 청사진을 만드는 것과는 다르다. 청사진은 역량을 설명하고 명문화의 필요성을 포함해 역량이 작동하는 법을 기술한 것이다. 이에 비해 명문화는 회사 전체에서 역량을 실행에 옮기는 데 사용되는 지식, 즉 내재화된 설명서다.

암묵적 지식은 선택적으로 수집되어야 한다. 자신을 차별화하는 지식에 의식적으로 초점을 맞춰야 한다. 사람들이 회사에서 무엇을 하는지, 그들로부터 타인들이 무엇을 배울 수 있는지 질문을 받았을 때 이들이 맨 처음 내놓는 대답은 아마 가장 중요한 것은 아닐 것이다. 조금 더 깊이 탐색하고, 평소의 평범한 인식을 뛰어넘어, 사람들이 의식적으로 업무 지식이라고 인식하는 것이 아닌 무의식적인 습관 속에 새겨져 있는 것을 명문화해야 한다. 회사를 차별화하는 핵심과 들어맞지 않는다면 사람들이 중요하다고 생각하는 것 중 75~80퍼센트는 버려야 할 수도 있다.

암묵적 지식을 지나치게 기계적으로 명문화하려는 유혹에도 저항해야 한다. 단계별 업무방법과 절차를 만들고 테크놀로지에 내재화해 많은 사람들이 같은 방식으로 업무를 처리하는 법을 배우도록 만들고 싶을 수도 있다. 하지만 암묵적 지식을 명문화하는 이유는 모든 것을 표준화하거나 창의성을 방해하는 데 있지 않다. 그보다는 사람들이 업무방법과 절차에 익숙해져 전체 회사가 필요로 하는 정체성과 역량을 지키면서도 자신만의 환경에 이를 적용하는 것이다.

역량에 내재된 암묵적 지식에 대해 주인의식을 고취할 필요가 있으며 지식이 확장하면서 운영되는 동안에는 혁신을 장려할 필요가 있다. 레시피를 따르는 모든 사람에게 마스터 셰프가 될 수 있는 기회를 주어야 한다. 각 단계를 숙달해서 방법과 절차가 더는 필요 없도록 해야 한다.

이 지식이 다시금 암묵적 지식이 되고 제2의 본성이 되는 것이다. 여러분의 회사가 이렇게 할 수 있다면 자신만의 가치 있는 변화를 만들어낼 만큼 숙달되고, 자신이 회사의 가치제안에 어떻게 어울리며 기여할지 이해하며, 역량체계 안에서 자신의 위치를 인식하고 지속적으로 서로에게서 배우는 사람들로 회사가 가득 차게 될 것이다.

조직학습 전문가인 로버트 퍼트넘(Robert Putnam)이 말했듯이 "기술의 학습은 레시피를 보는 데서 시작한다. 연습 없이 레시피의 개념이 제2의 본성이 되지는 않는다. 하지만 제2의 본성이 될 때까지는 효과적으로 그 내용을 연습할 수 없다. 여러분은 일련의 규칙을 따라 이 딜레마를 피할 수 있다." 적어도 초기에는, 더는 규칙이 필요 없어질 때까지는 퍼트넘의 조언을 따르는 것이 좋다. 39)

최고역량책임자(CCO: Chief Capability Officer)를 두는 등 역량 지향적인 구조를 만드는 것은 형식적 지식(집중화된 명문화)과 암묵적 지식(분산된 창의성) 사이의 균형을 쉽게 찾도록 해줄 것이다. 구조가 어떻든 고유의 차별화된 역량을 지속적으로 개선하기 위한 프로세스는 필요하다. 사람들이 일하는 방법, 절차, 그 밖의 자신들이 따르는 표준화된 프랙티스에 대해 자유롭게 발언할 수 있다고 느껴야 한다. 자신의 발언이 존중되고 제안이 올바른 경우 일하는 방법이나 절차가 빠르게 조정될 수 있다고 느낄 필요가 있다. 사람들은 정보를 공유하고 서로에게서 배울 수 있는 기회가 필요하다. 그리고 명문화의 모든 측면에서 연결되어야 한다. 여기에는 프로젝트의 성공 여부를 판단하기 위한 합의된 지표도 포함된다. 그리고 학습된 것을 실천할 수 있는 자율성도 필요하다.

예를 들어 프리토-레이는 매장직송 역량에 엄격한 업무절차와 지표를 갖추고 있다. 업무순서를 분명하게 정의하고 있고 현장에서 데이터를 보내기 위해 밟아야 하는 단계도 명확하다. 하지만 지역담당 매니저들은 지속적으로 업무절차와 지표를 개선하는 데 참여하고 있으며 회사가 현장에서 들려오는 소리로부터 지속적으로 배울 수 있도록 하고 있다. 다나허는 모든 수준에서 주기적으로 리뷰 회의를 열고 있으며 다나허 비즈니스 시스템의 효과나 그와 관련된 모든 지표, 프랙티스, 규정에 대해 회사의 누구라도 의문을 제기할 수 있도록 장려하는 조직문화를 갖고 있다.

일단 역량이 명문화되어 확장되고 나면 그 뒤에는 지속적으로 사용이 가능하다. 때로 회사가 길을 잃더라도 역량이 사라지지는 않는다. 1980년대 중반 스포츠 의류업체인 아디다스는 매우 놀라운 방식으로 이를 체험한 바 있다. 그 결과 거의 파산해가던 회사가 회생했다.

독일 바이에른 주 뉘른베르크 근처 작은 마을에 본사를 둔 아디다스는 1949년 아돌프 다슬러(Adolf Dassler)가 설립했다. 아디다스라는 이름은 창업자의 이름에서 따온 것이다. 다슬러는 헌신적인 고성능 운동화 디자이너였는데 경쟁사보다 무게가 3분의 2밖에 되지 않는 축구화를 디자인하기도 했다. 이 회사는 1954년 축구 월드컵에서 서독팀의 우승에 그들의 축구화가 기여했다는 평가를 받으며 명성을 얻었다. 다슬러가 가진 스포츠계 인맥과 선수들의 니즈에 대한 통찰에 힘입어 아디다스는 경쟁 스포츠 분야에 맞춤화된 운동화 개발에 전문가적 지식을 가진 회사로 알려지게 되었다.

다슬러의 지식은 비록 지시문이나 프로세스로 명문화된 것은 많지 않았지만 신발 프로토타입과 디자인 실험작을 전시한 소규모 박물관에 집대성되어 있었다. 그러나 1978년 다슬러가 사망한 뒤 회사는 창업자의 지식에 관심을 잃고 말았다. 그 대신 니콜라스 인드(Nicholas Ind), 오리올 이글레시아스(Oriol Iglesias), 메이켄 슐츠(Majken Schultz) 등 경영학자들의 의견에 따라 아디다스는 패션과 가격으로 나이키(Nike)와 푸마(Puma)에 경쟁을 시도했다. 하지만 수익은 꾸준히 곤두박질쳤고 1989년에는 파산과 적대적 인수를 당하기 직전에 이르렀다.

아디다스는 회사를 구하기 위해 듀라셀(Duracell)의 마케터이자 열렬한 유도팬이었던 르네 예기(René Jäggi)를 고용했다. 예기는 곧 전 나이키 매니저인 피터 무어(Peter Moore)와 롭 스트라저(Rob Strasser)를 고용하고 아디다스의 박물관을 둘러보게 했다. "박물관을 5분 정도 둘러보고 저는 바로 알아차렸지요." 무어의 회상이다. "이 사람들이 손에 금광을 쥐고 있다는 사실을요. 그런데 자신들이 뭘 가졌는지 전혀 모르고 있더군요."[40]

박물관에서 오래된 아디다스 신발의 프로토타입이 발굴되면서 과거로부터 살려낸 암묵적 지식으로 회사는 활력을 되찾게 되었다. "아디다스는 역사와 기록을 보관하기 위한 아카이브를 다시 만들기 시작했습니다."* 인드, 이글레시아스, 슐츠의 설명이다. "수집가들로부터 신발과 옷을 다시 사들이고 오래된 아디다스 상품을 기증해주길 요청했어요. 매니저들에게는 현재 작업에 대해 생각해보고 무엇을 저장하고 문서화하고 싶은지 돌아보게 했지요. 아디다스는 회사의 아카이브를 재창조했습니다. 여기에는 2014년 기준으로 9만 개의 제품과 10만 개의 이미지가 보관되어 있지요." 그리고 다슬러의 노트도 여럿 보관되어 있다.

물론 과거의 실험작을 수집하는 것만으로는 충분하지 않다. 무어와 스트라저는 한두 가지 성공적인 제품보다는 운동선수 친화적인 디자인 역량을 폭넓게 구축하도록 연구자 그룹을 새로 만들고 지원했다. 아디다스는 다슬러가 했던 것처럼 운동선수들과 협업해 실험적인 새로운 신발을 생산하기 시작했다. 그중 이큅먼트(Equipment)라고 불리는 라인은 경량 디자인과 진정성에 초점을 맞추었다. 이큅먼트는 나중에 퍼포먼스(Performance)로 이름을 바꾸었는데 현재 아디다스 매출의 75퍼센트를 차지한다. 이렇게 활력을 되찾은 혁신 역량을 통해 생산된 다른 신발인 스탠 스미스(Stan Smith) 테니스화는 600만 켤레 넘게 팔렸다.

※ 아카이브(archive)란 역사적 기록, 물품 등의 유산을 정리, 보관하는 박물관 같은 장소를 일컫는다.

여러분의 회사에는 아디다스에서처럼 가치제안과 연결된 설립자의 잊힌 박물관 같은 것은 없을지도 모른다. 하지만 여러분의 조직에도 사업과 깊은 관련을 가진 암묵적 지식창고는 분명히 있다. 대다수가 아직 포착되거나 수집되지 않았을 뿐이다. 암묵적 지식은 대화나 행동의 형태를 띠고 있다. 신입직원이 입사했을 때 들을 수 있는 말들, 예컨대 '우리 회사에서 일하는 방식(how we do things around here)' 같은 것이 그렇다.

여러분의 목표는 성공적인 사업의 이면에서 숨어 있는 지식창고를 찾아내는 것이다. 그리고 이를 수백, 수천 명의 사람들이 같은 생각을 하도록 확장하는 것이다. 단지 상부의 지시를 따르는 것이 아니라 사람들이 스스로 지식의 소유자가 된 것처럼 받아들이도록 한다. 책의 뒷부분에서 다루겠지만 집단적 탁월성(collective mastery)이라고 부를 수 있는 운영방식은 응집력이 있는 회사의 조직문화를 이루는 천성이 된다.

암묵적 지식과 표출된 형식적 지식 사이의 균형을 성공적으로 잡을 수 있다면 역설적이지만 결과는 매우 효과적이다. 사람들이 줄을 맞춰 행진하면서도 그들 스스로 사고할 수 있게 된다. 스타벅스는 암묵적 지식과 형식적 지식 사이에서 균형을 잡는 데 달인이다. 보상카드와 휴대전화 결제를 활용하는 것에서 매장 디자인 원칙까지 스타벅스는 프랙티스와 방법을 명문화해 전 세계에 고유의 차별화된 외양과 느낌을 확장할 수 있었다. 물론 스타벅스는 현지 입맛과 관심에 맞는 제품과 서비스를 제공할 수 있는 현지만의 자율성 또한 보장하고 있다. 전 세계에 완벽하게 똑같은 스타벅스 매장은 하나도 없다. 매장의 위치에 따라 메뉴와 가격이 모두 다르다. 스타벅스의 프로모션에는 현지 매장의 책임자가 관리하는 지역사회 관련 조치가 포함된다.

이케아도 스타벅스처럼 암묵적 지식과 형식적 지식 사이의 균형을 관리하는 데 뛰어나다. 전 세계의 모든 이케아 직원은 동일한 기본 가이드라인을 문자 그대로 따른다. 왜냐하면 회사의 기본 가이드를 따르는 것이 회사의 가치제안과 역량체계를 강화하는 바른 길이라고 믿기 때문이다. 그렇지만 무언가 변화가 필요하다고 생각될 때는 공개적으로 의견을 제시하도록 모든 직원에게 권장하고 있다. 직원들 또한 자신들의 제안이 충분히 경청되리라는 사실을 잘 알고 있다.

"우리의 핵심가치 중 하나는 기업가 정신입니다." 인터 이케아 시스템즈의 CEO인 토브욘 루프의 말이다. "모든 사람이 이케아의 콘셉트를 개선하기 위해 솔선합니다. 물론 매우 엄격하며 조직화된 영역도 있습니다. 콘셉트 설명서를 보시면 매장이 어떻게 보여야 하고, 어떻게 건축되어야 하며, 사람들이 어떻게 들어와야 하고, 동선을 어떻게 설계해야 하며, 출구가 어디에 있어야 하는지 나와 있습니다. 레스토랑이 어디에 위치하고 어때야 하는지, 어떤 음식을 제공하고, 어떤 스타일을 가져야 하며, 가격은 어때야 하는지 등이 모두 상세히 지정되어 있다는 것을 알 수 있지요. 콘셉트 내용은 대부분 고정적입니다만 직원들은 저항하지 않습니다. 직원들은 회사의 콘셉트가 매우 오랫동안 시험되어 왔고, 회사가 끊임없이 새로운 시도를 하고 있으며, 그중 좋은 것이 발견되면 콘셉트의 일부로 반영한다는 사실을 잘 알고 있으니까요."[41]

일상 업무를 넘어서

회사마다 구체적인 내용은 다를지라도 이 장에서 설명한 세 가지 활동, 즉 역량체계의 청사진을 작성하고, 역량을 구축하며, 역량을 확장하는 활동은 모든 기업에게 공통적으로 중요하다. 이들 활동은 일상의 업무를 넘어서는 훈련된 집중력을 필요로 한다.

이 길을 따라가다 보면 여러분과 함께 일하는 사람들은 역량 구축 활동을 참여와 창의성의 형태로 내재화할 것이다. 사람들은 그들이 하는 일과 그들 스스로를 동일시한다. 직원들이 회사의 역량체계와 자신과의 직접적인 연결 고리를 찾고 역량이 직원들의 일상 활동과 습관에 깊이 새겨지면 회사는 굉장한 양의 정서적 에너지를 활용할 수 있게 된다. 여러분 회사의 역량체계의 본질은 다음 장에서 보듯이 기업 조직문화의 핵심요소가 될 것이다.

4장

조직문화의 힘을
활용하라

ST
RA
TE
GY
THAT
WORKS

HOW WINNING COMPANIES CLOSE
THE **STRATEGY-TO-EXECUTION** GAP

여러분 회사의 가장 큰 자산은 무엇인가? 이것은 우리가 전략과 실행 사이의 간극을 없앤 회사의 리더들과 인터뷰할 때 종종 던졌던 질문이다. 답은 거의 예외 없이 조직문화(corporate culture)였다.

시멕스의 인사부문 책임자인 루이스 에르난데스(Luis Hernández)는 조직문화가 "회사를 성공시키는 역량을 강화하는 행동을 낳는다"라고 말했다.[1] 하이얼의 CEO 장루이민은 "하이얼과 다른 기업의 차이를 만드는 주요 요소는 바로 우리의 문화"라고 말한 바 있다.[2] 이케아의 잉카그룹 CEO인 피터 앙게피젤은 "이케아의 문화는 복제하기가 매우 어렵습니다. 우리의 빌리(Billy) 책장이나 소매 판매나 창고는 베낄 수 있겠지만 우리의 문화를 무슨 수로 베끼겠어요?"라고 말했다.

다나허 코퍼레이션, 레고, 나투라 코스메티코스, 퀄컴, 스타벅스의 리더들도 비슷한 말을 남겼다. 조직문화는 항상 우호적이지는 않다. 때로는 사람들에게 엄격해지기도 한다. 하지만 조직문화는 항상 전략적인 힘의 원천으로 여겨진다.

물론 평범한 회사의 임원들도 조직문화에 대해 자주 이야기한다. 그러나 이들은 대개 조직문화를 극복해야 할 대상으로 묘사한다. 기업이 성과를 올리는 데 장애가 된다는 것이다. 부정적인 문화요소를 없애고 새로운 요소를 구축하기 위해 '사내문화 개혁(culture change)' 이니셔티브를 출범시키고는 한다. 이런 노력은 대개 헛수고로 끝나기 일쑤다. 조직문화라는 것이 그렇게 쉽고 빠르게 바뀌지 않기 때문이다.

어떤 조직이든 조직문화는 다면적이고 복합적이며 영향력이 있는 무언가다. 조직문화란 기업 안에서 구성원이 공유하는 행동, 사고, 감정, 가치, 마음가짐이 모여 있는 저수지다. 문화는 조직에서 가장 공통적인 프랙티스에 영향을 미친다. 이 프랙티스는 상당수가 공식적이기보다는 비공식적이며 사람들이 의식적으로 인식하거나 말로 명확하게 표현하지 않더라도 스스로 받아들인 것이다.

암묵적 지식처럼 문화도 통제에 의해 관리되는 것은 아니지만 영향력은 실제적이다. "문화의 힘은 강력합니다." 조직문화라는 개념을 최초로 만들어낸 매사추세츠공과대학교 슬론경영대학원 에드거 샤인(Edgar Schein) 교수의 말이다. "왜냐하면 우리의 의식 밖에서 작동하기 때문입니다."[3]

대부분의 회사에서 문화는 사람들이 사물을 바라보고 서로에게 말하는 방식을 통해 드러난다. 서로를 칭찬하고 비판하는 방식, 벽에 붙은 포스터, 책상 위에 놓인 잡다한 물건을 통해 드러나기도 한다. 무엇보다 문화는 사람들이 회사에서 중요한 것이 무엇이며 어떤 사람이 회사에 잘 맞고 어떤 사람이 맞지 않는지에 대해 서로에게 이야기할 때 드러난다. 따라서 여러분은 전략과 실행 사이의 간극을 좁히고 응집성을 강화하기 위해 의도적으로 선택한 새로운 이야기를 사람들에게 들려줘야 할 필요도 있다. 회사를 특별하게 만드는 역량에 대한 이야기, 우리가 어떤 업무를 왜 지금의 방식대로 하게 되었는지에 대한 이유, 회사에게 도전이 되었던 사건과 임직원이 이에 대응하기 위해 했던 일들, 회사의 역량과 태도의 진화과정 등이다. 사실 이런 이야기들은 이 책을 쓰기 위해 조사를 시작할 때부터 계속해서 반복해 등장한 것들이다.

사람들에게 새로운 이야기를 들려주기 위해 특별히 스토리텔러가 될 필요는 없다. 하지만 회사에 널리 퍼져 있는 이야기들을 인식하고 그 이야기들이 기업 정체성에 얼마나 부합하는지는 잘 이해할 필요가 있다. 만약 이야기 중에 서로 심각하게 상충하는 것이 있다면 이 장의 뒷부분에서 살펴보겠지만 그중 정체성에 더 부합하는 이야기를 골라 부각시켜야 한다.

회사의 조직문화는 귀중한 자원이다. 조직문화와 함께 일하는 법을 배우면 고유의 차별화된 역량을 훨씬 쉽게 개발할 수 있다. 상대적으로 응집성이 높은 회사에서는 전략과 실행이 긴밀히 연결되어 있어 임직원들이 자신과 회사의 전략 사이에 개인적 연결고리를 찾을 때 조직문화가 필요한 지원을 해준다. 또한 전략을 실행으로부터 분리하는 장벽, 예컨대 기능 사이의 장벽 등을 허물어준다. 여러분 회사의 가장 두드러지는 고유의 차별화된 역량과 조화가 잘 이뤄진 조직문화는 사람들이 놀라운 일을 성취할 수 있게 한다.

대부분의 기업 리더들은 조직문화의 힘을 이해하고 있다. 하지만 이 힘을 어떻게 활용해야 하는지는 확실히 모르는 경우가 있다. 조직문화를 활용하기 위해서는 전략과 실행 사이의 간극을 좁히는 과정에서 조직문화가 어떻게 진화하는지 이해해야 한다. 그리고 이 과정에서 조직문화의 도움을 어떻게 받을 수 있는지 이해해야 한다.

이 장에서 주요 요점은 크게 세 가지다. 먼저 회사의 정체성이 조직문화를 형성하는 방식을 탐색한다. 그다음으로 우리가 연구한 모든 회사가 공통적으로 갖고 있는 문화의 세 가지 요소를 검토한다. 세 가지 요소란 감정적 헌신(emotional commitment), 상호책임성(mutual accountability), 집단적 탁월성

(collective mastery)이다.

마지막으로 여러분이 이미 진행 중인 문화적 진화과정에 속력을 더하기 위해 존 카첸바흐(Jon Katzenbach)가 개발한 '소수의 핵심인자(critical-few)'에 초점을 맞춘 방법론을 설명한다. 응집성이 있는 회사들은 이와 같은 방식으로 조직문화를 사용해 전략적인 정체성에 생명을 불어넣고 진정으로 스스로를 차별화한다.

고유한 조직문화를 조성하라

피터 앙게피젤은 이케아의 조직문화가 복제하기 어렵다고 했는데 이는 매우 중요한 이야기다. 다른 것들도 그렇지만 특히 응집성이 있는 회사의 조직문화는 독특하고 재현하기가 어렵다. 예컨대 다른 유통체인들이 스타벅스나 자라의 사례를 그대로 도입한다고 해도 똑같은 성과는 나오지 않는다. 스타벅스나 자라의 직원들이 지금의 방식대로 행동하는 이유는 시간의 흐름에 따라 성장한 조직문화가 지금의 행동을 독려하고 강화하기 때문이다.

능력 있는 많은 사람들은 고유의 차별화된 역량을 가진 회사에서 일하고 싶어 한다. 회사의 조직문화에 감정적으로 연대하고 있다고 스스로도 자각하지 못할 수 있지만 바로 조직문화가 이들을 이끄는 것이다. 사람들은 고유한 무언가의 일부가 되고 싶어 한다. 따라서 전략과 실행 사이의 간극을 좁힌 회사에서는 사람들이 조직문화를 바꾸려고 애쓰지 않는다. 자신을 특별하게 만들어준 조직의 독특한 특성을 아끼고 이 요소들을 계속해서 내세우려고 애쓸 따름이다. 다른 곳에서는 개인적인 요소일 뿐이라고 일축되는 문화요소가 응집성이 있는 회사에서는 회사가 되고자 하는 이상적 정체성을 강화하는 역할을 한다.

예컨대 나투라 코스메티코스의 조직문화가 어떻게 회사의 정체성을 표현하고 강화해왔는지 살펴보자. 제품 디자인에서 본사 건축양식에 이르기까지 나투라의 모든 구조물과 제품은 그들이 공유하는 목적과 가치(purpose and values)를 보여준다. 심지어 나투라의 연차보고서는 다음과 같은 문구로 시작된다. "삶이란 관계의 사슬이다. 이 우주에서 홀로 서 있는 것은 없다."4)

조직문화는 나투라의 가치제안에서 핵심을 이루는 판매 컨설턴트와의 관계를 강화하는 데 매우 큰 역할을 한다. 나투라와 열대우림의 원료 공급업체와의 관계에서도 비슷하게 작동한다. 약속은 지켜야 한다는 나투라의 굳은 의지에서 이 회사의 조직문화가 끼친 영향을 읽을 수 있다.

조직문화는 사람들이 회사에 대해 이야기하는 방식에도 반영되어 있다. "나투라는 언어가 주도하는 회사입니다." 나투라의 브랜드 담당 이사인 아나 알베스(Ana Alves)의 말이다. "우리는 이야기를 들려줍니다. 나투라의 이런 조직문화는 부분적으로는 브라질 문화에 뿌리를 둔 것이기도 합니다. 브라질 사람들은 무언가를 이해할 때 부분적으로는 그것을 느끼는 것으로 이해합니다."

나투라의 건축에서도 그들의 조직문화가 드러난다. 브라질 상파울루 주의 한 도시에 자리한 나투라 본사의 방문자들은 6층 규모의 유리와 철골빌딩과 마주하게 된다. 상단의 세 개 층은 기둥 위에 지어져 공기의 흐름을 확보하고 활 모양의 다리는 사람들이 멈춰 서서 주위 숲의 경관을 둘러보도록 자극한다. 회사는 본사 건물이 완공된 2009년 이래 주기적으로 본사 주변의 자연 생태계를 복원하기 위해 묘목심기 운동을 해왔다.5)

나투라 본사에서 북쪽으로 7500여 킬로미터를 올라가면 나투라만큼 응집성이 있는 회사인 다나허 코퍼레이션의 본사가 나온다. 하지만 조직문화는 두 회사가 완전히 다르다. 다나허의 문화는 운영효율성, 강력한 실행력, 사무적 솔직함을 중심으로 구축되었다. 다른 회사들을 인수해 만들어진 회사면서도 항상 높은 성과를 올려야 하고 서로가 서로를 도와 지속적으로 발전해야 하는 회사에서 꼭 필요한 문화라고 할 수 있다. 다나허의 문화에 느슨함이나 우유부단함이 끼어들 자리는 없다.

어떤 사업부문이든 성과가 떨어지는 시기가 있다는 점은 다나허 사람들도 모두 이해한다. 다만 그 원인과 대책에 대해 바로 설명할 수 있게 준비되어 있어야 한다. 많은 데이터에 기반을 두고 꾸밈없이 이야기할 수 있어야 한다. "시시한 성과를 내세우는 일은 다나허에서 그다지 안전하지 못하지요." 다나허에서 11년 일했고 현재는 다른 제조기업의 CEO로 재직 중인 스티븐 심스의 말이다.

다나허의 글로벌 본사는 워싱턴 D.C. 중심부에 세워진 빌딩의 한 층을 수수하게 차지하고 있다. "우리는 비정치적이고 비관료적이다." 이 회사의 조직문화 선언문 중 일부다. 다나허의 부사장인 짐 리코는 다음과 같이 덧붙였다. "우리는 소기업의 영혼을 갖고 있습니다. 창고가 가득 차면 회사 사람들이 모두 영업에 달라붙어 금요일에 제품을 출고할 수 있게 하거나 최고경영진이 기술지원 요청전화에 대답하던 시절을 여전히 기억하고 있지요. 이런 시절은 이미 오래전에 끝났지만 소기업다운 문화를 기억하고 오래도록 지켜가고자 애쓰고 있습니다."

전략과 실행 사이의 간극을 없앤 것으로 이 책에서 평가받은 다른 회사들도 다나허와 비슷한 강렬한 그림을 모두 그려낼 수 있다. 애플, 아마존, 스타벅스는 모두 특유의 조직문화로 유명하다. 프리토-레이, 인디텍스, 레고, 퀄컴 등에서도 유사한 고유의 감성을 찾을 수 있다. 이들은 조직문화를 당연한 것으로 받아들이지 않는다. 게다가 이들이 가진 조직문화는 회사의 역량체계와 직접적으로 연결되어 있다.

나투라는 환경과 사회적 지속가능성을 달성하기로 말로만 약속한 것이 아니다. 나투라 사람들은 회사가 약속을 어떻게 달성하는지 알고 있다. 이는 나투라 고유의 차별화된 역량 중 하나이기 때문이다. 조직문화는 사람들의 믿음을 반영할 뿐만 아니라 사람들이 탁월하게 잘하는 것을 반영하고 있다. 행동이 이야기가 되고 이야기가 다시 새로운 행동을 낳는다. 이 모든 것은 회사의 가치제안과 역량체계와 연결된다. 이것이 바로 이들의 조직문화가 서로 그렇게 다른 이유다.

여러분은 여러분의 회사가 표준적이고 특징 없는 조직문화를 갖고 있으며 다른 회사와 비슷하다고 생각할지도 모른다. 하지만 여러분 회사의 조직문화 역시 고유하다. 오랜 시간에 걸쳐 여러 요소가 축적되어 오늘날에 이르렀기 때문이다. 창업자와 핵심 리더들의 출신 배경, 지리적 근원, 주요 기능, 인수합병의 역사, 구조적 제약 등이 조직문화를 형성하는 요소다.

예컨대 지리적인 근원이 다르면 기업의 조직문화도 다르다. 실리콘밸리(Silicon Valley)에서 태어난 회사들은 네덜란드나 싱가포르에서 생겨난 회사들과는 분명 다른 조직문화를 갖고 있다. 고도로 규제를 받는 산업의 조직 분위기는 자유로운 산업의 분위기와는 분명히 다른 조직문화를 갖게 한다. 여러분의 회사의 조직문화는 이렇게 다른 어떤 기업과도 다르며 바로 그 차별성이 여러분의 강점이 될 수 있다.

이제 전략과 실행 사이의 간극을 좁혀 나가는 과정에서 차별성을 공표하고 활용할 때가 되었다. 이와 함께 헌신을 장려해 가치제안에 생명력을 불어넣을 수 있다. 조직문화는 회사의 정체성 중에서 '근본적으로 쿨한' 부분, 즉 사람들을 끌어들이는 부분이라고 생각하면 된다. 회사의 조직문화를 이야기할 때는 조직문화가 회사의 역량체계와 회사가 창출하는 가치를 반영하는 방식에 대해 말로써 명확하게 표현해야 한다.

1장에서 개괄한 비관습적 리더십의 다섯 가지 행동 중 '정체성에 헌신하라'와 '전략을 일상 업무로 전환하라' 등 처음의 두 가지 행동에 여러분이 착수했다면 이미 여러분의 회사에 명확화가 일어나고 있을 것이다. 역량을 구축하고 확장하려고 노력하는 과정에서 회사의 임직원이 어떤 놀라운 일을 해낼 수 있는지 이미 강조되었을 것이기 때문이다. 자연스럽게 사람들은 자신의 역량에서 정체성을 찾는다. 뛰어난 기술을 가진 동료로 가득 찬 엘리트 조직과 공유되는 역량이라면 더욱 그렇다. 재무적인 숫자나 추상적인 사명문이 아니라 자신의 역량으로 스스로를 정의하는 회사들은 엄청난 문화적 이점을 누린다.

마지막으로 조직문화의 차별성이 강점이기는 하지만 응집성에 자연스럽게 따라오는 세 가지 공통적인 문화적 요소가 있다. 감정적 헌신, 상호책임성, 집단적 탁월성이다. 이들은 1장에서 개괄한 비관습적 리더십의 다섯 가지 행동을 여러분이 실행하면 자연스럽게 나타나는 것이다. 대부분의 회사는 이 세 요소가 부분적으로나마 친숙할 것이다. 전략과 실행 사이의 간극을 좁혀가면서 점차 세 요소에 대한 의존도를 높여갈 수 있다. 이제 비관습적 리더십 행동의 자연스러운 결과물인 세 요소를 보다 상세히 살펴보자.

감정적으로 헌신하라

여러분이 비관습적 리더십의 다섯 가지 행동 중에서 앞의 두 가지를 수행해 회사가 보다 선명한 정체성과 강력한 역량체계를 갖추었다고 가정해보자. 여러분이 알아차릴 첫 번째 변화는 사람들의 감정적 헌신의 수준이 높아지는 것이다. 임직원들이 회사의 정체성을 이해하고 정체성에 스스로가 연결되어 있다는 사실을 느끼게 되면 기꺼이 회사에 보다 많은 것을 내주게 된다. 회사의 성공을 자신의 성공으로 여기기 때문이다.

감정적 헌신을 정확하게 측정하는 것은 불가능하다. 임직원의 참여의식 조사에서도 신뢰할 만큼 드러나지 않을 수 있다. 하지만 임직원들의 헌신에 관심을 기울이는 사람들은 그 실재를 느끼고는 한다. "어느 유통매장이든 한 번 들어가 보세요." 스타벅스의 설립자 하워드 슐츠의 말이다. "그러면 들어간 매장의 점주든, 판매원이든, 카운터 사람이든 상관없이 그들이 제품에 대해 어떤 감정을 갖고 있는지 느낄 수 있을 것입니다. 오늘날 백화점에 가보면 고객을 대하는 직원들이 제대로 훈련받지 못한 모습을 보게 됩니다. 어제까지 진공청소기를 팔다가 오늘은 의류매장에 있는 식이지요. 그런 방법으로는 감정적 헌신이 작동하지 않아요."[6]

어떤 회사에서는 감정적 헌신이 회사 정체성의 한 측면, 이를테면 제품에 대한 몰두와 함께 시작되기도 한다. 『땡큐! 스타벅스』의 저자 마이클 길은 커피에 대한 사랑을 통해 처음으로 회사와 연결되는 감정을 받았다고 한다. 많은 사람들이 나투라 코스메티코스, 레고, 애플에 끌리는 이유는 제품의 우아함에 매력을 느꼈기 때문이다. 다나허 코퍼레이션, 퀄컴은 직원들의 기술을 인정해 감정적 헌신을 이끌어낸다. 인디텍스 같은 회사에서는 직원들이 자신의 역할이 회사 전체의 일하는 방식과 어떻게 합치되는지 이해하면서 헌신하게 되기도 한다. 헌신의 최초 연결고리가 어떻든 회사가 응집성이 있으면 감정적 헌신은 확장되어 회사, 임직원, 사내 커뮤니티에 대한 강력한 친밀감으로 이어진다.

나투라의 경험은 감정적 에너지가 어떻게 회사의 관점을 바꿀 수 있는지 보여준다. 앞에서 논의했듯이 나투라의 슬로건인 '벰 에스타르 벰'은 웰빙이라는 뜻이다. 나투라의 조직문화에서 중요한 것이 무엇이냐는 질문에 사람들은 두 가지로 대답한다.

첫째는 제품과 회사가 사람들과 맺는 관계다. 나투라의 제품은 장기적 활력, 아끼는 인간관계, 개인적인 헌신의 다른 측면을 환기하는 디자인과 포장을 채택하고 있다. 나투라의 제품에는 원료가 채집되는 곳인 아마존의 열대우림을 연상시키는 향기가 사용되었다. 스킨크림은 손주가 조부모에게 선물하는 용도로 디자인되었다. '매일'이라는 의미의 토도디아(Tododia)라는 모이스처라이저(moisturizer) 제품은 전문직 직장여성에게 실용적 자부심을 불러일으킨다. 남녀 공용의 다양하고 매혹적인 향수 중에는 브라질 유머(Brasil Humor)라고 불리는 제품이 있는데 '삶에 대해 보다 유머러스한 태도(a more humorous take on life)'를 고무한다는 속뜻을 갖고 있다.

나투라는 성능이나 효과를 강조하는 방향으로 제품홍보 콘셉트를 잡지 않는 것이 특징이다. 나투라의 노화방지 크림(anti-aging cream)과 모이스처라이저는 주름을 몇 퍼센트 없애준다는 식의 약속을 절대로 하지 않는다. 이런 주장은 감정적인 헌신에 기반을 둔 나투라의 가치제안과 맞지 않기 때문이다. 나투라가 말하는 감정적인 헌신이란 사람들이 흔히 친척이나 가까운 친구들에게 하는 종류의 행동을 가리킨다.

사실 나투라가 자사 제품의 성능이나 효과를 주장하지 않는 데는 실용적인 배경도 있다. "저희의 사업부문 중 일부는 경쟁사보다 성능이나 효과가 낮다고 주장할 수 있는 제품을 만들어달라고 요청한 적도 있습니다." 나투라의 연구개발 담당 이사인 알레산드로 멘데스(Alessandro Mendes)의 말이다. "하지만 이런 식의 게임을 시작하면 연간 신제품을 서너 가지밖에 낼 수 없게 될 것입니다." 그렇게 하지 않기에 나투라는 해마다 수백 가지의 신제품을 출시한다.[7]

일상의 풍성하고 다면적이며 관계주도적인 성격을 강조하는 나투라는 자사 제품을 판매하는 사람들과 회사의 감정적인 연결을 강화해왔다. 브라질 안에서만 나투라는 150만 명의 '컨설턴트' 네트워크를 관리한다. 회사가 직접 훈련하고 화장품의 판매를 위임한 판매 대리인을 나투라는 컨설턴트라고 부른다.

나투라의 컨설턴트는 주기적으로 제품을 친구, 이웃, 지인들에게 보여준다. 일부는 집에 소규모 매장을 차려 운영하기도 하지만 대부분은 방문판매로 영업한다. 이들은 주문을 받고 제품을 나눠주고 판매대금을 수금한다. 회사는 컨설턴트들이 고객과 21일마다 연락을 취할 이유를 만들어줘야 한다. 나투라가 막 인쇄를 끝낸 제품 카탈로그에는 몇 가지 신제품들, 크리스마스나 어머니의날 같은 시즌 스페셜 제품들이 회사의 주요 제품들과 함께 수록되어 있다.

대개의 방문판매 회사는 판매원들을 다층화된 계층구조로 분화해 피라미드의 꼭대기에 부를 집중시킨다. 그와는 달리 나투라는 회사가 대부분의 컨설턴트들과 직접 연결되어 있다. 컨설턴트들은 회사가 자신들의 성공에 헌신한다는 사실을 알고 있으며 이런 감정을 회사에 되돌려준다.

나투라는 행동을 통해 감정적 헌신을 증명한다. 예컨대 이 회사는 배송문제를 해결하기 위해 영웅적인 노력도 마다하지 않는다. 나투라는 유통을 아웃소싱하지 않고 수백만 달러를 투자해 최첨단 공급망을 만들었다. 주문이 들어오면 브라질의 가장 외딴 시골까지도 2~4일 안에 배송을 완료하는 시스템을 갖추었다. 나투라는 공급망의 유연성을 매우 높은 수준에서 유지하고 있다. 새 향수나 화장품이 갑자기 인기를 얻어 다른 제품의 평균판매량보다 100배나 더 팔릴 수도 있기 때문이다.

나투라는 아울러 배송에서 매우 높은 신뢰수준을 유지한다. 거의 0퍼센트였던 배송제품의 손상·분실률이 2011년 1퍼센트 수준으로 높아졌다. 그러자 회사는 보너스 지급을 중단했고 그다음 해가 되자 이 비율은 다시 0퍼센트대로 낮아졌다. 나투라 사람들은 이 같은 조치가 단순히 성과를 압박하기 위한 것이 아니라고 말한다. 이는 회사가 컨설턴트에게 보여주는 헌신의 증거라는 것이다.

2000년대 초 나투라는 역량체계를 확장해 직원, 컨설턴트, 고객에 대한 헌신을 보다 심화했다. 지속가능경영의 3대 영역이라고 불리는 경영관리 원칙을 수용한 것이다. 이는 재무, 환경, 사회적 성공에 대한 책임을 뜻한다.[8]

여기에는 나투라가 기존에 갖고 있지 않았던 새로운 종류의 능력이 필요했다. 바로 지속가능경영(sustainability-related management) 역량이다. 이 역량의 개발은 2000년 나투라가 에코스(Ekos)라고 불리는 제품라인을 출시하면서 시작되었다. 에코스는 아마존에서 채집된 식물을 원료로 쓰는 제품이었다. 나투라의 지속가능성 담당 이사인 데니스 알베스(Denise Alves)는 다음과 같이 회상했다. "우리는 에코스에 아마존에서 유기농으로 재배되고 채집된 과일에서 뽑아낸 추출물을 아마존의 생태계에 해가 되지 않는 분량만 쓰겠다고 결정했습니다."

지속가능경영 역량을 구축하는 데 필요한 근본적인 복잡성은 경쟁사들에게는 진입장벽으로 작용했고 나투라에게는 차별화 요소가 되었다. 나투라의 구매담당자들은 열대우림의 마을로부터 원료를 수집할 때 식물이 지속 가능한 방식으로 기르고 수확된 것이어야 한다고 요구한다. 나투라는 마을에 장기적인 투자를 통해 보상하고 이를 위한 독특한 자금조달 체계를 만들었다.

또한 나투라는 가치사슬의 각 단계에서 공기와 수질오염을 줄이기 위해 성실히 노력하고 있다. 탄소와 재활용 발자국(carbon and recycling footprints)에 대한 데이터를 발표한다.* 그뿐 아니라 지속 가능한 포장방식을 디자인하고 창고와 공장에서 장애인을 위한 채용 기회를 창출하고 있다.

또 하나의 중요한 순간은 2000년대 중반 '피탕가(pitanga)'라고 불리는 원료의 재고가 떨어졌을 때 발생했다. 피탕가는 나투라의 최고 인기제품 중 하나에 쓰이는 꼭 필요한 원료였다. 다른 회사였다면 지속가능성이 낮은 곳에서 원료를 조달했을 수도 있다. 하지만 나투라는 조달 과정에서 회사의 가치가 손상되지 않는다고 확신할 때까지 생산을 중단하겠다고 발표했다.

회사가 내리는 결정을 보면서 나투라의 사람들은 지속가능성을 온 마음으로 받아들이게 되었다. 그 뒤 나투라는 지속가능경영의 3대 영역에 대한 결산보고 방식을 일관되게 사용해왔다. 세 가지 영역의 목표가 회사 안의 모든 부문에서 동시에 달성되지 않으면 보너스를 지급하지 않는다. 나투라는 또한 회사 외부에 자사의 경영 프랙티스를 투명하게 드러내는 일에 활발하게 에너지를 쏟는다. 알베스는 다음과 같이 설명한다. "우리는 패키지에 환경 관련 표를 넣어 제품 내용물을 설명하고 포장재 중 얼마가 재활용되는지를 최초로 발표했습니다. 해당 수치가 아직 그리 높지 않았을 때부터 그렇게 했습니다."

나투라의 사회적 프로그램 또한 다른 기업들이 하고 있는 일반적인 수준을 훨씬 넘어서까지 확장되어 있다. 영업, 지속가능성, 고객관계 담당 부사장인 주앙 파울루 페레이라(João Paulo Ferreira)는 나투라의 이런 모습을 다음과 같이 설명한다.

"이사회에 출석해 '새로운 유통센터가 필요합니다'라고 말하면 나투라의 이사들은 '알았고 생각해보겠습니다'라고 반응합니다. 하지만 제가 2012년에 그랬던 것처럼 '새 공장이 필요한데 이것을 열대우림 한가운데에 지으려

※ 원료 채취에서 시작해 생산, 유통, 사용, 폐기에 이르기까지 제품의 전 생애에 걸쳐 발생하는 이산화탄소 배출량과 재활용 비율을 표시한 것이다.

고 합니다. 산업의 흐름을 갖추고 있으면서도 자연과 공생하는 생태공원으로 만들어 사회에서 우리의 영향력을 높이려고 합니다. 그런데 어떻게 해야 가능할지 모르겠습니다'라고 말하면 이사회는 반드시 승인해준다는 말이지요. …… 제가 '차세대 유통센터를 디자인할 때는 직원의 최대 30퍼센트까지 정신이나 육체에 장애가 있는 인력이 일할 수 있도록 만들어야 합니다. 자폐증과 다운증후군도 포함해야 하고요'라고 말하면 '좋습니다. 바로 이것입니다. 그렇게 하세요'라고 답합니다. 이것이 나투라가 일하는 방식이지요."

이케아나 스타벅스 등 우리가 살펴본 몇몇 기업들 또한 나투라와 비슷하게 환경이나 사회적 책임에 깊이 헌신하도록 노력해왔다. 여기서 너무나 자주 무시되는 핵심요소가 감정적 헌신과 이를 지원하기 위한 역량 사이의 관계. 일부 회사는 사회적 책임에 헌신한다고 목소리를 높여놓고 나중에 절차를 무시하거나 데이터를 숨기는 등의 행위를 하는데 결국은 눈에 띄게 되고 막대한 손해로 이어지게 마련이다.

이런 회사들의 문제는 대개 필요한 역량에 충분히 주목하지 않은 데 따른 것이다. 어떻게 약속을 지켜야 할지 모르는 것이다. 그와 대조적으로 나투라가 신뢰를 얻을 수 있었던 것은 그들의 역량 덕분이다. 이제 열대우림에 관심이 있는 사람들이나 발달장애가 있는 사람들은 나투라가 자신들이 내건 약속을 지킨다는 사실을 안다. 감정적 헌신은 이제 나투라의 조직문화의 일부가 되었다.

나투라의 정체성 프로필

브라질 상파울루 주 교외의 카자마르(Cajamar) 시에 본사를 둔 나투라는 중남미의 화장품 선도기업이다. 2014년 매출액이 26억 달러에 달한다.

가치제안   나투라는 관계중심의 경험제공 기업(relationship-focused experi-ence provider)이자 평판기반 기업이다. 웰빙, 관계, 자연과의 연결을 내세우는 제품을 판매한다.

역량체계
- ► **직접 판매 유통** 나투라가 '컨설턴트'라고 부르는 자격을 갖춘 판매 대리인을 통한 독특하고 강력한 영업모델을 유지한다.
- ► **빠른 혁신** 고객, 컨설턴트, 임직원과 감정적 연결을 만들어주는 신제품을 꾸준히 개발하고 마케팅한다.
- ► **운영 탁월성** 매년 100개 이상의 신제품을 제조하고 배송하는 회사의 복잡성을 관리한다. 컨설턴트가 몇 주 간격으로 고객과 만나 관계를 강화할 수 있도록 지원한다.
- ► **창의적인 소싱** 열대우림의 원료에 독점적으로 접근할 수 있는 공급자 네트워크를 구축하고 유지한다. 이것은 임직원과 고객이 관계의 가치를 신뢰하는 지속 가능한 회사라는 나투라의 명성을 구축하는 데 도움이 된다.
- ► **지속가능경영** 환경적 책임을 기업 운영의 필수항목으로 여긴다. 회사가 하는 모든 일에서 환경적 책임이나 지속가능경영의 가치가 표현되도록 한다.

제품과 서비스 포트폴리오   나투라는 주로 중남미에서 개인용 케어 제품을 개발, 생산, 판매한다.

서로 책임을 공유하라

기업의 모든 구성원이 동일한 목표를 위해 협력하면 서로를 강력하게 동일시하게 마련이다. 사람들은 "우리가 설정한 목표를 달성하는 책임은 공동으로 진다. 이를 달성하지 못하면 서로를 저버리는 것이다"라고 생각한다. 고유의 차별화된 역량체계는 바로 이런 성격에 의지한다. 사람들이 서로의 기여를 깨닫고 만약 그런 기여가 없다면 서로 취약해질 수밖에 없다고 인정하는 것이다.

존 카첸바흐와 더글러스 R. 스미스(Douglas R. Smith)는 『팀의 지혜(The Wisdom of Teams)』라는 책에서 상호책임성이야말로 그들이 '진짜 팀(real team)'이라고 부르는 것의 가장 확실한 기준이라고 말한다. 진짜 팀이란 팀원들이 목표를 공유하고 상호 의존적으로 작업하는 팀을 말한다. 단순히 동일한 프로젝트에 배정받은 팀과는 다르다.[9]

이런 유형의 팀 기반 협업(team-based collaboration)은 고유의 차별화된 역량을 위해 특히 중요하며 본질적으로 교차기능적일 수밖에 없다. 각자의 기능부서가 아니라 전체 회사의 성공을 책임진다는 태도를 조직문화가 강화할수 있다면 고유의 차별화된 역량을 실현하기가 훨씬 쉬워진다.

상호책임성이 있는 곳에는 신뢰가 있다. 애플처럼 상대적으로 엄격한 문화를 가진 회사에서도 다른 이들이 최선을 다할 것이라는 뚜렷한 상호신뢰가 존재한다. 『인사이드 애플』을 쓴 아담 라신스키는 익명의 애플 임원의 말을 인용하면서 애플이 '탁월성의 문화(culture of excellence)'를 갖고 있다고 설명했다. "내가 할 수 있는 최고의 것을 보여줘야 한다는 생각을 모두가 갖고 있습니다. 내가 약한 고리가 되고 싶지는 않은 것이지요. 회사를 실망시키고 싶지 않다는 강렬한 욕망이 있습니다. 애플에서는 모두가 정말로 열심히 일하고 정말로 헌신적입니다."[10]

상호책임성이 있는 회사에서 경영진은 일을 완성시키기 위해 명령이나 통제에 의존할 필요가 없다. "저는 배워야 했습니다." 마이클 길은 스타벅스에서 바리스타로 일한 경험에 대해 이렇게 설명했다. "스타벅스에서는 누구도 다른 누구에게 무엇을 하라고 명령할 필요가 없다는 사실을요. 항상 '내부탁 하나만 들어줄래?'나 그와 비슷한 말을 할 뿐이었습니다."

사실 상호책임성이 있는 회사에서는 대체로 열린 실험과 모험의 조직문화가 존재한다. 보다 나은 장기적인 결과를 안정적으로 창출할 수 있다면 전체 팀이 지원해줄 것이라는 점을 사람들이 알기 때문이다. 모두가 서로의 성공에 투자했고 일을 제대로 되게 만드는 데 관심이 있다. 그 덕분에 회사의 모든 사람이 더욱 모험적이 될 수 있다.

이케아의 조직문화는 회사 구성원 사이의 상호책임성을 장려한다. 잉카그룹의 글로벌마케팅과 커뮤니케이션 담당 이사인 몬세라트 마레슈는 말한다. "우리는 수퍼스타와 디바들(superstars and divas)로 이뤄진 조직이 아닙니다. 우리는 C급 행위자보다는 C급 성과자에게 훨씬 관대합니다. 만약 제가 능력은 별로 없어도 태도가 좋고 바른 가치관을 갖고 있다면 회사가 저를 도와줄 것입니다. 같은 의미로 성과가 좋은 매장이라고 지나치게 칭찬하지 않습니다. 성과가 좋은 매장이 그렇지 않은 매장을 도와주는 것을 더 높이 평가합니다."

상호책임성을 확대하는 일은 회사의 응집성에 대한 확실한 테스트가 될 수 있다. 많은 회사들이 다양한 사업단위와 기능부서를 갖고 있다. 이들 각각은 자체예산이 있고 자체의 손익계산서를 산출하고 있다. 과거에는 이들 사업단위와 기능부서들이 서로 가깝게 협력해본 적이 없다. 회사가 고유의 차별화된 역량을 구축하고 확장하려고 한다면 사내의 여러 부서에서 온 전문가들이 보다 효과적으로 교류하도록 팀을 꾸리고 대화해야 한다. 이 과정에서 이뤄진 몇몇 대화는 우리에게 통찰을 제공한다. "저는 당신이 무슨 일을 하고 그 일이 저에게 어떻게 중요한지 지금껏 전혀 알지 못했습니다."

게다가 많은 기업들에 만연해 있고 기업의 성취를 저해하는 단기지향성과 비생산적인 내부경쟁을 상호책임성을 확대하면서 극복할 수 있다. 기업 구성원들이 일단 서로의 성공에 대해 책임감을 느낀다면 서로의 관점을 이해하기 위해 충분히 시간을 쓸 것이다.

이케아는 자신들이 가진 높은 수준의 상호책임성을 정확하게 이 같은 취지에 활용한다. 인터 이케아 시스템즈를 보유한 인터 이케아 그룹(Inter IKEA Group)의 CEO 쇠렌 한센(Søren Hansen)은 이케아의 상호책임성이 자신의 회사에서 어떻게 작동하는지 설명한다. 인터 이케아 그룹은 독립된 사옥과 재무적 독립성을 가진 회사다. 11) 다음은 '이케아의 아이디어(The Idea of IKEA)'라는 글에서 발췌한 것이다. 12)

어떤 사람은 '그것은 내 책임이 아니야'라고 쉽게 말하고는 합니다. 자신만의 연못에서 물장구나 치며 자신에게 할당된 업무나 하기를 바라지요. 하지만 이케아에선 그것만으로는 충분하지 않습니다. 모두가 문서에서 정해진 것보다 한층 더 책임감을 느껴야 합니다. 어딘가에 문제가 있다고 말하는 순간 사람들이 끼어들어 서로 돕습니다. 이 덕분에 회사 전체에 걸쳐 견제와 균형이 생겨납니다. 실제로 기능부서 사이에 명확한 구분이 없기에 최종결과에 대해 회사와 책임감을 공유하게 되는 것입니다.

상호책임성의 조직문화에서 일한 경험이 있는 사람들은 대개 그 경험을 평생 간직하는 경향이 있다. 모두가 서로의 성공에 헌신하는 환경을 경험해

보았기 때문이다. 최선의 경우 회사의 목적은 회사 구성원들의 잠재력을 실현하는 것이 된다. 회사의 목적은 투자에 대한 수익만이 아니며 주요 직원들의 책임성이 고유의 차별화된 역량에 핵심적이라는 사실을 알기 때문이다.

집단적 탁월성을 개발하라

여러분이 알고 있는 위대한 팀을 다시 떠올려보라. 여러분과 동료는 서로의 생각에 대해 잘 알고 있다. 서로의 작업이 어떻게 공동의 목적에 합치되는지 이해하고 있다. 단순히 매뉴얼을 따르는 것이 아니라 위대한 일을 함께 성취한다는 자각이 있었을 것이다.

이제는 전체 글로벌 기업조직이 그와 비슷한 방식으로 작동하는 것을 상상해보라. 그것이 바로 집단적 탁월성의 조직문화가 갖고 있는 느낌이다. 우리가 연구한 기업들에서는 집단적 탁월성이 널리 퍼져 있다. 높은 수준의 공유된 숙련도가 전사적으로 뚜렷이 보인다. 자기 일을 잘 아는 사람들이 함께하는 작업의 품질을 끌어올리기 위해 기능부서의 경계를 넘어 끊임없이 협업하고 있다. 이들은 함께하는 사고에 익숙해져 있다. 함께 문제를 해결하고, 일의 진척을 방해하는 공적인 규칙을 최소화하며, 능력 있는 사람들과 함께하는 본질적인 기쁨을 경험한다.

집단적 탁월성의 조직문화는 회사가 위대한 성취를 할 수 있게 만든다. 우리가 연구한 회사들에서는 이런 조직문화를 갖기 위해 고위 임원들의 직접적인 관여가 필요했다. 임원들은 역량체계의 청사진 작성은 물론 다음 장에서 설명할 상세한 자원배분과 같은 청사진의 구현에도 참여한다.

무엇보다도 고위 임원들은 회사의 역량체계에 관여한다. 성공과 실패에 끊임없이 관심을 기울이고 직원들이 가장 크게 기여할 수 있는 위치로 주기적으로 이동시킨다. 고위 임원들은 모든 중요한 프랙티스를 새로운 관점으로 바라보고 질문한다. 프랙티스가 얼마나 잘 작동하고 있는가? 프랙티스를 어떻게 개선할 수 있는가? 프랙티스로부터 어떤 교훈을 얻을 수 있는가? 그렇게 회사의 전략을 성취하기 위해 일상 업무에 대한 직접적인 통찰을 모은다. 이런 종류의 역량 구축 작업에 참여하려면 엄청난 노력이 필요하다. 이런 노력을 끝까지 유지할 정도로 훈련된 회사는 거의 없다. 하지만 모든 응집성이 있는 회사들은 이렇게 한다.

다나허 코퍼레이션이 임원의 교육과 학습에 접근하는 방법을 살펴보자. 이 회사의 다나허 비즈니스 시스템(DBS)은 린 경영(lean management)과 품질 운동(quality movement)에서 직접적인 영향을 받았다. 이런 접근법의 창시자인 도요타의 리더들에게서 직접적으로 배웠기 때문이다. 하지만 1980년대 중반 다나허가 DBS를 최초로 사용한 때부터 회사 임원들도 DBS에 긴밀히 참여해 이를 적합하게 맞추고 조정하며 자신들만의 것으로 만들었다. 도구와 방법론에도 마찬가지로 기꺼이 헌신했다.

"대부분의 매니저들은 도구의 적용이 마무리되면 자기가 할 일은 다했다는 마음가짐을 갖고 있습니다." 1980년대 DBS의 최초 버전을 구축했던 조지 쾨닉세커의 말이다. 그는 프로세스를 하나 개선하면 40퍼센트의 생산성 향상이 가능하다고 말한다. "하지만 400퍼센트를 개선하기 위해서는 같은 과정을 열 번이나 거쳐야 합니다. 해당 프로세스를 반복해서 다시 연구해야만 하지요."13)

3장에서 설명했던 포인트 개입과 혁신 과정을 통해 역량 개선의 기술을 지속적으로 적용하면 시간의 흐름에 따라 삶의 방식이 조직문화에 단단히 뿌리박는다. "여러분이 전략기획, 운영, 성장 이니셔티브를 검토하고 있든 공장의 작업장을 걸고 있든 모든 질문과 도전은 결국 '어떻게 하면 더 잘할 수 있는가?'의 한 측면으로 모아집니다." 다나허의 전 부사장 스티브 심스의 말이다. "이 질문이 회사 어디서나 위대하고 풍성한 논의를 이끌어냅니다."

그 결과 기업은 단순히 프랙티스만이 아닌 태도와 습관의 집합체인 집단적 탁월성을 양성하는 방향으로 형성된다. 다나허의 조직문화가 이렇게 진화한 배경 중 하나는 계속해서 다른 기업을 인수하면서 새로운 사람들이 지속적으로 합류해 역량체계의 범위가 확장해온 것을 들 수 있다.

"DBS의 규모를 어떻게 더 크게 확장할 수 있을지 10년 이상 배워왔습니다." 다나허의 부사장인 짐 리코의 말이다. "2003년 저는 DBS 사무실을 운영 중이었지요. 다나허 설립자이자 이사회 의장인 미첼 레일스가 2만 4000명의 사람들에게 앞으로 3~4년간 어떻게 DBS를 가르칠 수 있을지 저에게 묻더군요. 제 대답은 이랬습니다. '우리 회사의 전체 인원을 다 합쳐보았자 간신히 2만 4000명이야.' 그러자 레일스가 답했습니다. '그래, 하지만 앞으로 3~4년간 회사 규모가 두 배로 커질 거야. 우린 그렇게 해야 해.'"[14]

집단적 탁월성에 대한 강조는 다나허가 직원을 모집하고 합류시키며 계발하는 방식에 뚜렷이 드러나 있다. 새 임원을 완전히 온보딩하는 데는 몇 달이 걸릴 수도 있으며 이는 대개 몇몇 비즈니스에 일정기간 몰입하는 과정을 포함한다. 이는 다나허와 신규임원이 서로에게서 배울 수 있으리라는 명확한 생각을 바탕으로 한다.

다나허는 또한 최고경영진을 포함해 다양한 단계의 회의와 이니셔티브를 수행하며 DBS 방법론을 실천한다. 예컨대 다나허 임원 중 상위 20명은 주기적으로 모여 핵심역량과 관련된 도구와 테크닉에 대해 이야기한다. "우리는 서로에게서 배울 수 있는 것을 빨리 포착합니다." 선임 부사장인 행크 반 듀인호벤(Henk van Duijnhoven)의 설명이다. "우리가 운영하는 모든 회사에 모든 도구를 구현해야 하는 것은 아닙니다. 전략목표를 달성하고 품질문제를 해결하거나 운영회사의 다른 목표를 개선할 수 있는 도구를 취사선택하는 것입니다."

다나허 임원들의 정기 회의에서는 의사결정만 내리는 것이 아니라 회사의 역량이 얼마나 제대로 작동하고 있는지도 함께 살펴본다. CEO 톰 조이스(Tom Joyce)는 이렇게 말한다. "각 회사에서 엄격한 월간 운영검토회의를 가집니다. 현안을 갖고 8시간 동안 대면회의를 합니다. 굉장히 데이터 중심적인 회의입니다. 잘되지 않는 것이 무엇이고 개선할 방안이 무엇인지에 집중합니다."

다나허 리더십 컨퍼런스(Danaher Leadership Conference)는 회사가 확산과 개선을 강조하는 또 다른 조직구성체다. 일련의 40~50여 건의 프레젠테이션으로 이뤄진 컨퍼런스는 사흘에 걸쳐 운영회사의 100~150명 정도의 리더들에게 베스트 프랙티스를 발표한다.

"예를 들어 어떤 세션에서는 수질 플랫폼이 어떻게 고객의 통찰을 포착해 제품개발의 속력을 더했는지 이야기합니다." 심스의 말이다. "반면에 다른 세션에서는 '15년이 지난 뒤 마침내 정책을 배포하는 법을 배웠습니다'와 같은 이야기를 할 수 있습니다. 각각의 세션은 문제와 문제의 근본원인을 설명하고 해결하기 위해 취한 조치, 돌이켜보았을 때 개선 가능한 지점, 다른 사람을 위한 조언 등을 담고 있습니다. 그리고 이메일주소와 전화번호도 포함됩니다. 물론 그 의미는 '저에게 전화를 주시면 필요한 아이디어와 일을 시작할 수 있게 도와줄 이들을 알려드리겠습니다' 정도입니다. …… 상급 관리자들은 실제로 DBS 도구를 사용해 숙련도를 매년 평가받습니다."

우리가 살펴본 다른 기업들도 다나허와 유사하게 고위 임원들이 교육자와 학습자로 참여하게 한다. JCI 오토모티브 시스템즈 그룹은 새 역량을 가장 활발하게 개발하던 시기에 '땅 위의 기준점' 세션이라고 불린 회의를 열었다. 몇 달 간격으로 임원들이 모여 각자가 마련해온 비용절감 방안과 역량을 개선하고 강화하기 위해 고안한 방안을 보고하는 자리였다. 어떤 방안을 구현할지까지 그 자리에서 결정했다.

스타벅스는 집단적 탁월성 아이디어를 갖고 한걸음 더 나아갔다. 모든 직원을 스톡옵션을 가진 파트너로 만들어 전 직원이 집단적 탁월성을 개발하는 데 참여하게 한 것이다. 스타벅스의 직원 연수는 집중적이고 뿌리 깊은 과정이며 상당히 긴 일대일 수련과정을 포함한다. 에스프레소 머신에 대한 상세한 내용, 다양한 커피음료, 고객접대와 커뮤니티 참여 윤리를 모두 배우려면 상당한 시간과 관심이 필요하다. 예컨대 고객접대 기술을 배울 때는 계산대에서 맞을 수 있는 다양한 상황을 묘사한 역할극용 스크립트가 주어진다. 이는 모두 필수적인 과정이라는 것이 스타벅스의 설립자 하워드 슐츠의 생각이다. 스타벅스 시스템에 내재한 복잡성 때문이다. 회사는 임직원에게 회사의 바탕이 되는 깊이 있고 공유된 이해와 지식을 제공한다.

집단적 탁월성을 창출하는 것이 바로 실무적 프랙티스다. 이는 회사의 공식훈련에 포함될 수도 있고 포함되지 않을 수도 있다. 큰 기업에서 충분히 많은 사람들이 고유의 차별화된 역량에 참여하며 업무에서 중요한 것이 무엇인지 세심히 주의를 기울이면 사람들은 각자의 기술을 뛰어넘어 협업적 숙련을 달성할 수 있다. 이미 3장에서 이야기했지만 암묵적 지식, 프로세스, 프랙티스를 레시피의 형태로 명문화해 회사 전체에 확산하는 것이다.

하지만 사람들이 숙련도를 늘려 마스터 셰프가 되면 레시피는 점점 덜 엄격하게 적용되고 출발점으로써의 기능이 더 커진다. 사람들이 장기적 경험과 훈련된 창의성에서 오는 자신감과 완전한 기술을 획득하는 것이다. 이들은 다른 마스터 셰프들과 함께 작업하며 공통의 참조 틀을 얻는다. 개개인의 장인은 필적할 수 없는 규모와 범위로 함께 행동하는 것이다. 애플에 관한 책을 쓴 작가 아담 라신스키는 이렇게 말했다. "애플에서는 15개 토픽 중 13개 정도는 단 한 문장의 토론 뒤에 잘린다. 그것으로 충분하다."[15]

집단적 탁월성의 가장 구체적인 이점 중 하나가 바로 인재영입이다. 집단적 탁월성을 보유한 회사가 다른 회사보다 뛰어난 인재를 영입할 수 있다는 것은 놀라운 일이 아니다. 다른 어떤 조직보다 잘할 수 있는 것으로 스스로를 정의하는 조직은 중요한 것에 기여할 수 있는 개인과 공감대를 형성한다. 퀄컴의 엔지니어와 물리학자, 애플의 제품 디자이너, 하이얼의 플랫폼 리더, 시멘스의 고객관계매니저, 스타벅스의 바리스타가 될 수 있는 능력은 다른 곳에서 비슷한 일을 하는 것보다 더 큰 능력이다. 회사 입장에서 보면 집단적 탁월성으로 생성된 문화적 명확성은 누가 우리 조직에 맞고 누가 맞지 않는지 알아보기 쉽게 해준다. 나투라 코스메티코스의 지원자가 관계 구축에서 힘을 얻을 수 있는 사람인가? 이케아의 지원자가 검소함을 가치 있게 여기는 사람인가? 만약 그렇지 않다면 해당 지원자의 다른 직업적인 강점이 무엇이든 나투라와 이케아에선 효과적으로 일할 수 없다.

비즈니스 세계에서는 탁월성을 영웅적이고 계층적인 것으로 여긴다. 회사의 직원들이나 기능분야 전문가들은 무슨 수를 써서든 불가능한 데드라인에 맞춰 자신의 소임을 다하라고 지시받는다. 하지만 집단적 탁월성은 젊고 헌신적인 임직원들의 노력에만 의지해서는 안 된다. 집단적 탁월성이란 조직의 능력을 보다 넓은 활동 기반으로 확장해 궁극적으로 조직이 위대한 결과를 달성할 수 있게 만드는 것이다. 여러분의 회사가 지속 가능한 방식으로 탁월성을 성취한다면 진정으로 비범한 문화를 구축한 것이 될 것이다.

소수의 핵심인자를 찾아 확장하라

조직이 변화에 저항할 때 조직문화를 탓하고 싶은 유혹이 무척 커진다. 조직문화의 모든 측면이 다 긍정적일 수는 없기 때문이다. 조직문화의 동일한 속성이 어떤 때는 유익한 효과를 내지만 다른 때는 회사의 발목을 잡기도 한다. 〈표 4-1〉은 회사들의 문화적 특성과 그 장단점을 보여주고 있다.

| 표 4-1 | 조직의 문화적 특성이 갖고 있는 장단점

핵심 문화적 특성	긍정적 함의	부정적 함의
엔지니어링 지향	기술적인 우수성	상업화의 부재
명령과 통제 기반	효과적이고 원칙 있는 실행	사일로(silo, 부서 이기주의)화된 사고와 제한된 시장 진입 속도
회사 유산에 대한 자부심	자신감과 헌신	오만함과 현실 안주
돌봄이로서의 회사	충성심과 공동체의식	권리의식
개인적 명성의 중요성	합의와 준수	과도한 리스크 회피

이 장에서 앞서 언급했듯이 많은 임원들이 조직문화를 불신한다. 여러분도 회사가 필요한 조직문화를 갖고 있다는 것을 믿지 못할 수도 있지만 그럼에도 기회는 있다. 여러분의 회사는 서로 다른 목적에 기여하면서 동시에 작동하는 여러 하위문화를 갖고 있을 것이다. 때로 이런 하위문화는 과거에 여러분의 회사가 인수한 회사의 잔재문화일 수도 있다.

아니면 구체적인 기능과 연결된 하위문화가 있을 수도 있다. 정보기술, 조직개발, 영업과 같은 전문조직과 연관된 권한, 우선순위, 문화적인 가치 등이 있을지도 모른다. 기업의 전체적인 가치제안이 분명하게 표현되지 않았고 사람들은 자신의 작업이 가치제안에 어떻게 기여하는지 확신하지 못할 수도 있다.

여기까지의 설명이 여러분의 회사에 들어맞는다면 아마도 여러분은 현재 상황이 벅차게 느껴질 것이다. 현재의 조직문화를 내버려둘 수도 없고 무시할 수도 없고 완전히 바꿀 수도 없다. 그렇다면 무엇을 해야 할까? 회사에 유리하게 작용하는 조직문화의 일부분을 찾아내 그것을 맨 앞에 내세워야 한다. 여러분이 처음에 알아차린 것보다 여러분의 문화에는 더 많은 가치가 들어 있을 것이다.

이를 완성하는 한 방법으로 우리가 소수의 핵심인자(critical-few)라고 부르는 방안이 있다. 조직문화 전문가인 존 카첸바흐가 이끄는 PwC의 한 팀이 개발한 것이다.[16] 소수의 핵심인자 방법론에는 몇 가지 문화요소가 들어 있다.

- **소수의 핵심 비공식 리더** 이들은 여러분이 더 많이 보았으면 하는 행동을 보이는 사람들이다. 이들의 도움을 받아 응집성을 회사 전체에 퍼트릴 수 있다. 이들은 대개 조용하게 영향력을 미치며 응집성을 달성하는 데 강력한 우군이 되어준다. 여러분이 보지 못했을 시스템의 다양한 측면을 가이드한다.
- **소수의 핵심 감정적 공감 특성** 이 특성은 회사의 정체성과 단단히 연결된 시금석이다. 이 책에 이미 다양한 사례가 언급되었다. 애플의 '유별나게 위대한' 제품에 대한 헌신, 아마존의 고객경험에 대한 헌신, 나투라의 관계와 제품에 대한 헌신, 다나허의 지속적인 개선에 대한 헌신, 이케아의 검소함과 리더십에 대한 헌신이다. 이 특성을 언급한 뒤에는 항상 회사의 정체성과 사람들이 왜 자사의 정체성을 아끼는지 실증하는 이야기가 함께했다.
- **조직 전체에 퍼트리고 싶은 소수의 핵심 행동** 사람들이 따르면 회사가 진전하는 데 도움이 될 만한 행동 유형이다. 예컨대 시멕스에서는 매달 첫째나 둘째 날에 장부를 마감하고 결산하는 것이 이런 행동에 속한다.

"많은 매니저들이 처음에는 이렇게 하는 것이 왜 그렇게 중요한지 어리둥절해 합니다." 전략기획과 신규사업개발 담당 부사장인 후안 파블로 산 아구스틴(Juan Pablo San Agustin)의 말이다. "그들은 일곱째나 여덟째 날에 결산을 해도 문제가 없다고 생각합니다. 하지만 우리는 결산정보를 최대한 빨리 사용 가능하게 하는 것만으로도 매니저들이 올바른 의사결정을 내릴 확률이 올라간다고 믿습니다. 이 프랙티스는 매우 높은 수준에서 감독되었습니다. 당시 CEO였던 로렌조 잠브라노의 이메일 받은편지함으로 모든 결산보고서가 바로 보내졌지요."[17] 그 밖에 이런 행동으로 모든 메모를 한 쪽으로 유지하기, 복도에서 미리 의사결정이 내려지는 공식위원회 회의 없애기, 고유의 차별화된 역량에 관한 의사결정을 할 때는 반드시 두 개 이상의 기능부서 리더 참여시키기 등이 있다. 캠벨수프의 CEO 더글러스 코넌트(Douglas Conant)가 한때 그랬듯이 러닝화를 신고 매일 다른 시간에 회사 건물 주변을 몇 바퀴씩 천천히 도는 것도 한 예가 될 수 있다. 코넌트가 항상 회사 주변을 돌아다닌다는 사실을 알기에 캠벨수프 사람들에게는 CEO와 함께 걸으며 솔직히 질문하는 습관이 생겨났다. 당연히 코넌트가 장려하고자 했던 핵심 행동은 산책이 아니라 이런 열린 대화였다.[18]

소수의 핵심 비공식 리더, 특성, 행동을 갖게 되면 이제 역량체계와 함께 배치해야 한다. 각각의 역량마다 차이를 만들어낼 수 있는 한두 개의 행동을 찾는다. 물론 하나의 행동이 하나 이상의 역량에 이용될 수도 있다. 각각의 행동을 명시적으로 표현하는 방법으로 속성을 사용해 행동의 근거를 만든다. 비공식 리더들에게 이 행동의 모범이 되어 회사 전체에 가치가 전파되도록 도와달라고 한다.

【 도구 】 여러분 회사의 소수의 핵심인자 파악하기

다음의 세 질문을 통해 여러분 회사의 조직문화에서 간직해야 할 소수의 핵심인자를 파악하라. 회사의 정체성과 연결되는 요소를 찾아보라. 핵심인자는 회사의 가치제안을 반영하고 구축 중인 역량체계를 지원하는 것이어야 한다.

1. 소수의 핵심 비공식적 리더는 누구인가? 여기에는 두 종류의 사람들이 있다. '본보기(exemplar)'는 롤 모델로 회사가 도입했으면 하는 일련의 핵심 행동을 눈에 띄게 드러내는 사람들이다. '자부심 구축가들(pride builders)'은 회사 안의 가이드로 문화를 이해하도록 도와준다. 이 두 그룹은 합해서 회사 전체 임직원 수의 5퍼센트를 넘지 않아야 한다. 이들은 응집성을 향해 회사가 변화하는 것의 가치를 이해하고 다른 사람들이 헌신할 수 있도록 도와주는 전위부대다. 이들은 또한 여러분이 질문2와 질문3을 통해 특성과 행동을 포착하는 것도 도와줄 것이다.

	본보기	자부심 구축가
이들을 어디서 찾을까?	고유의 차별화된 역량을 구축하는 데 핵심 역할을 한 사람들이다. 특히 기능 부서를 넘어 협업하며 혁신했거나 부가가치를 더한 포인트 개입에 참여한 사람들이다.	동료를 관찰하고 영향을 미칠 기회가 잦은 '업무에 밀착된' 사람들이다. 공식적인 관리 지위에 있을 필요는 없다.
이들은 무엇을 제공할까?	암묵적 지식을 타인이 재현할 수 있는 방식으로, 구체적인 일상 활동으로 변환하는 경험을 제공한다.	사람들이 왜 참여하는지 이유에 대한 통찰과 사람들의 헌신을 끌어내는 방법을 제공한다.
이들이 회사의 변혁을 어떻게 도울 수 있을까?	눈에 띄는 롤 모델로 행동하며 동료들이 비슷한 역할을 하도록 비공식적으로 지도한다. 역량 청사진의 작성, 구축, 확장에 참여하고 이끈다.	실용적인 아이디어를 공유한다. 새로운 역량체계가 미치는 영향과 조직문화와의 상호작용에 대해 피드백을 제공한다.

2. 여러분이 강조하고자 하는 소수의 핵심 특성은 무엇인가? 여러분의 회사 조직문화에서 가장 좋은 면을 드러내는 몇 가지 핵심 속성을 포착한다. 이 장의 앞부분에서 설명한 고유한 특성과도 대개 많이 겹친다.

어디서 찾을까?	무엇을 찾을까?
사람들에게 물어보기: 회사를 특징짓는 특성이 무엇인지 본 보기, 자부심 구축가, 그 밖의 리더들과 만나 인터뷰한다.	구축하고자 하는 고유의 차별화된 역량을 지원하는 특성을 골라낸다. 예컨대 헬스케어나 금융서비스 기업에서 '감정이입'은 새로운 역량을 지원할 수 있다. 고객의 더 나은 의사결정을 돕는 지원서비스를 설계하는 데 감정적인 고려가 필요하기 때문이다.
이야기를 듣기: 공식적으로 수집할 수도 있고 비공식적으로 신규 역량 구축의 경험이 있는 사람을 찾아 이야기를 들어볼 수도 있다.	회사에 필요한 역량을 개발하다가 어려움에 맞닥뜨렸고 다시 그 어려움을 극복했던 도전담을 골라낸다.
시간을 거슬러 올라가기: 현재와 관련 있는 역사적인 관점을 다시 찾아본다.	아디다스 사례처럼 회사의 역사를 돌아본다. 현재 구축 중인 역량과 관련해 선행한 사건을 찾아본다.
유물을 찾아보기: 드러내고 싶은 문화를 대표할 만한 물건을 찾아본다.	나투라의 본사 건물 같은 건축적 특성, 메모, 제품 프로토타입, 오래된 기계, 보고서, 주요 행사 사진, 그 밖의 전략과 실행의 연결을 상징하는 회사의 어떤 것도 유물이 될 수 있다.

3. 향후 조직에서 보이기를 바라는 소수의 핵심 행동은 무엇인가? 현재 소수의 사람들이 주기적으로 하는 행동들이다. 만약 회사의 모든 사람이 하게된다면 전략과 실행 사이의 간극을 없애줄 그런 행동이다. 10~20개 정도의 행동 목록을 만든 뒤에 다음의 체크리스트를 이용해 서너 개로 줄여보자. '그렇다'는 답이 가장 많은 행동을 고르면 된다.

전략 지원하기	• 이 행동이 회사의 가치제안이나 역량체계와 관련이 있는가? 그 효과성에 기여할 수 있는가? • 구체적인 사업성과, 특히 회사의 역량으로 달성하기 원하는 성과로 이어질 수 있는가? • 고객과의 접점 같은 일선 현장에서 효과적인가?
신호 보내기	• 이 행동이 가시성이 매우 높은가? • 타인의 관심을 끌 정도로, 사람들이 비관습적인 방식으로 행동하도록 요구하는가? • 최고리더십 수준에서 실시되고 있는가?
증폭하기	• 이 행동이 퍼져나갈 수 있는가? 다른 사람들이 비슷한 방식으로 행동하도록 영감을 줄 수 있는가? • 다른 관련된 행동을 유발하는가? • 이 행동에 네트워크와 팀 구축이 들어가 있는가? • 계층구조의 중간계층에 적용이 가능한가?
구축이 용이하기	• 이 행동을 평범한 언어로 설명할 수 있는가? • 이 행동을 다른 사람들이 인지한 뒤에 자연스럽게 빠져드는가? • 이 행동이 질문2에서 파악된 조직문화적 특성 중 적어도 하나 이상과 잘 들어맞는가?

하이얼에서 장루이민이 오픈 이노베이션(open innovation)을 도입할 때 바로 소수의 핵심인자 접근법을 따랐다. 그가 하이얼에서 찾은 특성은 회사가

열려 있고 솔직하게 대화하는 사람들로 가득 차 있다는 것이었다. 다른 중국 기업의 매니저들과 비교해볼 때 특히 그랬다. 장루이민의 설명은 이렇다. "하이얼에서 다른 회사로 이직한 몇몇 사람들이 저에게 편지를 썼어요. 그들이 말하길 하이얼과 새 직장의 가장 큰 차이는 하이얼은 개인 사이의 관계가 투명하다는 것입니다." 따라서 그는 2012년 연구개발 프로세스에 고객을 참여시키고자 했을 때 하이얼의 매니저들 중 적어도 일부는 받아들일 수 있을 것이라고 확신했다.

"우리의 선행설계에 사용자를 참여시켜서 제품을 개발하라고 요구했습니다. …… 그러자 일부 직원들은 단호히 거부했습니다. 일부는 수동적으로 저항했고요." 장루이민의 회상이다. 하이얼은 디준(Dizun)과 티안준 에어컨 시리즈에서 고객과의 디자인 세션을 처음으로 시작했다. 새로운 유형의 고객 참여 활동을 만드는 일이었기에 이 세션에 대한 관심이 높았다. "이 그룹의 직원들에게는 실패해도 별일 아니라고 했습니다. 시행착오의 과정으로 해보는 것이라고 말했지요."

이 그룹은 결과적으로 굉장한 성공을 거두며 몇 가지 혁신을 이룩했다. 스마트폰을 이용해서 에어컨을 작동하는 기능이나 방 안의 공기 상태에 따라 색깔이 바뀌는 에어컨 디스플레이 같은 기능이 이때 이뤄진 혁신이다. 선행설계에 고객과의 대화를 반영하는 것은 이제 하이얼에서 표준 프랙티스가 되었다.[19]

소수의 핵심인자 방법론은 단순한 듯하지만 바로 단순성(simplicity)에서 그런 힘이 나온다. 이 방법론의 전제는 여러분이 필요로 하는 것은 이미 여러분의 조직문화에 들어 있다는 것이다. 단지 그것이 회사 안에 골고루 분포하지 않을 뿐이다. 어떤 사람들은 이미 바른 행동을 하고 있고, 소수의 핵심 특성은 이미 회사를 바른 방향으로 이끌고 있으며, 어떤 사람들은 이미 육성할 가치가 있다.

소수의 핵심인자 방법론으로 여러분은 응집성을 향한 회사의 움직임에 속력을 더할 수 있다. 그 결과로 나타나는 조직문화, 그러니까 감정적 헌신, 상호책임성, 집단적 탁월성, 여러분의 회사에만 있는 소수의 특성들은 힘의 원천이 될 것이다. 여러분의 회사가 이미 그러고 있을 수도 있다.

5장

선택과 집중된 비용절감으로
더욱 강하게 성장하라

STRATEGY
THAT
WORKS

HOW WINNING COMPANIES CLOSE
THE **STRATEGY-TO-EXECUTION** GAP

CʒƷ

다나허오픈 경기에 가본 적이 있는가? 텔레비전에
서 다나허500 레이스를 시청한 적은 있는가? 없을 것이다. 다나허 코퍼레이
션은 산업재 복합회사지만 대규모 스포츠 행사의 스폰서를 맡은 적은 없다.
기업 정체성과 맞지 않기 때문이다. 다나허는 기업광고나 이미지광고를 전
혀 하지 않으며 IR(Investor Relations, 투자자 관계) 관리 부서에서 PR(Public
Relations, 홍보)까지 담당한다. 그 밖에도 다나허에는 그 정도 규모의 회사에
서 있을 만한 것이 없는 경우가 많다. 예컨대 다나허에는 비싼 사무용 가구
가 없다. 최고경영진용 가구라도 마찬가지다.

다나허는 회사의 고유한 가치제안, 즉 시장에서 다나허의 게임하는 방식
을 직접적으로 지원하지 않는 활동에는 관심을 두지 않는다. 그 대신 다나허
는 회사의 정체성이 존재하는 분야에 투자를 집중하고 있다. 다나허의 정체
성이란 과학과 테크놀로지의 선두주자이며 몇몇 선택된 전문업종에서 사업
을 탁월하게 경영하는 것이다.

다나허는 고유의 차별화된 역량을 구축하는 데 돈, 시간, 경영진의 관심을
쏟아붓고 있다. 일례로 인수과정에서 합류했든 채용과정을 통해 영입되었든

새로 다나허에 들어오는 모든 임원은 다나허 비즈니스 시스템에 대해 상세히 소개받는다. 그리고 다나허 비즈니스 시스템을 쓰는 몇몇 사업체에서 일정기간 순환근무하는 등 광범위한 온보딩 프로그램을 거친다. 온보딩은 몇개월이 걸릴 수도 있는데 신규임원이 모두 거친다고 생각하면 상당한 규모의 투자다. 하지만 온보딩 과정을 거치기에 임원이 실제 사업의 고삐를 쥐었을 때 다나허의 방식대로 경영할 수 있게 되는 것이다.

역량체계와 관계없는 부분에서 다나허는 자금을 신중하게 집행한다. 과학기술 기기, 도구, 생명과학 장비, 산업도구와 부품 등 산업분야에서는 경쟁하는 데 꼭 필요한 정도만 지출한다. 앞서 말했듯이 다나허는 후자에 속하는 사업라인을 2016년에 분사하겠다고 발표한 바 있다. 그 밖의 분야에서는 더욱 지갑끈을 죈다.

신중하고 원칙 있게 자원을 활용하는 자세는 다나허가 하는 모든 일에 새겨져 있다. 이케아의 임원들처럼 다나허의 임원들도 회삿돈은 소중한 자원이며 자신은 단지 관리를 맡았을 뿐이라고 인식한다. 물론 어느 회사에서든 이런 식의 말을 한다. 대부분의 회사에서 현금은 귀중한 자원이며 현금지출을 끊임없이 절감하기 위해 노력한다.

하지만 이들은 비용을 전략과 분리해서 관리한다. 사실 비용을 추적하고 예산을 관리하는 프로세스를 가치제안과 직접 연결하거나 고유의 차별화된 역량 관점에서 예산의 효과를 고려하는 회사가 매우 드물기는 하다. 다만 회사의 비용이 전략을 온전히 지원하지 않는다면 회사가 전략을 성공적으로 실행할 가능성이 얼마나 될지 의문을 제기해야 한다.

답은 중요한 비용과 중요하지 않은 비용을 구분하는 데 집중적인 관심을 기울여야 한다는 것이다. 이 구분은 매우 중요하며 우리가 지금껏 가까이서 살펴본 대부분 회사의 삶의 방식이기도 하다. 아마존, 애플, 프리토-레이, 인디텍스, 레고, 스타벅스는 모두 최고경영진의 씀씀이가 까다롭기로 이름난 기업이다. 하지만 이들은 스스로를 차별화할 수 있는 데는 아낌없이 지출하는 기업이기도 하다. 그 결과 성공을 구가하고 있다.

다나허의 정체성 프로필

미국 워싱턴 D.C.(Washington, D.C.)에 본사를 둔 다나허는 산업재, 도구, 생명과학을 포함한 과학기술 산업에 필요한 기기를 생산하는 그룹이다. 1980년 이래 연간 주주수익률에서 스탠더드앤푸어스500 지수보다 세 배나 높았다.

2015년 다나허는 향후 회사를 두 개의 회사로 분리할 것이라고 발표했다. 하나는 다나허라는 이름을 쓰게 되는 과학기술에 집중하는 회사며 다른 하나는 다각화된 산업재 회사다.

가치제안 '회사를 세우는 회사'로서 이 통합기업은 인수합병과 탁월한 운영능력을 통해 부가가치를 더한다. 다나허의 역량은 그룹 안의 여러 회사가 B2B 카테고리의 선도기업이 되도록 한다. 전문서비스, 의료, 산업재, 판매회사로 이뤄진 그룹 안의 다양한 회사가 고품질의 믿을 수 있는 제품과 솔루션을 지속적으로 제공한다.

역량체계

► **인수와 통합** 다나허는 회사를 인수하고 통합해 다나허 비즈니스 시스템을 통해 실적을 개선해서 성공했다. 다나허의 역량체계와 잘 합치될 만한 잠재적인 인수 대상 기업의 목록을 구축했다.

► 리더십 개발 회사의 임직원이 다나허의 첨단경영 프랙티스를 학습하
  도록 참여시킨다.
► 집중적이고 지속적인 개선(다나허 비즈니스 시스템) 다나허 비즈니스
  시스템은 제품과 회사의 경계를 넘어 적용된다. 품질, 서비스, 신뢰성,
  비용 측면에서 운영개선을 주도한다.
► 과학기술 혁신 다나허의 혁신 역량은 정밀도구와 그 유사제품의 개발
  에 특화되어 있다.

제품과 서비스 포트폴리오 다나허는 1980년대 중반 이래 연매출이 거의
200억 달러에 달하는 복합기업으로 성장했다. 치과, 환경, 산업기술, 생명
과학과 진단, 테스팅과 측정 등 5개 제조부문에서 41개 사업을 갖고 있다.

전략과 실행 사이의 간극을 좁히기 위해서는 비용을 과거와는 다른 방식
으로 배분하는 법을 배워야 한다. 이런 변화를 만드는 것은 기업에게는 종종
게임의 방식을 바꾸는 대전환의 경험이 될 것이다.

이 같은 변화는 회사가 절망스러운 상황에 빠졌을 때 촉발되기도 한다. 재
정적 어려움에 봉착했을 때 빠르게 출혈을 막지 않으면 생존 자체가 위험해
지기 때문이다. 하지만 변화는 회사가 가진 열망에 의해 촉발되기도 한다.
현금 자원을 보다 신중하게 배분한다면 회사가 다른 일을 보다 강력하게 실
행할 수 있다. 또한 회사가 기존에 하지 못했던 일을 잘할 수 있으리라는 감
각을 느낄 수도 있다.

비용절감에 착수한 동기가 어느 쪽이든 여러분은 이미 회사 전체에 걸친
비용절감의 위험성을 알고 있을 것이다. 이 때문에 어떻게 회사가 약해질 수
있는지 직접적으로 체험했을 수도 있다. 하지만 이번은 다를 것이다. 성장과

긴축을 서로 상충하는 과제로 보고 비용절감을 성장기회의 포기로 여기는 대신 모든 비용절감에 대해 경쟁우위를 구축하는 방향으로 투자를 채널화하는 기회로 바라보는 것이다.

이제 역량체계에 생명력을 불어넣을 전략과 비용관리를 실행할 차례다. 각각의 사업, 기능, 프로젝트가 회사의 가치제안과 역량체계에 얼마나 연결되는지의 관점에서 이들의 가치를 새롭게 판단해야 한다. 고유의 차별화된 역량이 잠재력을 완전히 실현할 수 있도록 필요한 자원을 조달하고 그 밖의 모든 것은 새로운 비용처럼 재고해야 한다. 다시 말해 고유의 차별화된 역량이 아닌 모든 부문에서 비용을 절약해 그 돈을 회사가 고유의 차별화된 역량체계를 구축하고 유지하며 확장하는 데 투입해야 한다.

더욱 강하게 성장하기 위해 비용을 절감하는 것은 회사 조직문화의 필수적인 부분이 될 것이다. 회사의 내부투자를 전략과 연결해 기존의 예산편성에 내재된 습관적인 사고방식을 극복하고 중요한 역량을 구축하는 데 도움을 받는다. 경쟁사가 광범위하게 비용을 삭감해 스스로를 약화시키는 와중에 말이다.

비용관리를 실행하는 중에는 회사의 모든 부문을 포괄하는 실무팀을 꾸려 절감할 필요가 있는 비용을 파악해야 한다. 비용절감 실무팀은 재투자를 위한 예산을 마련하는 중이라는 인식을 가져야 한다. 하지만 이 단계에서는 아직 실무팀이 돈을 집행할 권한을 가져서는 안 된다. 본사 조직인 운영위원회(코어팀)에서 의사결정을 감독할 필요가 있다. 임원들로 이뤄진 집행위원회나 CEO가 회사 전체의 역량체계를 대표해 승인해야 한다. 회사의 투자 자금은 소중한 자원이며 절대 넉넉한 법이 없기 때문이다. 회사는 조직으로서 전체 자금의 사용에 대해 항상 최선의 결정을 내려야 한다. 이런 결정은 당연히 조직의 핵심에서 내릴 수밖에 없다.

비용과 전략의 연결을 통해 회사는 장기적으로 옳은 선택을 할 수 있는 자유, 전략과 실행 사이의 간극을 없애기 위해 필요한 선택을 할 수 있는 자유를 얻게 된다. 연간 예산계획이 아니라 전략적인 자원배분으로 이행하게 된다. 물론 이는 쉽지 않을 수 있다. 사실 대부분의 기업에게는 매우 어려운 일이다. 하지만 불가능한 일은 아니며 그 보상은 막대하다.

프리토-레이는 성장을 위해 자금을 어떻게 마련했을까

1991년 로저 엔리코가 프리토-레이의 CEO 자리를 넘겨받았을 때 이 회사의 역량체계는 여전히 개발되는 중이었으며, 여기에는 2장에서 소개된 혁신적이고 차별적인 매장직송 방안도 포함되어 있었다. [1]

하지만 회사의 성장은 지지부진했고 경쟁사로부터 강력한 위협에 맞닥뜨린 상황이기도 했다. 지난 10년간 프리토-레이와 경쟁해온 이글스낵스(Eagle Snacks)가 점차 시장점유율을 늘리며 수익을 내기 시작했던 것이다. 당시 이글스낵스는 프리토-레이 브랜드 중 가장 수익성이 높았던 도리토스를 베낀 유사품을 상당히 성공적으로 출시한 참이었다. 또한 프리토-레이의 영업담당 임원을 몇 명 빼내갔을 뿐만 아니라 머천다이징 기술에서도 획기적인 진전을 이루었고 효율적인 자체의 유통체계를 막 수립한 때이기도 했다.

그중 프리토-레이에게 가장 위협이 된 것은 이글스낵스의 다른 제품들이 사상 최초로 블라인드테이스팅 테스트에서 프리토-레이의 경쟁제품을 이기기 시작했다는 점이다. [2] 일각에서는 이것이 CEO 엔리코를 겨냥한 것이라며 입방아를 찧었다. 엔리코가 펩시코의 임원일 때 '펩시의 도전(The Pepsi Challenge)'이라는 기치를 내걸고 코카콜라 제품과의 블라인드테이스팅 테스트를 이끈 전력이 있는데 그것을 본 딴 것이라는 이야기였다.

엔리코에게 이때의 상황이 당시와 겹쳐 보였을까? 아무튼 그는 매우 단호하게 대응했다. 성과가 낮은 공장을 임시로 폐쇄하면서 품질문제에 매우 진지하게 대응한다는 메시지를 보냈다. 하이얼에서 장루이민이 냉장고를 때려부순 것과 마찬가지로 엔리코의 조치 역시 상징적인 제스처였다. 프리토-레이의 모든 임직원에게 회사의 명성이 위태롭다는 사실을 명확히 인지시키는 것이 목표였다.

엔리코는 회사가 업계에서 기존의 지배적인 지위를 어떻게 되찾을지 방안을 명시적으로 제시했다. 우선 프리토-레이는 '품질을 현실로' 만들 것이라고 선언했다. 브랜드 구축에 투자하고 제품가치를 개선한다는 것이었다. 또한 '거리를 다시 장악'한다고 선언했다. 프리토-레이의 매장직송 역량을 사용해 승승장구하는 이글스낵스의 비상을 막고 압도한다는 것이었다. 또한 '일선 현장에 권한을 부여해' 이글스낵스와 유통업체들 사이의 아직은 설익은 관계를 직접 겨냥하도록 현장조직을 재구성했다.

하지만 프리토-레이가 이렇게 역량체계를 확장하는 데는 막대한 자금이 필요했다. 엔리코는 자금을 마련하기 위해 우선 연간 1억 달러의 일반관리비를 감축했다. 삭감된 1억 달러는 해당 기능부서가 쓰는 비용의 40퍼센트에 달하는 금액이었다. 외부에서 초빙된 비용절감 전문가들은 하나같이 엔리코의 계획이 불가능하다고 했다. 15~20퍼센트 정도의 절감이 현실적이라는 것이 외부 전문가들의 의견이었다. 엔리코는 고개를 내젓고 프리토-레이가 이들의 도움 없이 자체적으로 비용절감을 수행해야 한다고 결정했다. CEO가 얼마나 진지하게 이 문제에 임하는지 전 임직원이 이해하도록 하기 위해 그는 핸드헬드 컴퓨터 제품의 개발자이자 회사의 영웅인 찰리 펠드(Charlie Feld)에게 비용절감 계획을 이끌도록 했다.

비용절감 노력의 일환으로 회사는 하루 동안 1800명에 달하는 관리직과 전문직을 해고한 적도 있다. 이런 조치는 남은 사람들까지 포함해 회사의 모든 이들에게 매우 충격적인 경험이었다.[3]

하지만 구조조정은 회사에게는 자유로워지는 계기이기도 했다. 정리해고로 인한 비용절감 효과는 단지 인건비에 그치지 않았다. 거쳐야 하는 관리 단계가 줄었고 불필요한 프랙티스를 걷어냈다. 이들은 회사에서 비용집성을 부추기는 요인들이었다. 불필요한 관리 단계나 프랙티스가 줄면서 훨씬 높은 수준의 대응력과 효율성을 이룰 수 있었다. 또한 프리토-레이의 고유의 차별화된 역량에 투자할 수 있는 자금을 만들어낼 수 있었다. 매장직송, 빠른 주기의 맛 혁신, 소비자 마케팅, 고품질 제조 등 모든 역량에서 지속적인 업그레이드와 개발이 필요했다.

회사의 마케팅 임원 중 한 명은 대량해고가 있기 직전에 롤드골드(Rold Gold) 프레첼을 만드는 공장을 새로 짓기 위해 애쓰는 한 브랜드매니저를 도와준 경험을 회상했다. 당시는 해당 제품 카테고리가 성장하는 중이어서 공급물량이 부족한 상황이었다. "새로운 생산능력을 확보해야 한다는 그 브랜드매니저의 제안은 두 번 생각할 것도 없었어요. 심지어 재무부서의 담당자들도 그렇게 생각했고요."

대략 10여 명의 매니저들로부터 필요한 승인을 받기 위한 회의는 문제없이 흘러갔다. 질문조차 나오지 않았다. 하지만 그다음 날 이 제안은 반려되었다. 반려 사유는 순전히 관료적인 것이었다. 향후 몇 년간으로 예정된 신공장 건설계획의 수립 일정에 모순이 있다는 것이었다.

대량해고가 있은 뒤 해당 브랜드매니저는 관련 매니저가 참석하는 회의를 다시 소집했다. 10여 명의 매니저 중 회사에 남은 사람들은 한줌밖에 되지 않았다. 승인 과정은 즉각적으로 이뤄졌고 해당 요청은 그 뒤 문제없이 처리되었다.

"구조조정은 겁나는 것이기는 했지요." 마케팅 임원의 회상이다. "하지만 우리는 모두 굉장히 놀랐습니다. 구조조정이 있은 뒤 일이 안되어서가 아니라 너무 잘되어서요. '신성한 소'와 같은 이니셔티브를 제거하는 것이 갑자기 쉬워졌습니다.※ 전략적 최우선순위가 아니면 회사에 실행할 만한 인력도 시간도 없었으니까요."

그 밖에 다른 큰 기회는 일선 현장에 권한을 부여하는 것과 직접적으로 관련이 있었다. 갑자기 프리토-레이는 개별 시장에 필요한 프로그램을 맞춤화하고 매장 매니저와도 훨씬 더 쉽게 협력할 수 있게 되었다. "그간 회사를 막아왔던 것은 회사가 가하는 통제였던 것입니다. 통제가 사라지면서 사람들이 항상 기억할 수 있는 목적의식과 자유가 대체한 것이지요."

2년 만에 프리토-레이의 품질은 다시 업계 최고로 돌아왔고 브랜드가치지수(brand equity scores)는 폭발적으로 상승했다. 반면에 이글스낵스는 망각되어 갔다. 프리토-레이의 다른 유수의 경쟁사들도 타격을 입었다. 보든(Borden)은 파산했고 키블러(Keebler)는 짭짤한 맛 스낵 분야에서 철수했다. 1996년 안호이저부시(Anheuser-Busch)는 이글스낵스의 다섯 개 제조공장 중 네 개를 단독입찰한 프리토-레이에게 투자금의 극히 일부만 회수하고 팔아야 했다.[4] 프리토-레이의 미국 시장점유율은 1992년 50퍼센트에서 2000년 60퍼센트 이상으로 올라갔다. 이 시장점유율은 그 뒤 15년이 지난 2015년까지도 유지되거나 심지어 더 늘었다. 기존의 비용구조와 그 구조가 낳은 응집성이 없는 경영 프랙티스가 계속 이어졌다면 절대 불가능했을 성취다.

※ 신성한 소(sacred cow)는 번트 H. 슈미트(Bernd H. Schmitt)가 『빅 씽크 전략(Big Think Strategy)』에서 주창한 개념이다. 조직이 절대로 반대할 수 없는 통념이나 프랙티스를 뜻한다.

전략을 실행되게 하라

자금을 어디서 찾을까

비용을 전략과 연결한다는 중요한 의사결정을 내렸으면 이제는 역량에 대한 투자에 대해 다시 생각해봐야 한다. 과거에는 아마 일련의 기능별예산에 숨겨져 있었을 것이다. 기능별예산을 해체해 회사의 지출 패턴에 숨어 있는 의미를 파악해야 한다. 이것이 우리가 '주차장(parking-lot)'이라고 부르는 분석의 목적이다. 주차장 분석을 수행하려면 회사의 활동과 관련된 전체 비용 목록을 작성해야 한다. 그리고 회사의 모든 비용을 상상의 주차장으로 옮긴다. 그리고 개별 비용 항목이 빌딩 안에 들어오게 할지 말지 결정한다.

〈그림 5-1〉에서 보듯 회사의 지출은 활동 유형과 해당 활동이 고유의 차별화된 역량체계와 어떤 관계인지에 따라서 네 가지 범주로 나눌 수 있다.[5] 주차장 분석은 비용을 기능부서나 사업부문이 아니라 역량으로 나눈다. 그렇기에 회사의 지출이 회사의 전략과 얼마나 긴밀하게 연결되어 있는지 알 수 있다.

이 분석은 쉬운 작업이 아니다. 대부분의 전통적인 비용추적 시스템(ETS: Expense-Tracking System)은 비용을 역량에 할당하지 않기 때문이다. 이 새로운 접근법을 적용하는 회사에는 아마도 조직문화나 운영과 관련된 문제가 몇 가지 제기될 것이다. 이번 장에서 살펴보겠지만 경영진의 직접적인 관심도 필요로 한다.

네 가지 범주 중 첫 번째는 차별화 역량(differentiating capabilities)이다.＊ 차별화 역량과 관련된 활동은 회사의 가치제안을 달성하기 위해 남들보다 더 잘해야만 하는 일이다. 여기에는 필요한 만큼의 투자를 해야 한다. 이런

＊ '차별화 역량'과 '고유의 차별화된 역량'은 동일한 의미이나 이 장에서 역량 유형을 구분하는 네 가지 중 하나의 의미로 사용될 때는 '차별화 역량'으로 표기했다.

| 그림 5-1 | 가상의 회사를 위한 역량 유형에 따른 비용

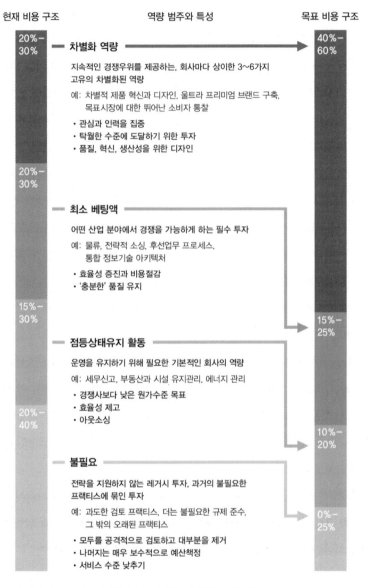

현재 비용 구조   역량 범주와 특성   목표 비용 구조

20%~30% / 40%~60%

차별화 역량

지속적인 경쟁우위를 제공하는, 회사마다 상이한 3~6가지 고유의 차별화된 역량

예: 차별적 제품 혁신과 디자인, 울트라 프리미엄 브랜드 구축, 목표시장에 대한 뛰어난 소비자 통찰

- 관심과 인력을 집중
- 탁월한 수준에 도달하기 위한 투자
- 품질, 혁신, 생산성을 위한 디자인

20%~30%

최소 베팅액

어떤 산업 분야에서 경쟁을 가능하게 하는 필수 투자

예: 물류, 전략적 소싱, 후선업무 프로세스, 통합 정보기술 아키텍처

- 효율성 증진과 비용절감
- '충분한' 품질 유지

15%~30% / 15%~25%

점등상태유지 활동

운영을 유지하기 위해 필요한 기본적인 회사의 역량

예: 세무신고, 부동산과 시설 유지관리, 에너지 관리

- 경쟁사보다 낮은 원가수준 목표
- 효율성 제고
- 아웃소싱

20%~40% / 10%~20%

불필요

전략을 지원하지 않는 레거시 투자, 과거의 불필요한 프랙티스에 묶인 투자

예: 과도한 검토 프랙티스, 더는 불필요한 규제 준수, 그 밖의 오래된 프랙티스

- 모두를 공격적으로 검토하고 대부분을 제거
- 나머지는 매우 보수적으로 예산책정
- 서비스 수준 낮추기

0%~25%

주: 비용 퍼센트는 설명을 위해 제시된 수치이며 광범위한 고객경험을 통해 설정되었다.

투자에는 포인트 개입, 역량 혁신, 역량 구축을 위해 필요한 인수합병 등이 포함된다. 확보한 역량을 회사 전체에 확장하는 데 소요되는 비용 역시도 포함된다.

차별화 역량을 향한 높은 수준의 자원 집중이 회사의 다른 부서에게는 불공평한 처사로 보일 수 있다. 하지만 차별화 역량이 가진 전략적 중요성에 비춰볼 때 집중적인 투자는 정당하다. 예컨대 인디텍스는 매장에 의류를 배송하는 데 때때로 항공편을 이용한다. 운송비는 당연히 비싸다. 하지만 발빠르게 대응하는 제조와 운영이라는 인디텍스의 역량과 연결된 비용이기에 그런 지출은 정당화된다.

시멘스는 글로벌 주택시장이 붕괴한 뒤 이어진 금융위기의 한가운데서도 운영효율성, 지속가능성, 혁신을 지원하기 위한 지식공유 플랫폼에 지속적으로 투자했다. 또한 앞서 다루었듯이 프리토-레이의 매장직송 체계는 소비재(CPG: Consumer Packaged Goods) 산업에서 사용하던 종래의 유통방법보다 전체적으로는 훨씬 고비용 체계였다. 하지만 비용의 증가보다 매출과 이익이 훨씬 더 큰 폭으로 성장해 프리토-레이는 넘치도록 보상받았다.

스타벅스의 사례도 있다. 스타벅스는 파트너(직원)들의 복지에 투자한다. 회사와 직원의 관계를 차별화 도구로 보기 때문이다. 헌신적인 직원 모집과 관리야말로 스타벅스의 고유의 차별화된 역량 중 하나다. 그래서 다른 소매 체인에서 나타나는 높은 이직률이나 직원들의 부주의한 무관심이 스타벅스 매장에서는 눈에 띄지 않는다.

"어째서 모든 회사가 그렇게 하지 않을까요?" 마이클 길은 J. 월터 톰슨(J. Walter Thompson)의 임원 자리에서 해고된 뒤 스타벅스 바리스타로 일한 경험을 회고한 책에서 이렇게 말했다. "왜냐하면 씁쓸하지만 그러려면 돈이 들기 때문입니다. 대부분의 회사는 직원들에게 괜찮은 의료보험을 제공하고 싫어 하지 않아요. …… 너무 많은 돈이 들기 때문입니다. 제가 아는 한 파트타임 직원에게 그렇게 놀라운 혜택을 준 회사는 없습니다. 스타벅스의 직원에 대한 존중은 나를 포함한 모든 직원들에게 주식을 부여하는 등의 비싼 투자로 뒷받침되었습니다."

톰슨은 스타벅스라는 직장을 잃고 싶지 않기에 그곳에서의 일을 가볍게 다루지 않았다고 한다. 스타벅스는 직원들을 위해 많은 인건비를 썼지만 결국 그 비용은 스타벅스의 직원들 대부분이 회사에 되갚아준 투자로 돌아왔다.

스타벅스의 정체성 프로필

미국 워싱턴 주 시애틀 시에 본사를 둔 스타벅스는 커피와 기타 음료의 소매유통과 커피 로스팅에 종사하는 업체다. 매장의 특유한 분위기로 전 세계적으로 잘 알려져 있다.

가치제안　유쾌함을 위한 '제3의 장소', 즉 가정과 직장에 이어 인간 활동의 중심지를 제공한다. 경험제공 기업이자 카테고리 선도기업인 이 회사는 세계에서 가장 상징적인 브랜드 중 하나를 갖고 있다.

역량체계
- ▶ 전 세계적으로 제공되는 고객경험 관리　고객을 환영하고 편의물품을 제공하는 프랙티스와 매장 디자인 역량을 갖고 있다. 이를 통해 고객들에게 일관되게 편안하고 따뜻한 경험을 제공한다.
- ▶ 제품과 서비스의 차별화된 전달　브랜드 약속을 지키기 위해 가치사슬의 가장 세부적인 내용에까지 필요한 모든 요소를 동원하고 조율하며,

동시에 지역별 매장의 서로 다른 요구사항에 적합하도록 일부 요소를 맞춤화한다.

► 프리미엄 제품라인의 디자인과 개발 커피, 차, 관련 음식, 음료 등에서 엄격한 맛과 품질을 유지한다.

► 헌신적인 직원의 선발과 관리 회사가 고객에게 약속한 매장 경험을 제공할 수 있도록 직원들의 충성심을 형성하고 고양하고자 다양한 방법을 사용한다.

제품과 서비스 포트폴리오 스타벅스는 소매 매장을 관리하고 커피, 차, 관련 음식과 음료를 다양한 형식으로 판매한다. 매장과 그 밖의 식료품점을 위해 지속적으로 신제품을 개발한다.

두 번째 범주는 때때로 경쟁의 필수요소라고도 불리는 최소 베팅액(table stakes)이다. 차별화 역량과는 관계없지만 업계에서 경쟁력을 유지하기 위해 필요한 활동이 여기에 포함된다. 모든 업계에는 자체적인 최소 베팅액이 정해져 있다. 외부에서는 잘 안 보이지만 내부인들은 바로 알아차릴 수 있다.

예컨대 완성차업계에서는 최저가 모델에서조차 린 생산방식과 디지털기능 구현이 가능하지 않다면 살아남을 수 없다. 화학업계에서는 원자재 소싱과 정교한 구매 노하우를 갖는 것이 진입조건이다. 석유와 가스업계에서는 특수한 구인 노하우가 필요하다. 여기서는 석유 엔지니어의 공급과잉과 공급부족 현상이 주기적으로 일어나기 때문이다.[6]

미디어업계에서 최소 베팅액은 여러 플랫폼에서 원활히 작동하는 사용자 인터페이스다. 종종 시청자나 독자가 휴대전화나 태블릿PC를 통해 미디어에 접속하기 때문이다. 보건업계에서 최소 베팅액은 수요예측 능력이다. 의

료서비스가 필요한 사람의 숫자가 몇몇 요소에 따라 변동성이 크기 때문이다. 부록D에서는 바이오제약산업, 유통과 테크놀로지 산업에 필요한 최소 베팅액에 해당하는 역량을 좀 더 상세히 다루고 있다.

최소 베팅액을 배분할 때는 적절한 수준의 능력을 목표로 하는지 확인해야 한다. 기업들을 보면 최소 베팅액 역량 중 일부에는 과소투자하고 다른 일부에는 과잉투자하는 경우가 너무 많다. 이들 영역 중 일부에 과잉지출하고 싶은 유혹은 항상 있다. 이유는 경쟁사가 그렇게 하고 있거나 아니면 회사가 과거에 그렇게 해왔기 때문일 것이다.

그러나 최소 베팅액은 게임에 참여하기 위한 필수조건에 불과하며 회사를 차별화하지는 못한다는 점을 기억해야 한다. 반드시 경쟁사의 지출에 상응하는 규모로 지출할 필요는 없다. 최소 베팅액에 적절한 지출 수준은 효율성을 증진하고 차별화 역량에 투자나 관심을 줄이지 않고도 게임에 계속 참여하는 것이다.

최소 베팅액을 늘리려는 유혹은 빠르게 진화하는 업계에서 특히 두드러진다. 회사들이 경쟁하면서 잠재적인 판돈과 관련된 활동의 목록도 계속해서 늘기 때문이다. 서로 투자와 능력을 따라잡으려고 애쓰다가 군비경쟁과 비슷한 투자경쟁의 혼돈에 빠지기도 한다. 하지만 이런 경쟁이 벌어지는 업계에서는 모든 회사가 비슷해지고 만다.

퀄컴이 최초로 CDMA 기술을 라이선싱 용도로 개발했을 때 이야기다. 이 회사는 최소 베팅액 요건을 검토하고 있었다. 회사 리더들이 인프라라고 부르는 반도체 설계와 제조역량 없이는 플랫폼을 팔 수가 없었다. 1980년대 당시 컴퓨터업계는 외부에 제조를 아웃소싱할 만한 준비가 아직 되어 있지 않았다. 그래서 퀄컴은 CDMA를 연결하기 위해 필요한 통신용 전문반도체(IC: Integrated Circuits, 집적회로)를 만드는 자체 연구용 FAB공장을 건설했다. *

그렇게 해서 CDMA가 제조가 가능하다 것을 보여주었다. 몇 년 뒤 퀄컴은 디지털 휴대전화 단말기를 만들기 위해 추가로 공장을 건설했다.

"퀄컴은 아예 산업 하나를 새로 일으켜야 하는 상황이었지요." 데이브 목은 퀄컴에 관한 책에서 이렇게 썼다. "미래에 언젠가는 파트너나 합작투자회사(JV: Joint Ventures)가 나타나 그 필요성을 좀 덜어줄 것을 희망하면서요."[7] 퀄컴은 1994년 7000제곱피트(650제곱미터)에 불과했던 공장 면적을 1996년 200만 제곱피트(18만 5000제곱미터)로 확장했다.[8] 실적이 늘면서 비용도 직접적으로 늘었으며 이로 인해 주주들의 신뢰는 떨어졌다.

물론 이익도 있었다. 퀄컴은 제품을 통제할 수 있었고 제조과정에서 교훈을 얻었으며 휴대전화 제조업체들에게 기기를 빠르게 제시할 수 있었다. 퀄컴의 경영진은 제조역량을 영구적으로 보유하는 방안도 고려했다. 하지만 휴대전화 제조에 더 적합한 기업들이 새로이 떠오르고 있었고 FAB공정에서 제조작업의 변화 속도는 너무 빨랐다. 퀄컴은 FAB공정에서 제조를 더 잘하는 회사들에게 경쟁입찰에서 서서히 밀리기 시작했다. 결국 1998년 퀄컴의 경영진은 제조부문을 모두 분사하기로 결정했다. 마지막 휴대전화 제조공장을 일본의 전자업체 교세라(Kyocera)에 매각한 것이 1999년의 일이었다.

그 뒤에도 퀄컴은 필요하면 제조에 투자하면서도 탈출(exit) 전략도 함께 고려했다. 퀄컴에게 제조활동은 중요하지만 그럼에도 어디까지나 최소 베팅액 활동이다. 주차장 분석의 목표는 가장 중요한 역량을 위해 가장 큰 투자를 아껴두고 다른 활동은 최대한 깔끔하고 비용을 적게 유지하는 것이다.

세 번째 범주는 점등상태유지 활동(lights-on activities)이다. 점등상태유지

※ FAB(fabrication)은 반도체 제조단계에서 프론트(front) 공정의 제조를 담당하는 공정이다. 웨이퍼(wafer)에 반도체 설계내용을 칩의 형태로 가공하는 공정으로 대규모 투자가 필요하다. 일반적으로 반도체라인 투자라고 하면 FAB라인 투자를 의미한다.

활동은 단순 운영에 필요한 기본적인 사업비용이다. 법무, 총무, 시설비용 등이 여기에 속한다. 점등상태유지 활동은 유지에 필요한 최소한의 비용만 들어가야 한다. 경쟁사가 쓰는 액수보다 대개 적어야 하며 최소 베팅액보다도 적은 액수여야 한다. 이 비용에 대해서는 엄격한 검토가 이뤄져야 하고 지속적인 절감 노력과 효율성 향상을 추구해야 한다.

마지막 범주는 잘라 말해서 불필요한(not required) 비용이다. 사업에 구체적인 기여가 없는데도 손익계산서에 올라와 있는 항목이다. 이 범주에 들어 있는 비용은 여러분이 생각하는 것보다 대개 더 크다. 극단적인 경우지만 회사 예산과 지출의 40퍼센트가 불필요한 비용에 속한 회사도 있었다.

이 범주에 들어갈 만한 후보를 거의 모든 회사에서 몇 개 정도는 발견할 수 있다. 한때 중요한 역할을 했던 사내의 경영진 직제, 더는 필요하지 않은 내부 승인 프로세스, 폐쇄해야 하지만 관련 결정을 누구도 하고 싶어 하지 않는 시골의 몇몇 사무실에 대한 유지보수 비용, 활용도가 낮은 회사 전용 항공기 등이다.

초반에는 거창한 의도로 시작했고 공들여 만든 정보기술 인프라의 지원도 받았지만 이제 스스로를 영구조직화하는 것 말고는 어떤 목적도 없고 회사에 기여도 없는 기능부서 프로젝트가 여러분의 회사에도 있을 것이다. 이들은 애초 회사의 다른 사업과는 조금 다른 역량이 필요한 사업을 지원하기 위해 생겨났을 것이다. 이 같은 이니셔티브나 프로젝트는 몇 년간 회사 자금을 지원받으며 응집성을 해쳤을 것이다. 주차장 분석을 통해 낭비되는 회사의 자원을 보다 전략적인 목적에 투자할 수 있는 기회를 갖게 된다.

불필요한 비용은 회사의 성공과 성장에 치명적인 적이다. 회사 재정을 바닥낼 뿐만 아니라 핵심업무가 아닌 집중력을 흐트러뜨리는 활동에 자금을 지원해 전략과 실행 사이의 간극이 벌어지게 쐐기를 박는다. 물론 현실에서는 응집력이 아주 높은 기업이라도 불필요한 비용 항목을 완전히 0으로 만들지는 못한다. 하지만 최대한 많이 줄여야 한다. 그렇게 하려면 여러분 회사의 정체성으로 돌아가 회사가 지출하는 비용이 전략을 어떤 식으로 지원하는지 테스트하는 것뿐이다. 답이 '아니오'라면 아무리 역사적이고 감정적인 가치가 있는 항목이라도 정리하는 것이 맞다.

주차장 밖으로

주차장 분석은 회사를 기존의 예산 프랙티스에서 벗어날 수 있게 한다. 매년 많은 회사들이 연간예산을 짤 때 전년도 예산과 관련지어 결정한다. 이렇게 예산을 짜면 약간의 변화를 제외하면 과거의 지출 포물선이 단순히 연장될 뿐이다. 이제 주차장 분석을 통해 모든 것을 바꿀 수 있다. 여러분은 회사의 모든 비용을 역량이라는 관점에서 전략적 우선순위를 중심으로 다시 생각하게 된다.

주차장 분석을 사업단위 수준에서 수행해보라. 대다수 회사에서는 비용을 보다 더 하위그룹으로 나눠야 할 것이다. 가장 이상적인 방법은 각각의 비용이 가장 잘 맞는 것으로 보이는 상위의 역량 그룹으로 분류하는 것이다. 그리고 각 그룹에 실무팀을 배치해 전략적 관련성 측면에서 비용에 대한 정당화 근거를 개발하도록 한다. 모든 실무팀이 권고안과 의견을 제출하기 전에는 코어팀인 운영위원회가 투자배분이나 투자가 역량에 미치는 영향에 대한 전체 그림을 그릴 수 없다.

여러분이 실무팀의 일원이라면 소속 부서의 우선순위가 아니라 회사 전체의 정체성과 전략에 대한 이해를 바탕으로 비용을 검토해야 한다. 어떤 활동이 회사의 가치제안과 역량체계에서 핵심적인가? 만약 그렇다면 그 활동은 고유의 차별화된 역량의 일부다. 만약 그렇지 않다면 그 활동은 적어도 업계(최소 베팅액 역량)나 사업적 필요성(점등상태유지 역량)에서 보았을 때 어느 정도 능력을 유지할 필요가 있는가? 그마저도 아니라면(불필요한 역량) 그 활동에 대한 지출을 얼마나 0에 가깝게 줄일 수 있는가?

비용과 회사의 전략 사이의 연결고리에 대해 정확한 관점을 얻으려면 충분한 시간이 필요하다. 3장에서 소개한 과거의 신발 실험작들을 모아 박물관을 만드는 아디다스의 노력이 불필요한 활동으로 여겨질 수도 있다. 하지만 아디다스가 활력을 되찾는 데 이 박물관은 극적인 역할을 했다. 박물관에 대한 투자를 불필요한 활동으로 분류했다면 그 결과는 회사에 재앙이었을 것이다. 반대로 회사 고유의 차별화된 역량에 핵심이라며 옹호받는 프로젝트가 실상을 들여다보면 단지 희망사항에 불과한 경우도 있다.

차별화 역량과 관련된 모든 비용을 일람하고 나면 상상의 주차장에서 비용 항목을 가져와 향후 개발계획을 세울 순서다. 이는 3장에서 소개한 청사진 작성과 유사하다. 대개의 경우 그간 너무 많은 자원이 불필요한 곳으로 흘러가고 있어 회사의 역량을 구축하는 데는 필요한 투자가 이뤄지지 않았다는 사실을 발견하게 될 것이다.

그다음으로 최소 베팅액에 해당하는 투자를 살펴본다. 이것들이 필요한 최소수준으로 유지되고 있는지 확인하라. 점등상태유지 활동에도 똑같이 한다. 이제 주차장에 남은 나머지 일체의 비용은 필요 없는 것들이다. 이들은 취소하거나 중대하게 조정해야 할 비용이다.

때때로 최소 베팅액이나 점등상태유지 활동에 투입되는 비용에 전략적 중요성이 부여되는 경우가 있다. 가령 인터넷서비스 사업에 진출하려는 통신기업에게 규제당국과의 관계는 지금까지보다 훨씬 많은 관심과 투자가 필요할 수 있다. 하지만 어떤 투자를 어디에 배분하든 주요한 기본원칙은 늘 같다. 투자의 가장 큰 부분은 차별화 역량에 돌아가야 한다는 것이다.

최종 권고안을 마련하려면 지금까지 설명한 활동을 여러 차례 반복 수행해야 한다. 각 실무팀은 코어팀이 비용절감 권고안에 어떤 리스크와 상충관계(trade-off)가 포함되는지 이해할 수 있도록 도울 준비를 해야 한다. 리스크와 상충관계에 관한 정보는 코어팀이 전체 계획의 장단점을 이해하는 데도 도움이 될 것이다. 코어팀은 모든 아이디어를 파악하고, 회사에 필요한 역량에 대비해 각각을 맵핑하고, 적절한 조정안을 마련해야 한다. 예컨대 어떤 실무팀이 극동지역의 마케팅 역량에 대한 투자를 제안했다고 하자. 코어팀에서는 회사가 이 역량을 모든 제품라인으로 확장하거나 아니면 세계의 나머지 지역으로 확장해 이익을 볼 수 있는지 질문해야 한다.

비용절감에 대한 과거의 대화는 전략에 대해서는 별다른 언급이 없었다. 비용절감의 초점은 대부분 형평성에만 맞춰져 있었다. 최고경영진은 회사의 어떤 한 부문에만 극단적인 변화가 몰리지 않도록 비용절감의 부담을 전 부문에 골고루 지우도록 노력했을 것이다. 대규모 비용절감은 압력을 통해서만 가능했을 것이며 전략적 근거에서 시행되기보다 단순히 눈에 잘 띄거나 즉각적으로 삭감이 가능한 분야에서 주로 이뤄졌을 것이다.

이제는 비용절감에서도 관련성과 목적성에 관한 명시적인 대화가 이뤄질 수 있다. 각각의 투자가 왜 가치를 더하는지 명확히 이해하기에 모든 비용을 전체적인 관점에서 바라보고 기존에는 가능하지 않았던 방식으로 자금을 확보할 수 있다. 다음의 전략과 지출의 연결(Spending Alignment) 도구는 회사의 전략과 예산 프랙티스 사이의 간극을 좁힐 수 있게 도와주는 구체적인 질문으로 이뤄져 있다.

【 도구 】 전략과 지출의 연결

현재 회사의 지출 프랙티스는 가장 응집성이 있는 기업과 비교해 어떤가?
다음의 질문은 여러분의 회사가 전략과 실행 사이의 간극을 좁힐 수 있게
도와줄 것이다.

▶ 현재 회사의 이니셔티브와 주요 프로젝트는 회사의 전략과 연결되어
  있는가?

▶ 성과가 나쁘거나 가치가 낮은 이니셔티브, 제품, 부서에 정당화되지
  않는 자금이나 지원을 제공하는 일을 피하고 있는가?

▶ 회사의 예산 프로세스가 전략계획 프로세스에 잘 연결되어 있는가?

▶ 예산과 전략을 연결하는 주차장 분석과 같은 확실한 체계나 방법을 갖
  고 있는가?

▶ 시장에서 승리하기 위해 필요한 차별화 역량을 구축하기 위한 자금이
  회사에 있는가? 글로벌 차원에서 본사가 자금을 배분하고 있는가? 혹
  시 중요성이 떨어지는 영역으로 전용되고 있지는 않는가?

▶ 예산수립 주기마다 핵심적 이니셔티브나 차별화 역량에 자금을 지원
  하는 확실한 체계, 방법, 기준을 사용하는가?

▶ 비용절감 노력을 일상적인 프랙티스로 지속적으로 추구하는가? 기업
  인수와 같은 중요 이벤트나 주주의 압력이 없어도 추구하고 있는가?

▶ 비용을 절감할 때 회사 전체 수준에서 우선순위를 결정하는가? 일괄적
  으로 모두 10퍼센트씩 삭감하는 식의 '이발식 접근법(haircut approach)'
  을 쓴다거나 사업단위나 기능부서가 각자 우선순위와 목표를 알아서
  정하게 하고 있지는 않은가? 사업단위 리더들에게 역량체계에 맞는 비
  용절감을 설계하라고 요청하는가?

우리 홈페이지에서 여러분 회사의 성장적합성 지수(Fit for Growth index)를 평가하는 인터랙티브 도구를 찾을 수 있다. 성장적합성 지수는 전략과 실행 사이의 간극을 측정하는 정량지수다. 참고로 성장적합성은 미국에서 등록된 PwC의 고유한 서비스마크다.

회사의 전략이 얼마나 선명한지, 자원배분이 전략과 얼마나 잘 연결되어 있는지, 조직이 얼마나 잘 지원하는지 등을 측정할 수 있다. 성장적합성 지수를 같은 업종의 다른 회사와 비교해서 우리 회사에서 개선이 가장 필요한 분야가 어디인지 감을 잡을 수도 있다.

주차장 분석에는 또 다른 기대하지 않은 이점도 있다. 첫째로 회사 구성원들에게 굉장한 정서적인 자유를 선사한다. 대다수 기업 리더들은 회사의 불필요한 비용에 대해 이야기하는 것을 극도로 두려워한다. 하지만 이제 그런 논의는 회사에 풍성한 새로운 에너지를 가져올 수 있다.

이 장의 앞부분에서 소개한 프리토-레이의 사례처럼 회사가 불필요한 비용을 솎아내면 관료적인 속박과 불필요한 제약에서 탈출하는 해방감을 경험할 수 있다. 불필요한 비용에 정면으로 도전하고 회사에 가장 필요한 역량체계에 자금을 재투자할 것이라고 명시적으로 선언하라. 회사가 단순히 비용을 삭감하고 마는 것이 아니라는 점을 직원들에게 확실히 보여줄 필요가 있다. 이를 통해 지속 가능한 가치창출을 더 쉽게 만들 수 있다.

물론 비용분석의 초반에는 조직 안에서 감정적인 저항이 촉발될 가능성이 크다. 비용분석 과정을 거치는 동안 일부 임원들은 의도적으로 그들의 안전지대를 확장하려고 들 것이다. 회사의 거의 모든 활동은 전략과 별 관련 없어도 나름대로의 정당화 근거를 갖고 있기 마련이다. 게다가 비용분석 과정의 일부는 동료의 해고나 이탈로 이어지는 대규모 조직개편으로 가는 첫 번째 단계일 수도 있다.

하지만 임원들은 동시에 현금 확보의 가치를 인정한다. 고유의 차별화된 역량에 이뤄지는 더 많은 투자가 제공해주는 잠재력에 대해 인식을 새롭게 하면 임직원의 태도에 큰 변화를 촉발할 수 있다. 우리는 이런 인식의 변화가 4장에서 회사에 상호책임성의 분위기를 조성하는 모습을 보았다. 새로운 비용분석으로 보다 효과적인 전략수립이 가능해지고 회사 전체가 더 일하기 좋은 곳이 된다는 점을 알고 있기에 사람들은 비용절감을 새롭게 바라볼 의지가 생긴다.

어떤 CEO는 주차장 분석을 시작하면서 슬라이드를 하나 걸고 이렇게 말한 바 있다. "우리의 전략을 실행하는 데 필수적이지 않은 이 모든 부서를 보십시오. 여러분 중 다수가 이 그룹에 속하는데 참 유감스럽게 생각합니다. 지금부터 시작하려는 일에서는 뚜렷한 정신과 뚜렷한 사고를 유지해야 합니다. 여러분이 덜 중요한 그룹에 속해 있을지라도 가능한 최고의 린 오퍼레이션을 만들어낸다면 영웅이 될 기회는 여전히 있습니다."[9]

주차장 분석의 다른 이점은 비용배분이 기능부서에서 역량으로 이동한다는 것이다. 한 활동이 끝나고 다른 활동이 시작하는 시점을 결정할 때 기존의 기능부서 정의에서 벗어나 사고해야 한다. 그것만으로도 의사결정에 명확성이 생긴다. 이미 확립된 기능영역에 비용이 묶여 있을 때 일부 기능부서의 리더들은 어떤 비용관리 노력도 자기 부서의 가치에 대한 도전으로 여기기 쉽다. 누가 영업비용, 마케팅비용, 품질보증비용에 이의를 제기할 수 있다는 말인가? 비용과 전략적 가치 사이의 상충은 기능영역의 맥락에서는 거의 눈에 띄지 않는다. 비용의 진정한 가치는 가려지고 만다.

예컨대 많은 회사에서 직원의 기술과 숙련도를 개선하기 위한 투자를 '학습과 개발'이라고 부르는 단일한 예산항목에 통합한다. 이는 인사부서나 인적

자원 기능의 일부다. 교육훈련을 이렇게 단일한 코스트센터로 보면 역량에 진정으로 중요한 교육훈련과 덜 중요한 교육훈련을 구분하기가 어려워진다.

하지만 이런 비용을 역량별로 배분하면 어떤 교육훈련이 경영진의 관심을 끌 수 있는지 알기 쉽다. 다나허 비즈니스 시스템을 교육훈련하는 데 최고경영진이 참여했던 것처럼 회사의 고위 경영진이 직접 교육훈련에 참여할 수 있다. 다나허 비즈니스 시스템은 회사 고유의 차별화된 역량에 속한다. 반면에 지원부서 직원을 대상으로 하는 전사적자원관리 시스템의 사용방법에 대한 교육훈련은 점등상태유지의 범주로 처리할 수 있다.

주차장 분석은 궁극적으로 기능부서 리더들에게도 좋은 일이다. 응집성이 없는 기업에서 흔히 보이는 예산함정에서 벗어날 수 있기 때문이다. 예산함정은 기능부서 리더가 사업에서 요구하는 만큼 공급할 수 있는 현금을 충분히 얻지 못하면서도 여전히 사업이 요구하는 대로 역량을 혁신할 만한 시간, 자금, 지원을 갖지 못한 상태를 말한다.

우리는 3장에서 사내의 여러 다양한 니즈를 동시에 충족하기 위해 기능부서들이 감당해야 하는 상충관계에 대해 설명한 바 있다. 기업들은 기능부서를 이 같은 불가능한 상황에 빠트리기보다 비용배분의 우선순위에 대해 열린 토론을 해야 한다. 이를 통해 회사 안에서 비응집성이 어떻게 복잡성을 야기하는지 통찰을 얻을 수 있다. 비용배분의 우선순위에 관한 토론은 기존에는 이런 문제를 혼자서 관리해야 했던 기능부서의 리더들에게 큰 위안을 줄 것이다.

주차장 분석은 또한 기능부서들이 형식적인 이유로 서로 대립하고 경쟁했던 전통적인 프랙티스를 바꿔준다. 몇몇 회사에서 예산이 실행되는 모습을 보면 인적자원부서처럼 회사 내부에 초점을 맞춘 기능부서에는 예산상의 변화를 적게 주는 반면에 영업부서처럼 시장과 대면하는 기능부서에는 전년의 성과에 따라 예산을 많거나 적게 배정한다.

하지만 주차장 분석으로 상호책임성의 기회가 더 많아졌다. 또한 비용배분에 대한 논리 근거가 더욱 확실해졌다. 경영진이 전체 전략을 염두에 두고 배분의 근거를 명시적으로 표현하기 때문이다. 가치를 창출하는 데 필요하다면 무엇이든 지원받을 가능성이 더 높아진다.

주차장 분석은 또한 아웃소싱을 새로운 관점에서 바라보도록 촉진한다. 아웃소싱은 최소 베팅액과 점등상태유지를 위한 비용을 합리화하고 개선하는 전략도구가 된다. 주차장 분석을 수행한 뒤 이제 내부에서 제조할지 아니면 외부에 아웃소싱할지 의사결정(make-or-buy decisions)을 내릴 때 비용절감만 봐서는 안 된다. 이런 기능이 보다 효과적으로 달성될 수 있는 장기적인 관계를 찾아야 한다. 아웃소싱이 고유의 차별화된 역량을 가져올 수 있다면, 다시 말해 인재, 지식, 도구에 대한 접근을 보다 쉽게 할 수 있다면 아웃소싱은 중요한 역할을 할 수 있다. 다만 이런 경우에도 여러분의 회사가 해당 분야에서 독점적인 우위를 갖고 있다면 고유의 차별화된 역량을 신중하게 관리하고 보호할 필요가 있다.

마지막으로 주차장 분석은 벤치마킹을 활용하게 한다. 3장에서 우리는 벤치마킹의 위험에 대해 논의한 바 있다. 다른 회사를 벤치마킹하다 보면 자칫 자신의 차별성을 갉아먹는 프랙티스나 프로세스까지 빌려오는 위험에 빠질 수 있다. 하지만 회사의 비용을 일단 차별화, 최소 베팅액, 점등상태유지, 불필요의 네 가지 범주로 분류하고 나면 벤치마킹은 도움이 된다. 최소 베팅액과 점등상태유지 활동에서 비용을 절감한 다른 회사의 경험에서 많은 교훈을 얻을 수 있다. 특히 프리토-레이처럼 구조조정이라는 극심한 스트레스 중에도 운영비용을 극적으로 삭감해 오히려 강해진 회사의 사례가 그렇다.

벤치마킹은 또한 네 가지의 비용 범주에 실제 얼마의 금액을 배분해야 할지 기준을 정할 때도 유용하다. 차별화 역량에는 업계의 유사 사례가 있든 없든 우리의 배분 수준은 높은 편에 속해야 한다. 그렇지 않으면 해당 역량을 더 낮은 투자로도 획득할 수 있는 나만의 방법을 찾아야 한다. 최소 베팅액 역량은 업계 평균보다 돈이 더 들어서는 절대로 안 되며 가능하다면 그보다 적게 투자되어야 한다. 그리고 점등상태유지 역량은 비용 범주 중에서 가장 낮은 수준이어야 한다.

비용을 역량에 따라 분류하는 회사가 거의 없는 상황에서 여러분의 경쟁사가 그렇게 하고 있을 가능성은 낮다. 여러분의 벤치마킹 대상 기업은 십중팔구 기능적 분류를 쓰고 있을 것이다. 예컨대 마케팅, 운영, 영업, 연구개발 등 단일역량과 관련된 비용으로 나누고 있을 것이다. 아마도 이것이 전통적인 벤치마킹이 회사를 잘못 이끌 소지가 그렇게 큰 이유일 것이다. 여러분의 회사는 비용을 기능이 아니라 역량을 기준으로 재범주화할 수 있어야 한다.

레고의 새로운 삶의 방식

전략과 실행 사이의 간극을 없앤 회사 중에는 주차장 분석과 유사한 활동을 한 사례가 많다. 그중 눈에 띄는 것이 이 책의 초반에 설명한 레고의 워룸이다. 레고의 CEO인 에르겐 비 크누드스토르프는 2002년 회사에 워룸을 설치하고 매일 고위 임원들과 여기서 만나 이슈를 논의하고 오퍼레이션을 다시 설계하며 비용절감 방안을 이야기했다. 이렇게 의견을 주고받는 과정은 레고가 다시 정상화되는 데 큰 역할을 했다.

이때 내려진 중요한 조치로 회사의 매니저들이 비용에 대해 다시 검토하기 전까지 성장계획을 중단하기로 한 결정이다. "우리 중에는 이를 매우 어렵게 생각하는 사람이 많았습니다." 크누드스토르프가 블룸버그(Bloomberg) 기자 데이비드 트위드(David Tweed)에게 한 말이다. "하지만 저는 이것이 멋진 아이디어라고 생각했어요. 왜냐하면 성장은 문제에 덧씌우는 사탕발림 같은 것이거든요. 성장하는 동안에는 문제가 잘 보이지 않습니다. 성장이 멈추었을 때야말로 진정으로 생산성 제고에 정진할 수 있지요."[10]

레고의 사례는 보다 상세히 살펴볼 가치가 있다. 시간이 지나며 많은 비용 항목이 어떻게 습관적 비용으로 변질되는지 잘 보여주기 때문이다. 약간의 인식 변화만으로도 어떻게 회사가 활력을 되찾는지도 잘 볼 수 있다. 다음의 이야기는 레고를 가까이서 관찰한 우리 동료인 키스 올리버(Keith Oliver), 에두아르 사마크(Edouard Samakh), 피터 헤크먼(Peter Heckmann)으로부터 들은 것이다.[11] 이 중 올리버는 공급망관리(SCM: Supply Chain Management)라는 표현을 최초로 사용한 오퍼레이션 전문가로도 잘 알려져 있다.

습관적 비용으로 변질된 항목 중에는 실제로 레고의 뛰어난 역량과 직접 관련된 비용도 있었다. 이런 비용에는 '부엌(Kitchen)'이라고 불리는 제품개발 센터도 포함되어 있었다. 레고의 키친은 회사 자부심의 핵심이다. 하지만 제품개발의 모든 측면이 전부 차별적인 것은 아니었다. 가장 비용이 많이 드는 제품설계 부문은 레고 고유의 차별화된 역량을 오히려 손상시키고 있었다.

엄격한 비용관리의 가치를 보여주기 위한 시범 프로그램으로 회사는 원료조달 부문에 손을 대기 시작했다. 원료조달은 레고의 고유의 차별화된 역량과 관련은 있었으나 그럼에도 목적이라기보다는 수단에 가까웠다. 고객들은 레고블록의 품질은 신경 썼으나 블록의 원료인 수지가 어디서 생산되었는지까지 관심을 갖지는 않았다. 더 중요한 문제는 레고의 원료조달이 전략적으로 관리되지 않았다는 점이다. 다음은 올리버, 사마크, 헤크먼의 글 '리빌딩 레고, 차곡차곡 벽돌을 쌓듯이(Rebuilding Lego, Brick by Brick)'에서 발췌한 것이다.

레고의 엔지니어들은 각자 선호하는 공급자가 있었고 회사에는 준수해야 할 구매절차가 없었다. 엔지니어들은 그때그때 필요에 따라 공급자들과 관계를 맺고 있었다.

이는 회사가 새로운 사업에 진출할 때마다 점점 더 큰 문제가 되었다. …… 새로운 디자인에는 3톤 단위로 팔리는 특별한 색깔의 새로운 레진이 필요할 수도 있다. 새로운 장난감을 만드는 데 실제 필요한 양은 몇 킬로그램에 불과한데 필요하지도 않은 1만 유로(미화 1만 3500달러)어치의 레진을 구매하는 것이었다. 이렇게 많은 전문화된 원료를 불규칙한 간격으로 수많은 공급자에게 주문하는 바람에 레고의 원료조달 담당자는 공급업체와 협상할 때 회사의 규모를 전혀 활용하지 못하고 있었다.

올리버, 사마크, 헤크먼은 레고의 최고재무책임자였던 예스페르 오베센 (Jesper Ovesen)이 원료조달 시범 프로젝트의 책임을 맡았던 당시의 상황을 이렇게 기술했다.

오베센이 담당하게 된 것은 이 이니셔티브가 굉장히 중요하다고 임직원들에게 보내는 분명한 신호였다. 오베센의 팀은 원자재 조달에 대한 합리화 작업이 즉각적인 비용절감 효과를 가져올 것이라고 생각했다. 이 이니셔티브가 레고의 혁신 역량을 바로 건드린 것은 우연이 아니다. 레고 특유의 색깔을 가진 블록을 만들 수 있게 하는 것이 바로 레진이기 때문이다. ……

염색된 레진은 회사에게 항상 주요 지출항목이었지만 가격변동이 컸다. 원료조달팀은 원자재 가격을 분석해서 보다 제한된 수의 공급자와 거래해 가격을 안정화하려고 했다. 그 결과로 체결된 계약으로 레고는 생산계획을 훨씬 쉽게 수립할 수 있었다. 더 중요한 것은 원료조달 프로젝트의 성공으로 회사에 낙관적인 분위기가 조성되었고 다른 변화를 추진할 수 있는 모멘텀이 만들어졌다는 점이다. 각각의 공급망에 대한 코스트센터마다 이행팀이 주도해 새로운 통찰을 적용했다. 새로운 통찰이란 제약이 창의성이나 제품의 탁월성을 결코 파괴하지 못하며 오히려 강화하기도 한다는 것이었다.

원료조달의 변화가 가져온 이익이 뚜렷해지자 새로운 이니셔티브가 신뢰를 얻었고 회사는 보다 근본적인 문제를 다루기 시작했다. 비용의 상충관계에 대한 인식을 통해 제품 디자인의 창의성을 제고하는 일이었다. 제품에 추가되는 특성이 패키지 전체 비용의 일부인 것을 인식해야 한다고 디자이너들에게 강조했다.

"네, 원하시는 대로 바이오니클(Bionicle) 신제품인 외계인액션피겨(space alien action figure)에 반짝이는 호박색 눈을 추가해도 좋습니다." 올리버, 사마크, 헤크먼은 이렇게 쓰고 있다. "하지만 그러면 발톱(claws)의 선택지가 제한될 수 있습니다." 이처럼 비용의 상충관계를 감안하는 새로운 능력은 회사의 제품개발센터(부엌)에서 일어난 주요 변화였다. 이는 자부심의 새롭고 커다란 원천이 되었고 동시에 전략적인 변화로 인식되었다. 새로운 금형이나 색깔이 필요할 때 디자이너들은 새로운 블록을 고안하기보다 기존의 블록을 새로운 방식으로 사용하기 시작했다.

장난감 디자인에 호환성을 추가하는 것은 이제 레고의 고유한 차별적인 특성 중 하나가 되었다. "최고의 요리사란 눈앞에 필요한 모든 재료를 다 가진 사람이 아닙니다." 레고의 한 고위 임원이 레고의 부엌에 대해 한 말이다. "어떤 부엌에서든 보유한 재료 수준에서 운용할 수 있는 사람입니다."[12] 크누드스토르프는 레고 디자이너들이 "처음에는 복잡성을 줄이는 것을 순전히 고통스러운 일로 생각했지만 서서히 새로운 제약이라고 생각했던 것들이 사실은 창의성을 더 높여 준다는 것을 깨달았습니다"라고 말했다.[13]

이전에 레고에서 제조부문은 신성불가침의 영역으로 여겨졌고 그로 인한 혼돈은 회사 역사의 일부로 받아들여졌다. 레고의 과거에 대해 올리버와 동료 저자들이 말하는 것을 들어보자. "레고는 덴마크의 공장에서 기계 숫자만 800대가 넘는 세계에서 가장 큰 사출성형 시설을 운영했습니다. 반면에 전체 패키지 제작팀은 수백 개의 독립적인 장난감매장으로 운영되고 있었지요. 이들 팀은 무계획적으로 주문하고 자주 변경했기에 안정된 수요예측, 공급역량, 재고수준을 고려해서 관리하는 일을 방해했습니다. 이런 비가시성 탓에 레고의 전체 생산능력은 가동률이 70퍼센트에 불과했습니다."

하지만 이제 레고에서 제조부문은 최소 베팅액 활동으로 취급된다. 필수적이지만 고유의 차별화된 역량은 아닌 것이다. 제작주기를 합리화하고 조립라인을 재구성하며 일부 생산을 아웃소싱한 결과 막대한 비용이 절감되었고 제조 효과성이 개선되었다.

레고의 유통부문은 한층 더 최소 베팅액 성격이 강한 활동이었다. 일부 경우에는 골칫거리가 되기도 했다. 레고의 매출은 온라인으로 옮겨가고 있었고 회사의 배송시스템은 진부화하고 있었다. 올리버, 사마크, 헤크먼은 다음과 같이 설명한다. "회사는 소규모 매장을 위해 지나치게 많은 시간과 노력을 쏟아붓고 있었습니다. 이 때문에 운송비용이 상당히 늘어났지요. 전체 주문의 67퍼센트가 한 박스보다 적은 분량이었습니다. 한 박스 주문은 물류센터에서 노동집약적인 수동 포장(pick-packing)이 필요한 엄청나게 비용이 높은 주문 형태였습니다." 회사는 물류 협력업체의 수를 줄여 운송비용을 단숨에 10퍼센트나 절감했다. 그리고 소매업체와의 계약을 표준화해 조기주문하면 할인을 제공하고 박스 단위보다 작은 주문은 배송을 거절했다.

지금 돌이켜보면 이 모두가 당연한 움직임처럼 보일 수 있다. 하지만 당시에는 굉장한 규모의 집단적인 변화였다. 변화에 저항이 심했던 조직을 좀 더 효율적으로 운영하는 모델로 바꾼 것이었다. 여기에는 경영진의 엄청난 관심과 비용구조의 문제점과 마주하려는 임직원의 의지가 필요했다. 회사는 선택의 여지가 없었다. 전술한 분야에서 비용을 줄이지 않았다면 레고는 성공은커녕 생존도 어려웠을 것이니까 말이다.

그 뒤로 레고가 이룬 혁신적인 변화는 대부분 주차장 분석에 따른 비용절감 덕분에 가능했다. 회사의 리더들이 계속해서 원료조달과 물류로 고생했다면 이 회사는 레고 커뮤니티나 내러티브 기술을 절대로 개발하지 못했을 것이다. 크누드스토르프는 주차장 접근법이 "사업을 개발하고 혁신하고 훨씬 창조적인 일터가 되도록 조직을 만드는 일에 집중할 수 있게 해주었습니다"라고 말한다. "이것은 우리가 수익을 내지 못하고 공급망이 10~15년가량 시대에 뒤처져 있을 때는 꿈도 꾸지 못했던 사치입니다."[14]

예산을 다시 생각하라

주차장 분석이 완료되고 3장에서 설명한 청사진 작성도 끝났다면 이제 다음 분기나 다음 연도를 준비할 때가 된 것이다. 하지만 여러분은 이보다 더 장기적인 관점도 가질 필요가 있다. 이를 위해 회사가 경영계획과 예산을 어떻게 수립하는지 그 방식을 재고해보는 일이 필요하다.

대부분의 회사에서 연간 예산수립 프로세스처럼 광범위하게 미움받는 프로세스도 드물다. 매년 사업단위와 기능부서는 전년도 예산을 기준으로 몇 퍼센트포인트만큼 위나 아래로 조정한다. 이때 개발하고자 하는 베스트 프랙티스에 대해 숙고하고 판매나 일반관리 등 간접비용을 고려한다. 하지만 이들의 노력은 전략과 통합되지 않는다. 사람들은 기능부서의 경계를 넘어서는 역량에 대해서는 거의 아무런 고려도 하지 않는다.

연간예산 계획은 주로 재무팀에서 승인하거나 반려하며 기준은 전략적 우선순위가 아니라 매출과 수익전망에 근거한다. 이런 과정을 반복하면 그 결과로 회사 전체로 보았을 때 예산은 몇 퍼센트 정도 늘거나 줄어든다. 회사는 몇몇 신규 프로젝트나 예산이 꼭 필요한 항목 등을 고려해 숫자를 조정할 수 있지만 기본적으로 전년도 예산을 베이스라인으로 사용한다.

회사의 모든 사업단위와 부서는 당연히 전년도와 최소한 같거나 더 많은 예산을 받을 자격이 있다고 주장하기 쉽다. 이런 예산수립 방법은 회사 전체가 전년도의 왜곡된 지출 패턴을 반복하거나 최선의 경우라도 점증적인 변화만을 지향하게 만든다.

우리의 주차장 분석은 자체로 연도말 예산수립이 주는 폭압적 마음가짐에서 여러분을 벗어날 수 있게 한다. 그런 의미에서 주차장 분석은 영기준예산(zero-based budgeting)이라는 경영관리 트렌드와도 비슷하다. 영기준예산은 모든 예산배분이 매년 재평가되어야 하고 과거의 예산과 이어져서는 안 된다는 프랙티스다. 하지만 영기준분석 역시 비용을 역량이 아니라 기능부서나 단기적인 관련성 차원에서만 고려한다. 그러다 보니 이 분석도 사업과 관련해 의사결정을 잘못 이끌 가능성이 있다. 고유의 차별화된 역량과 그 밖의 활동을 구별하지 못하고 매우 중요하지만 성과를 내는 데 시간이 오래 걸리는 활동에 충분히 투자하지 못할 수도 있다.

우리의 분석은 이보다 한걸음 더 나간다. 연간 예산수립을 직접적이고 투명하게 가치제안과 역량체계에 연결하는 것이다. 매년 우선순위를 얼마나 변경해야 하는지, 팀이 해야 할 필요가 있는 혁신을 얼마나 수행하는지, 다음 장에서 살펴보겠지만 미래를 개척하기 위해 어떤 새로운 자금지원이 더 필요한지의 관점에서 자금수요를 재고한다.

이 과정은 일반적인 예산수립보다 일찍 시작해야 한다. 회계연도가 절반 정도 지났을 때가 좋다. 개별 사업단위와 기능부서에게 예산에 대해 일반적인 추정과 조정을 목적으로 질문하지 마라. 그 대신 주차장 분석과 유사한 분석을 수행하기 위한 질문을 해야 한다. 이 질문은 예산의 각 범주를 자세히 살피기 위해 하는 것이다. 이 활동은 회사 고유의 차별화된 역량에 어떻게 기여하는가? 이 활동은 최소 베팅액이나 점등상태유지 활동을 위해 어떻게 기여하는가? 이 활동이 어느 정도로 자원을 고갈시키는가?

이제 미래를 바라보자. 이 사업단위가 올해의 성장 열망을 어떻게 달성했는가? 어떤 역량을 가장 필요로 하는가? 이미 존재하는 역량과 필요한 역량 사이에 어떤 간극이 있는가? 제안된 비용절감과 다른 변화가 실행된다면 이 사업에 어떤 위험이 따르게 되는가?

역량 지향적인 예산수립과 분석(capabilities-oriented budget exercise)을 적절한 기술과 관심으로 수행한다면 부서의 일반관리비용을 20~40퍼센트가량 절감해 필요한 데 재배분할 수 있다. 프리토-레이가 역량체계에 자금을 지원하기 위해 삭감한 일반관리비가 바로 40퍼센트 수준이었다. 또한 각 팀들이 스스로 활동과 비용의 우선순위를 정하게 해 그다지 가치를 만들지 못하면서도 시간을 많이 쓰는 활동을 중단하거나 줄일 수 있다. 마지막으로 회사의 최상위에 있는 총괄팀은 사내의 모든 요청을 고려해 최초의 주차장 분석 때처럼 투자를 우선순위화해야 한다.

주차장 분석을 주기적으로 수행하면 시간이 지나면서 회사의 지속적인 개선 습관의 하나로 자리 잡는다. 과거와는 달리 이제 각 부서별 예산은 전략적인 연결에 따라 결정될 것이라고 명시적으로 발표해야 할지도 모른다. 만약 어떤 부서가 회사의 고유의 차별화된 역량에 기여할 만한 활동을 제시하며 더 많은 자금지원을 요구한다면 실제로 예산을 늘릴 수도 있다. 다만 그 결과를 어떻게 달성할지도 함께 보여줘야 한다. 전략과 실행 사이의 간극을 없앤 일부 기업에서는 경영진의 보너스를 이렇게 투자를 설계하고 방어하며 실행하는 능력에 따라 주기도 한다.

여러분도 회사에 필요한 변화를 실행하기 위한 가이드라인으로 역량 지향적인 예산수립과 분석을 이용할 수 있다. 새롭고 초점 있는 마음가짐으로 계속 분투하라. 고위팀 사람들을 회사 전체를 대상으로 하는 홍보대사로 활용하라. 이들은 예산삭감과 이어지는 재투자에 대해 합리적 근거를 제시하고 직원들의 우려와 제안에 귀를 기울일 것이다.

여러분 앞에 각종 사건이 터지며 여러분의 노력은 지속적으로 도전받을 것이 분명하다. 모든 계획은 변화하는 현실에 적합해지도록 조정이 필요하다. 하지만 비용배분에 있어 이런 변화는 분명한 정체성과 근거의 맥락에서만 실행되어야 한다. 비용절감은 회사가 더욱 강해지기 위해 하는 것이다. 회사는 승리할 권리를 지원하는 역량을 유지하고 구축한다. 좀 더 응집성이 높은 사업 포트폴리오를 구축하고 지원한다. 이제 모든 비용을 미래를 위한 투자로 바라보자.

비용관리 능력이 있다면 움직일 수 있는 여유가 생긴다. 회사는 보다 많은 것을 열망하고 새롭고 더 높은 수준으로 도약할 수 있다. 그것이 바로 다음 장의 주제다.

6장

미래를 스스로
개척하라

STRATEGY

THAT

WORKS

HOW WINNING COMPANIES CLOSE
THE **STRATEGY-TO-EXECUTION** GAP

CB

여러분이 전략과 실행 사이의 간극을 좁히는 데 성공한 매우 응집성이 높은 회사의 임원이라고 생각해보자. 몇 년 뒤 회사가 지속적인 성공을 거두었다. 이제 회사는 도약의 경계선을 넘어 성숙한 경쟁자로 자리 잡았다. 여러분의 고객, 직원, 공급자, 유통사, 협력사, 투자자들은 회사에 대한 충성도가 높다. 이들과 아주 특별한 관계를 맺고 있다고 볼 이유도 충분하다.

상황이 이렇다 보니 안이한 시각이 회사 내부에 널리 퍼져 있다. 그래서는 안 된다는 것을 알면서도 이제 무엇을 해도 잘못되지 않을 것 같은 믿음이 생기기 시작한다.

여러분과 여러분의 회사는 사실 유혹에 빠지기 직전이다. 이 책을 쓰기 위해 우리가 연구했던 성공적이고 응집성이 높은 모든 회사들은 예외 없이 자기발견에 이르는 매우 힘든 시간을 겪어야 했다. 놀랍게도 회사는 성공하는 중에도 산만함과 비응집성의 희생양이 되고 있었다. 때로 이런 회사들은 생존의 위기를 겪기도 했다. 애플은 1997년, 레고는 2002년에 파산 직전에 몰렸다. 시멕스는 2008년 금융위기가 있은 뒤 지급불능 사태를 아슬아슬하게 피했다. 스타벅스는 2년간 집중적으로 성장한 뒤 2009년 크게 흔들렸다. 하지만 이들 회사는 모두 위기를 극복했으며 그 뒤 각각 자신만의 가치제안과 역량체계를 새로운 수준으로 끌어올리기까지 했다.

여러분의 회사는 성숙하면서 야망도 함께 커질 것이다. 성장을 위한 기회와 영향력을 더 폭넓게 미칠 수 있는 새로운 방법이 보이기 시작할 것이다. 하지만 동시에 새로운 도전과도 마주하게 될 것이다. 여러분의 회사는 규모, 가시성, 성공 때문에 경쟁사들의 공격에 더욱 취약하다. 여러분의 기존 사업 분야를 뒤흔들 수 있는 새로운 가치제안을 갖고 있거나 여러분의 회사와는 다른 역량을 제공할 수 있는 경쟁사에는 더욱 그렇다. 고객들이 취향이나 행동패턴을 바꾼다면 여러분의 가치제안이 지닌 가치는 언제든 잠식될 수 있다. 모든 성공적인 회사는 빠르든 늦든 언젠가 이 지점에 도달한다.

우리는 2장에서 기업이 변화에 성공적으로 적응하려면 정체성에 충실해야 하고 자신이 가진 강점에 근거해서 성장해야 한다고 설명한 바 있다. 유감스럽게도 기업의 성공과 성숙도가 이 단계에 도달하면 많은 기업들이 자신의 강점을 버리고 새로운 시장이나 분야를 찾고자 하는 유혹을 다시금 받게 된다.

하지만 우리가 연구한 회사들, 즉 전략과 실행 사이의 간극을 없앤 회사들은 그보다 나은 방법을 택했다. 변화에 단순히 반응하는 대신 변화의 최전선으로 나아갔다. 이 회사들은 무작위의 성장게임을 이것저것 시도하지 않는다. 이들은 가진 역량을 이용해 새로운 종류의 성장을 지속하기 위해 탁월한 역량체계를 활용한다. 우리가 연구한 회사들처럼 여러분도 적어도 세 가지의 서로 뚜렷이 구분되면서도 상호보완적인 방식으로 회사의 미래를 개척할 수 있다.

- 역량체계를 재충전하거나 혁신하거나 확장한다. 기존 역량을 더욱 능숙하게 다듬고 원래의 차별화 요소를 확장하고 강화한다.
- 고객에 대한 통찰을 활용해 수요를 창출한다. 고객의 니즈를 새롭게 정의하는 제품과 서비스를 창조하고 그 과정에서 경쟁사의 사업을 무너뜨린다.
- 산업의 최전선으로 나와 산업을 여러분 회사의 강점에 맞게 재편해 수퍼경쟁자가 된다. 수퍼경쟁자란 자신의 가치제안과 역량체계를 통해 비즈니스 생태계를 자신에게 유리하도록 정의하는 기업을 말한다.

비응집성에서 응집성으로, 다시 수퍼경쟁자로 가는 길은 명확히 놓여 있다. 모든 기업이 이 단계에 이르지는 못하지만 많은 기업이 그렇게 할 능력을 갖고 있다. 이 장의 나머지 부분에서 우리는 응집성의 경로, 수퍼경쟁자의 경로를 따라가는 데 어떤 이점이 있는지, 기업들이 이를 어떻게 성취하는지 살펴본다. 어떻게 역량체계를 재충전하고, 시장에서 수요를 창출하며, 산업을 재편하는지 살펴본다.

역량체계를 재충전하라

어떤 회사들은 마치 세계가 언제 어떻게 변하는지 꿰뚫고 있는 것처럼 보인다. 코닥(Kodak)이 디지털사진에 대한 투자위험을 헤지하려고 디지털기술과 디지털필름 하이브리드 기술 두 가지에 모두 투자하는 동안 애플은 자사의 모든 스마트폰에 카메라를 장착했다. 다른 의류 판매업체가 고전하는 중에도 자라의 의류 제품라인은 인기가 유지되고 있다.

애플이나 자라 같은 회사가 특별히 더 영리한 천재라서 승리하는 것이 아니다. 이들 회사는 항상 시장의 앞일을 내다보려고 스스로를 단련한다. 이들은 가치제안에 영향을 미칠 만한 변화의 경고를 미리 탐지하기 위해 스스로를 훈련하고 그에 맞게 전략을 수정한다. 다가오는 도전을 포착하면 압박을 받기 전에 미리 대비한다.

승리하는 기업들은 미래를 위한 준비 활동을 자신의 역량체계가 가진 맥락 안에서 수행한다. 이들은 역량체계에 변화가 필요하면 변화를 구체적으로 예측하고자 노력한다. 그리고 변화를 의도적으로 강력하게 구성한다. 어떤 특정한 미래예측 시나리오 하나만 준비하는 것이 아니라 나타날 가능성이 있는 몇 가지 상황 중 어느 것에도 대비할 수 있게 설계한다. 이런 접근법은 응집성이 있는 기업이 가진 일종의 민첩성이라고 볼 수도 있다. 2장에서 설명했듯이 이런 접근법은 오랜 시간 축적된 기업의 강점에 근거를 두고 변화를 추구해서 비응집성을 피하는 방법이다.

애플은 1997년 스티브 잡스가 CEO로 돌아오면서 이 같은 변화를 추구했다. 비용을 삭감해서 더욱 강해졌고 수십여 가지 모델로 이뤄진 제품라인을 네 가지로 줄였다. 잡스라고 미래에 무슨 일이 벌어질지 정확히 알았던 것은 아니었겠지만 나중에 어떤 일이 있을지라도 제품라인을 축소한 것은 옳은 선택이었다. 애플에게 당시 간절히 필요했던 현금유동성을 확보하는 즉각적인 효과를 거두었기 때문이다.

역량체계를 재충전하는 일은 단지 새로운 제품이나 서비스를 출시하는 것만이 아니다. 새로운 제품이나 서비스를 일관되게 성공적으로 출시하는 능력 자체를 확장하는 일이다. 스타벅스는 그릴을 사용하지 않고도 음식을 성공적으로 포장하고 판매하는 방법을 배웠다. 이 분야에서 능숙함을 확보하고 나자 스타벅스는 인기스낵을 여러 종 출시했다.

이케아는 온라인에서 사업하는 법을 배웠고 그 뒤 이 회사의 온라인사업 부문은 점차 성장하는 중이다. 나투라 코스메티코스는 환경적 지속가능성을 일상 업무로 전환해 새로운 역량을 개발했다. 열대우림과 관련된 거래에서 책임감이 있다는 명성을 해외시장에서 판매를 증대하는 발판으로 활용했다. 시멕스도 완전히 다른 산업분야에 지속가능성을 도입했다. 솔루션 제공자로서 회사의 역할을 강화하기 위한 방안이었다.

우리가 연구한 회사의 리더들은 가치제안이 결코 완벽하게 성취되는 것이 아니라는 점을 알고 있다. 역량체계는 항상 더 발전할 여지가 남아 있다. 여러분의 전략이 순전히 시장의 힘에만 의지하고 있다고 해보자. 예컨대 그것이 특정 지역시장이든 전 세계 시장이든 여러분이 시장점유율을 얻고자 진출한다고 가정하자. 이 전략이 달성되고 나면 그 이상을 추구할 이유가 없어진다. 하지만 여러분 회사의 정체성이 자신이 하는 일과 스스로가 창출하는 가치의 측면에서 표현된다면 언제든 그 가치를 달성하기 위한 더 나은 방법을 찾을 수 있다. 항상 더 진화하고 개선해야 할 이유를 찾게 된다.

이 같은 원칙을 가슴에 새기고 일상 업무에서 실천했던 회사 중 하나가 하이얼이다. 앞서 살펴보았듯 하이얼은 솔루션 제공자로서 정체성을 개발했지만 역량체계를 지속적으로 개선해 가치제안의 도달범위와 영역을 넓혀갔다. 처음에는 일관된 품질에서 나중에는 틈새상품으로, 그리고 전 세계 시장으로 확대되었으며, 이제는 디지털 주도의 혁신과 서비스에까지 넓어지고 있다. 하이얼이 이룬 각각의 변화는 응집성이 있고 논리적이었다. 미국에서 몇 차례의 품질관련 문제를 겪는 등 하이얼이 장애물을 만나지 않은 것은 아니지만 전체적으로 회사의 노력은 흔들리지 않았다. 하이얼의 조직문화는 자기만족을 단호히 거부하고 있다.

"1984년 회사를 재건하기 시작했을 때부터 지금까지 계속해서 우리는 위기감을 느껴왔습니다." 장루이민의 말이다. "시작부터 우리는 우리와 세계적 기업들 사이에는 너무 큰 간극이 있다고 느껴왔지요. 꼭 그 간극을 극복해야 한다고 생각했습니다. 생존하려면 유일한 길은 끊임없이 자기개선을 추구하는 것밖에 없었어요. …… 그것이 우리가 스스로에게 의문을 품는 조직문화를 갖게 된 이유입니다. 모든 사람이 자신의 아이디어에 항상 도전하고 계속해서 스스로를 뛰어넘습니다."[1]

10년에 한 번씩 하이얼은 프로세스, 프랙티스, 조직구조를 재창조하기 위한 작업에 착수한다. 가장 최근의 일은 2013년에 있었다. 장루이민과 회사의 임원들은 앞으로 고객이 제품과 서비스를 온라인에서 먼저 찾아보고 싶어 할 것이라고 예상했다. 그런 예상을 근거로 이들은 하이얼의 기업구조를 인터넷기반 기업(internet-based company)으로 재편해야 한다고 결정했다.

이 같은 변화는 장루이민에게 회사의 각각의 제품라인을 하나의 기업가적 기업(entrepreneurial enterprise)처럼 취급하는 것을 의미하기도 했다. 이것은 하이얼의 역량을 공유하면서 솔루션 제공자라는 회사의 가치제안과 긴밀히 연결되어 있을 뿐 아니라 기존에는 없던 방식으로 전 세계에 개방된 플랫폼이었다.

첫 번째 단계는 하이얼의 소매 운영방식을 중국시장에서부터 재설계하는 일이었다. 하이얼의 모든 가전제품을 고객이 온라인이나 오프라인매장에서 지정한 외양과 기능의 조합, 그 밖의 기능과 디자인 특성대로 맞춤화했다.

다음 변화는 회사의 구조를 바꾸는 일이었다. 비즈니스 플랫폼에서 채용이나 고용제한을 없앴다. 고위 임원의 절반을 없앴고 누가 플랫폼에서 일하거나 정보를 공유할 수 있는지에 대한 규칙을 극적으로 완화했다. 제품을 감독하는 사람이라면 누구든 회사 외부인력까지 포함해 참여인원을 지정할 권한이 있었다. 각각의 플랫폼이 스타트업 기업처럼 바뀐 것이다.

"변화의 일환으로 회사에서 일하던 4000명 이상의 직원이 해고되었습니다." 장루이민의 말이다. 해고된 직원들 대부분은 빠르게 다시 지원하라는 초대를 받았다. 하지만 이번에는 하이얼의 브랜드를 통해 창업할 수 있는 기업가 포지션으로 들어오는 것이었다. "우리만한 규모의 중국 기업 중에 이렇게 한 선례가 없다는 것을 알고 있었습니다."[2]

장루이민의 이 극적인 실험은 회사의 역량에 대한 자기만족 경향을 극복하기 위한 방법이었다. 제품개발을 관리하고 통제하는 대신 보다 개방적이고 창의적이며 혁신적으로 변하는 것이 목표였다. 어느 곳에서든, 사실상 모든 곳에서 기회를 불러오려는 것이었다. "우리와 협력해 일하는 사람들 중 일부는 직원으로 합류하는 데 관심이 없었습니다." 장루이민의 말이다. "회사 밖에서 회사의 파트너로 머무르며 우리 플랫폼을 활용해 선구적인 작업을 하는 쪽을 선호했습니다."

장루이민에게 높은 수준의 개방성은 창의성의 시작점이었다. 플랫폼 리더는 공연기획자와 같은 역할을 맡아 회사 내외부에서 뛰어난 전문가를 모아 하이얼의 다음 제품과 서비스라인 설계에 참여하게 되었다. 이런 방식으로 개발된 최초의 제품 중 하나가 2장에서 소개한 하이얼의 히트상품인 티안준 에어컨이다.

여러분의 회사는 하이얼만큼 멀리 가고 싶지는 않을 것이다. 하지만 하이얼이 이룬 과업 중 가장 중요한 것을 모방할 수는 있다. 바로 초점을 잃지 않고 고유의 차별화된 역량을 반복해 진화하는 것이다.

우리가 연구한 다른 대부분의 기업도 하이얼과 유사한 이야기를 갖고 있다. 이케아는 전 세계로 사업을 확장하면서 역량체계도 함께 확장했다. 다나허는 2000년 초에 시작해 비즈니스의 핵심이 된 과학기술 사업에 맞도록 역량체계를 확장했다. 회사가 성숙하면서 성장의 기회도 함께 늘어나겠지만 그러기 위해서는 역량체계를 확장할 방법을 찾아야 한다. 확장이란 역량체계가 기본적으로 동일한 정체성에 충실하면서도 더 많은 것을 달성하고 다룰 수 있게 하는 것이다.

수요를 창출하라

대부분의 회사는 성장을 위해 노력할 때 그 방법을 회사 밖에서 찾을 수 있으리라고 기대한다. 하지만 응집력이 있는 회사는 스스로의 통찰을 통해 수요를 불러올 기술을 개발한다. 예컨대 애플은 온라인음악과 비디오스토어를, 이케아는 셀프서비스 유통형태를, 퀄컴은 무선광대역을 만들었다. 이들은 모두 회사의 진화단계 중 성숙단계에 있던 회사였다.

여느 성공한 기업이 그렇듯이 이들은 고객에게 긴밀한 관심을 기울였다. 하지만 고객이 찾는 것을 제공하거나 앞으로 찾게 될 것을 파악해 제공하는 데서 그치지 않았다. 존재하기 전까지는 그 누구도 찾지조차 않았을 무언가를 제공한다. 이렇게 할 수 있었던 것은 응집력이 있는 회사들은 자신들의 역량체계를 긴밀히 들여다보고 다른 회사들이 성장에 정신이 팔렸을 때 조용히 스스로를 향해 질문을 던졌기 때문이다. 그 질문은 바로 "세상에서 필요로 하는 것 중에 우리만이 제공할 수 있는 것은 무엇인가?"이다.

지속적인 성장 노력을 위한 이케아의 슬로건은 '계속 밀접하고 계속 앞서 가기(Staying Relevant, Staying Ahead)'다.[3] 이 회사는 매장에서 쇼핑하는 사람들을 이해하기 위한 인류학적인 방법(anthropological methods)을 지속적으로 도입했다. 특히 회사가 설립된 북유럽에서 지리적으로 먼 매장일수록 더욱 그렇다. 이케아는 조사 목적으로 직원이 고객의 집을 방문하는 '가정방문

(home visits)'을 실시한다. 전 세계적으로 연간 600번 정도 실시하는데 2015년 중반 회사는 미국에서만 가정방문을 1000번 정도로 확대 실시하겠다고 발표했다.[4] "이케아가 나고 자란 문화에서 멀어질수록 우리는 더 많이 이해하고 배우고 적응해야 합니다." 스웨덴에서 이케아의 조사 업무를 총괄하는 미카엘 위드홀름(Mikael Ydholm)의 말이다.[5]

이케아는 가정방문을 확장해 스웨덴 스톡홀름에서 이탈리아 밀라노, 미국 뉴욕, 중국 선전 등까지 고객의 집에 동의를 받고 카메라를 설치했다. 이케아의 정체성이 고객에 대한 이 같은 특별한 접근권한을 누릴 수 있게 했다. 이케아 사람이라면 집 안으로 들어오는 정도가 아니라 비디오카메라의 설치가 허용될 정도로 신뢰받는다. 이케아는 고객의 이익을 최우선적으로 고려한다는 느낌을 주기 때문이다. 이케아만큼의 정체성과 권한이 없는 회사라면 침입자라는 인상만 줄 것이다. 고객의 집을 방문하는 이케아 관계자 중에는 매장 매니저와 고위 임원도 포함되어 있다는 점도 중요하다. 이케아가 고객에게 갖는 관심의 깊이를 웅변하는 증거다.

이케아의 새로운 조사를 통해 나온 제품 중 하나가 크나페르(Knapper)다. 스탠드형 전신거울로 거울 뒤에 옷과 액세서리를 놓을 수 있는 선반이 있어 출근하기 전날 밤 미리 옷을 골라 함께 놓아두면 아침에 스트레스를 피할 수 있다. 또 중국에서 있었던 변화 중 하나로 특정 지역의 좌식 생활습관에 맞게 소파를 등받이로 사용하는 새로운 샘플룸을 꾸미기도 했다. 다만 중국시장만을 위해 소파를 다시 디자인하지는 않았다. "잘 알려진 것이지만 이케아 모델은 첫째도 둘째도 셋째도 물량이다." 베스 호윗(Beth Howitt)은 이케아의 전 세계 확장에 관해 ≪포천(Fortune)≫에 이렇게 썼다.[6] "비용을 낮추기 위해서는 규모의 경제가 엄청나게 필요하고 그렇기에 최대한 어디에서나 적용될 수 있는 솔루션을 만들어야 한다."

이 회사는 끊임없이 소비자를 이해하는 수단을 정교화해간다. 시장조사 같은 전통적인 조사는 기본이다. 사람에 대한 접근을 개선하고, 회사를 고객과 동일한 입장에 놓아보고, 고객의 바람과 불만과 태도를 더 잘 느끼기 위해 노력한다. 일례로 최근 몇 년간 이케아는 젊은 성인과 전체 연령대의 싱글족 니즈에 대해 감수성을 키워왔다. 아이가 없이 나이 드는 사람들은 대개 도심지의 작은 아파트에서 사는 경향이 있다. 싱글족의 사회생활과 집 안의 모습은 이케아의 원래 핵심시장인 가족이나 학생층과는 매우 다르다.

이 같은 수요창출 활동이 역량체계의 재충전을 대체하지는 않는다. 수요창출과 역량 재충전은 서로를 보완해준다. 하지만 두 종류의 활동을 수행할 때 회사에 요구되는 바는 각각 다르다. 역량체계를 재충전할 때는 역량에 대해 더 많은 것을 배워 어떻게 시야를 넓힐 수 있을지 살펴야 한다. 반면에 수요를 창출할 때는 고객의 잠재력에 대해 최대한 많은 것을 배워 고객의 시야를 넓히는 데 회사가 어떻게 기여할 수 있을지 살펴야 한다.

멕시코의 레미콘 공급기업이자 글로벌 시멘트 제조기업인 시멕스는 고객의 시야를 넓히는 데 많은 기여를 했다. 시멕스의 고객은 전 세계의 건설사, 지방자치단체 공직자, 자체제작(DIY: Do-It-Yourself)용 개인주택 건축가 등 매우 특수한 편이다. 얼핏 보면 시멕스가 이들에게서 수요를 창출할 수 있는 기회는 제한적일 것 같다. 시멘트야말로 범용품 중 첫 번째로 꼽힐 만한 상품이다. 부피가 큰 원자재이고, 커다란 포대에 담겨 건설 인부들에게 배달되며, 대체로 똑같아 보인다. 또한 시멘트는 인기제품이다. 현재 전 세계에서 가장 널리 쓰이는 건축자재인 콘크리트의 핵심자재이기 때문이다. 해마다 지구상에 사는 사람 한 명당 3톤의 콘크리트가 소요된다.[7] 문자 그대로 시멘트와 콘크리트는 문명의 토대를 이룬다. 그러니 가장 낮은 가격에 시멘트를 공급하는 회사가 무적의 우위를 갖게 될 것이 자명해 보인다.

스스로를 차별화하기 위해 시멕스는 사람들이 본래 시멘트를 쓰는 이유를 파고들기 시작했다. 예컨대 중남미 전역에서 수천 명의 빈민들은 집을 지을 때 콘크리트로 한 번에 방 한 칸씩이나 한 층씩만 짓는다. 한 번에 충분한 양의 시멘트를 살 만큼 돈이 없기 때문이다. 납작한 지붕에는 대개 다음 층을 지을 때 닻처럼 고정하는 기초로 쓰기 위한 레바라는 이름의 검은 금속막대가 튀어나와 있다. 집 주인이 충분한 건축비용을 모을 때까지는 그냥 그 상태로 지낸다.

1998년 시멕스는 파트리모니오 호이(Patrimonio Hoy) 프로그램을 시작했다. 스페인어로 '오늘의 부동산'이라는 뜻을 가진 이 프로그램은 소액금융대출상품을 통해 신용대출을 주선하고, 건축자재를 저가에 판매하며, 자재를 안전하게 보관하고, 고객에게 규제장벽과 기본적인 건축관련 사항을 안내했다. 한마디로 이 프로그램의 목적은 저소득층 가정이 상대적으로 짧은 시간에 내 집을 지을 수 있도록 돕는 데 있었다. 그간 아무도 이런 일을 이렇게 대규모로 시도한 적은 없었다. 이 프로그램이 멕시코의 자가주택 보유자와 소규모 자영업자에게 아이디어를 공개하자 그들은 삶을 좀 더 빠르게 개선할 수 있겠다는 희망을 갖게 되었다.

몇 년 뒤 시멕스는 이번에는 독립적인 소매유통업체들을 위해 파트리모니오 호이와 비슷한 변화를 일으켰다. 콘스트루라마(Construrama)라는 새로운 소매 프랜차이즈 브랜드를 출시한 것이다. 벽돌공들이 드나들던 먼지 쌓인 아울렛이 소비자들이 좋아할 만한 매장으로 탈바꿈했다. 새롭게 단장한 매장은 시장에 진입한 외국계 경쟁사에게 대항할 만큼 경쟁력이 있었다. 콘스트루라마 1호 매장은 2001년 문을 열어 시멘트 포대, 벽돌쌓기 도구, 레바 등을 팔았다. 건설업체, DIY 소비자를 위한 그 밖의 보조제품도 판매했다. 이들 매장은 오렌지, 파랑, 흰색으로 이뤄진 매장로고, 디자인, 마케팅 프랙티스 등을 공유했다. 콘스트루라마 매장은 주택을 개선하는 데 관심이 있는 사람들이 모이는 지역 중심지가 되었다.

시멕스는 동일한 솔루션을 또 다른 주요 소비자그룹에게도 적용했다. 바로 남미 전역의 지방자치단체 공무원들이었다. 남미의 지역사회에는 고속도로, 항만, 이착륙장 등이 필요하지만 공무원이 주요 인프라 프로젝트를 기획하고 조직하며 관리하는 법을 항상 아는 것은 아니다. 시멕스는 지방자치단체의 인프라 담당 공무원들을 위한 다양한 혁신 프로그램을 수립했다.

그중 하나가 빠른 버스 환승시스템(rapid-transit bus systems)을 디자인한 일이었다. "우리의 역량을 이용하면 다른 회사는 할 수 없는 방식으로 인프라에 관한 제안을 할 수 있습니다." 조직과 인적자원 담당 부사장인 루이스 에르난데스의 말이다. "세수입이 좋은 자치단체도 어떻게 프로젝트를 조직하고 필요한 허가를 받는지, 어디에 길이나 다리를 만들고 공공주택 프로젝트를 실행해야 하는지 잘 모르는 경우가 많습니다. 이것들을 조직하고 조율하는 일을 돕는 것은 시멕스가 가치를 제공할 수 있는 분야입니다."[8]

시멕스에게 솔루션을 직접 요청한 고객은 없었다. 시멕스는 고객에 대한 자사의 특별한 접근권한과 고객의 이해에 대한 관심을 바탕으로 스스로 솔루션을 고안해냈다. 예를 들어 지방자치단체 대상의 컨설팅 사업은 신흥경제국의 지역사회 리더들이 도움은 필요한데 누구를 믿어야 할지 확신하지 못한다는 깨달음에서 시작되었다. 지역 공무원들은 상품지향적인 기업이나 세계은행(World Bank)과 같은 세계적인 개발대행사보다는 그들이 이미 잘 알고 있는 회사가 건네는 조언에 관심을 보일 확률이 더 높았던 것이다.

과거 시멕스는 사업 지역별로 매니저들을 빠르게 이동시키며 이들이 경험을 서로 공유할 수 있게 만들어 회사의 발전을 도모했다. 하지만 이제 시멕스는 매니저들이 한 장소에 오래 머무르도록 유도한다. 매니저들이 지역

고객과 강력한 관계를 쌓도록 장려하는 것이다. 1990년대 말부터 시멕스가 구축한 고객과의 두터운 관계는 금융위기가 전 세계 건설업에 타격을 입혔던 2008년과 2010년 사이의 어려웠던 시기를 헤쳐갈 수 있게 한 안정성의 주된 원천이었다. 정리하자면 시멕스는 시멘트라는 범용품을 만드는 제조회사지만 가격경쟁으로 시장점유율을 확장하려는 단계를 넘어섰다. 그러는 대신 오직 시멕스만이 포착할 수 있었던 새로운 시장수요를 창출해냈다.

시멕스의 정체성 프로필

멕시코 몬테레이(Monterrey) 시에 본사를 둔 시멕스는 건축자재 분야의 세계적인 선도기업이다.

가치제안　시멕스는 글로벌 솔루션 제공자다. 건축업체와 지방자치단체 리더들에게 시멘트와 콘크리트 제품을 제공한다. 이와 동시에 시멘트 등의 제품을 어떻게 하면 효과적으로 쓸 수 있는지 조언하는 방법으로 제품과 서비스 포트폴리오를 제공한다.

역량체계

▶ 산업을 선도하는 오퍼레이션 효과성　물류와 오퍼레이션 프랙티스를 지속적으로 개선한다. 건축자재를 관리하고 이동하는 데 있어 핵심적인 역량이다.

▶ 고객의 문제에 전념하는 첨단지식 공유　시멕스는 기술혁신과 지원을 매우 잘하는 조직문화를 갖고 있다. 이 역량은 시멕스에게 다양한 지역으로 솔루션을 확산하기 위해 필요한 정보를 공유할 수 있게 해준다.

▶ **고객과 지역사회를 대상으로 하는 장기적인 관계 구축** 고객과의 깊이 있는 컨설팅과 관계 구축을 통해 시멕스는 고객이 무엇을 필요로 하는지 고유한 통찰을 획득하고, 경쟁사가 진입하지 못하도록 진입장벽을 만들어낸다.

▶ **솔루션 지향적인 혁신** 에너지 효율적인 시멘트, 인프라 유지보수, 365일 24시간 배송, 새로운 형태의 콘크리트 포장 등 고객의 고민을 해결하는 신제품, 서비스, 디자인 제품을 출시하는 데 매우 뛰어나다.

▶ **건축자재의 지속가능성과 관련된 우수성** 비용을 낮추고 환경을 고려한 건축이라는 새로운 기회를 창출한다.

제품과 서비스 포트폴리오   시멕스는 개인고객, 기관고객, 전 세계 지역사회에 시멘트, 골재, 레미콘, 특수 콘크리트 제품, 건축과 인프라 솔루션을 제공한다.

앨런 케이(Alan Kay)는 제록스(Xerox)의 팰로앨토 리서치센터의 전임 수석 과학자이자 스몰토크(Smalltalk) 프로그래밍 언어를 개척한 인물이다. 1971년 케이는 수요창출의 핵심에 대해 유명한 말을 남긴 바 있다. "당신 외의 다른 누군가(경쟁사를 뜻함)가 무엇을 할지 걱정하지 마라." 케이는 덧붙였다. "미래를 예측하는 최고의 방법은 미래를 창조하는 것이다."[9]

최근 언더아머의 창업자인 케빈 플랭크가 케이의 격언을 업데이트했다. 그의 사무실에 붙어 있는 간판에는 이런 말이 써 있다. "최고의 상인은 쿨함(cool)을 예측하는 자가 아니라 지배하는 자다."[10] 이런 수준의 자신감은 역량을 최우선으로 놓는 회사에 자연스럽게 따라오기 마련이다. 고객에게 특별한 접근을 할 수 있을 뿐 아니라 이를 통해 관찰한 것의 의미를 파악하는 감각도 있기 때문이다.

산업을 재편하라

응집성을 성취하고 유지할 때 얻는 가장 큰 이점은 시장 선도기업의 지위를 갖게 된다는 점이다. 전략과 실행 사이의 간극을 좁힌 회사들은 시장지위를 높이기 위해 주위의 산업구조를 바꾸며 자체 생태계의 중심기업이 될 수 있다. 산업구조를 바꾸는 단계에까지 이른 회사들을 우리는 수퍼경쟁자라고 부른다.

수퍼경쟁자란 자사의 가치제안과 역량체계를 중심으로 더 폭넓은 기업집단을 재편해 넘볼 수 없는 우위를 확보한 회사를 뜻한다. 수퍼경쟁자는 고객, 인재시장, 경쟁사, 산업 안의 다른 기업과 주주에게 미치는 영향력의 정도로 알아볼 수 있다.

예를 들어 아마존은 출판산업을 재편했다. 이제 평범한 사람들도 전통적인 출판사가 가졌던 것과 거의 같은 수준의 물리적인 품질과 전달범위를 가진 책을 혼자서 출간할 수 있다. 아마존이 제시한 새로운 역량으로 출판산업에서는 기본적인 가치제안이 바뀌고 있다. 이제 출판사들은 독자에 대한 접근능력보다 아마존의 역량이 상대적으로 떨어지는 편집이나 마케팅 기술을 놓고 경쟁한다.

맥도날드는 전성기 시절 수십 개의 레스토랑 체인기업들에게 영감을 주었다. 지금은 스타벅스가 같은 역할을 하고 있다. 퀄컴의 혁신은 다른 통신기업들을 퀄컴이 조성한 표준을 중심으로 재편하게 만들었다. 수퍼경쟁자들은 연구되거나 모방될 수 없는데 그 이유는 그들의 역량 자체만이 아니라 주위에서 그 영향을 받고 있는 다른 회사들의 존재 때문이다.

노스웨스턴대학교 켈로그경영대학원의 토머스 N. 허버드 교수가 지적했 듯이 수퍼경쟁자는 점점 더 많은 제품과 서비스에 적용 가능하도록 역량체 계를 확장할 수 있는 산업에서 더 쉽게 성공한다.[11] 예를 들어 스타벅스와 이케아는 전 세계 모든 매장에서 자신이 가진 고유의 차별화된 역량을 복제 할 수 있는 능력의 덕을 보고 있다. 그와 대조적으로 장인급의 셰프가 연 고 급 프리미엄 레스토랑은 한두 곳에서는 성공할 수 있겠지만 그 역량을 쉽게 확장하지 못한다. 지역에서 재료를 수급하고, 매일 바뀌는 메뉴를 만들며, 지역별 고객에게 개인화된 마케팅과 서비스를 제공하는 능력은 쉽게 다른 매장으로 복제할 수 없다.

어떤 시점, 어떤 산업에서든 하나나 둘 또는 그 이상의 수퍼경쟁자가 존재 할 수 있다. 생태계의 엔지니어라고 불리는 비버나 지렁이가 자신의 필요를 더 잘 충족시키기 위해 생태환경을 바꾸는 것처럼, 새로운 시장 리더인 수퍼 경쟁자도 산업의 역동성을 조금씩 자신에게 유리하게 바꾼다. 회사가 더 크 게 성장하면서 다른 회사와 더 차별화되면 그 회사의 가치제안은 더 크게 성 공을 거둔다.

이들의 성공은 다시 역량체계에 더 많이 투자하게 해 이미 잘하는 부분을 강화하고 새로운 시장에서 성공적으로 확장하게 한다. 다른 회사들은 이들 과 직접적으로 경쟁하는 것을 어려워하기에 이들은 산업 안에서 자신의 가 치제안과 역량체계를 갖고 경쟁하는 유일한 회사가 된다.

수퍼경쟁자로 성장하는 모멘텀은 종종 인수합병을 통해 속력이 붙기도 한다. 다른 회사에서는 별 볼일 없었으나 우리 회사에서는 성공할 만한 제품 이나 서비스가 있을 수 있다. 그런 것이 있다면 인수합병으로 우리 회사로 들여오면 된다. 반대로 우리 회사에서는 해당 역량이 제대로 활용되지 못한

| 그림 6-1 | 한 산업이 어떻게 새로운 균형을 향해 진화하는가

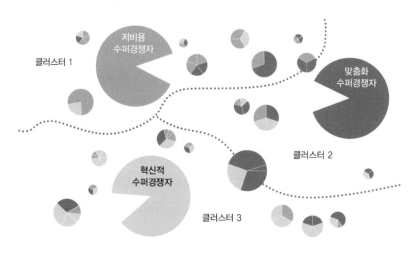

다면 그런 사업은 매각한다.

시간이 흐르면서 마치 중력작용처럼 전체 산업은 응집성이 가장 높은 기업들, 즉 역량과 전략이 가장 긴밀하게 연결된 기업들을 중심으로 재편된다. 많은 경우 산업은 몇 명의 수퍼경쟁자가 있는 새로운 균형상태를 향해 진화한다. 각각의 수퍼경쟁자는 고유한 가치제안과 그에 걸맞은 맞춤식 역량을 갖고 함께 시장을 분할한다. 이들 수퍼경쟁자는 각자 강점이 다르기에 같은 산업이나 분야에 있다고 하더라도 시장의 서로 다른 부분을 자신의 '역량 클러스터'에 끌어들인다. 〈그림 6-1〉에 이런 모습이 잘 나타나 있다.

그림에서 묘사된 산업은 세 가지의 역량 클러스터로 나뉘어 있다. 각각의 역량 클러스터에는 세 개의 큰 원으로 표현된 지배적인 수퍼경쟁자들이 있다. 여러 개의 작은 원은 수퍼경쟁자보다 작은 기업을 의미하는데, 이들 중 몇몇 기업은 클러스터의 경계를 넘어 경쟁하려고 애쓰고 있으나 성공적이지 않다. 작은 기업들은 궁극적으로는 인수 대상이 되어 수퍼경쟁자에게 삼켜질 수 있다.

수퍼경쟁자 단계에 다다르면 회사에 선순환이 생긴다. 고도로 숙련된 기술을 가진 장래가 촉망되는 직원들이 수퍼경쟁자에게로 모여든다. 보다 집중력 있는 기업이 자신의 재능과 관심을 더 잘 활용하리라고 생각하기 때문이다. 우수한 공급자와 유통사 또한 자신들이 수퍼경쟁자와 더 잘 일할 수 있다는 사실을 안다.

수퍼경쟁자는 우수한 직원들, 공급자들, 유통사들의 작업이 더 높이 평가되는 환경을 조성하고 그런 환경에서 그들 각각에게 전략적인 역할을 맡긴다. 당연히 수퍼경쟁자들의 성공 확률은 계속해서 올라가며 투자자금이 더 많이 조달되고 회사의 매력도 높아진다. 이들은 점차 자신이 속한 산업에서 상징적인 이름이 된다. 애플, 프리토-레이, 하이얼, 이케아, 퀄컴, 스타벅스가 바로 그런 회사들이다.

수퍼경쟁자는 특정한 한 산업 안에서만 머무르지 않는다. 아마존, 애플, 하이얼, 이케아, 퀄컴 등을 포함해 많은 응집성이 있는 회사들이 동일한 집중력을 여러 제품이나 서비스 카테고리에 적용한다. 한 회사가 수퍼경쟁자가 되기 위해 가장 중요한 것은 함께 작동하는 몇 가지 역량에 대한 회사의 지향성이다. 수퍼경쟁자는 기능이나 제품이 아니라 역량을 중심으로 특화되어 있다. 이들은 역량에 내재된 경제학적 우위를 활용하며 이를 통해 단순한 규모의 경제 이상의 힘을 얻을 수 있다. 이 책에서 소개한 위대한 역량 중에는 그것을 지원하는 정보기술과 인적자원 비용만 해도 수백만 달러에서 수천만 달러에 달하는 것들도 있다. 응집성이 있는 시장참여자가 만들어내는 이익은 막대하며 산업은 그와 함께 진화한다.

이런 종류의 산업진화의 강력한 사례를 소비재산업 분야에서 찾아볼 수 있다. 1990년대 초 소비재산업은 식품, 음료, 개인위생 상품을 판매하는 다각화된 대기업들이 지배하고 있었다. 프록터앤갬블, 유니레버(Unilever), 크래프트(Kraft), 콜게이트(Colgate), 네슬레(Nestlé), 사라 리(Sara Lee) 등의 회사는 각각 놀랄 만큼 다양한 브랜드와 사업라인을 보유하고 있었다.

일례로 크래프트는 필라델피아 크림치즈(Philadelphia cream cheese)와 자체브랜드의 유제품, 디지오르노 피자(DiGiorno pizza) 등 냉동식품, 캐드버리(Cadbury) 초콜릿, 트라이던트와 치클릿 추잉껌, 오레오쿠키(Oreo cookies)와 리츠크래커(Ritz crackers)를 포함한 달거나 짭짤한 스낵을 생산했다.[12]

다양한 유형의 식품 브랜드를 유지하려면 생산과 마케팅에서 광범위한 역량이 필요하다. 유니레버, 프록터앤갬블, 사라 리 등은 심지어 크래프트보다 다양한 사업부를 보유하고 있었다. 그런데도 이들은 성장했다. 규모의 경제가 주는 이점으로 후선업무 기능에서 비용을 낮출 수 있었고 유통채널에 보다 폭넓은 접근이 가능했다. 비싼 텔레비전 광고를 할 수 있는 자금력도 갖추고 있었다.

하지만 이런 이점은 영원히 지속되지 않았다. 1990년대가 되자 소비자의 입맛이 다양해지고 정보기술에 대한 접근성이 확대되면서 시장의 진입장벽이 낮아졌다. 그 덕분에 더 작은 규모의 집중력 있는 소비재 경쟁사들이 시장에 들어올 수 있게 되었다. 캐봇 크리머리(Cabot Creamery), 에이미스 키친(Amy's Kitchen), 고디바 초콜릿(Godiva Chocolates), 그린 마운튼 커피(Green Mountain Coffee) 등 북미와 유럽에서 수많은 회사들이 고객층을 확보하기가 훨씬 쉬워졌다.

이들 회사는 인터넷을 통해 자사 브랜드를 광고해 텔레비전 광고비용을 회피할 수 있었다. 월마트를 포함한 거대 체인 소매기업들도 이들을 지원하기 시작했다. 새롭게 변화한 세계에서 늙고 다각화된 대형 소비재기업은 느슨하게 이어진 브랜드와 제품의 복잡한 조합을 유지하기가 점점 어려워졌다. 규모의 경제가 주던 기존의 이점도 점차 짐이 되고 있었다.

결국 대형 소비재기업들은 전략을 다시 세우기 시작했다. 각각의 회사가 가장 잘할 수 있는 몇 개 카테고리를 골라 그 분야에서 노력을 두 배로 올렸다. 자사의 전략에 맞는 사업부를 인수하고 맞지 않는 사업부는 매각했다. 15개의 소비재 대기업에 대한 연구에 따르면 1990년대 말 이래 광범위한 인수합병과 사업철수를 통해 각 회사당 영위하던 사업 분야의 수가 1997년 4.3개에서 2015년 3.1개로 25퍼센트 이상 감소했다. 소비재산업에서의 평균 기업규모 역시 줄어들었다. 사실상 거의 모든 소비재기업이 영향을 받았다.[13]

역량체계를 중심으로 재구성한 소비재 산업지도는 10년 전과 비교하면 거의 알아볼 수 없을 정도다. 예컨대 2014년 말과 2015년 초 프록터앤갬블은 유명하지만 회사의 다른 사업부와 괴리되어 있던 몇몇 사업부를 분사했다. 아이암스(Iams) 반려동물식품 브랜드는 마스(Mars) 초콜릿에, 듀라셀 배터리는 워렌 버핏(Warren Buffett)의 지주회사인 버크셔 해서웨이(Berkshire Hathaway)에 매각했다. 클레이롤(Clairol), 웰라(Wella), 커버걸(Covergirl) 화장품은 코티(Coty)에 합병하기 위해 새 회사로 독립시켰다.[14]

크래프트가 겪은 변화도 극적이다. 몬델리즈(Mondelez)라는 새로운 글로벌 스낵기업이 크래프트로부터 독립했다. 그 뒤 몬델리즈는 캐드버리, 나비스코(Nabisco), 다논(Danone)의 일부 사업부를 흡수했다. 서로 다른 회사에서 온 이질적인 제품군이 이제 몬델리즈의 품 안에서 빠른 맛 혁신과 매장배송 역량이라는 동일한 역량체계를 함께 활용하게 되었다. 몬델리즈의 역량체계는 프리토-레이의 그것과도 비슷하다.

크래프트의 나머지 사업부문은 버크셔 해서웨이가 중개한 딜을 통해 대부분 하인즈(Heinz)에게 합병되었다. 합병기업은 포장된 마카로니, 치즈, 양념, 샐러드드레싱 등 가공식품과 조리식품을 만드는 회사다. 이런 제품군은 주로 수퍼마켓의 중심부에서 팔리며 유통, 브랜드마케팅, 지속적인 비용관리 측면에서 서로 다른 역량체계를 이용한다. 이와 같은 범주의 제품은 성장률이 낮기에 비용관리 같은 활동이 특히 중요하다.

네슬레는 건강식품, 음료, 시리얼 기업으로 변신하는 중이다. 화이자, 거버(Gerber), 노바티스(Novartis), 제니 크레이그(Jenny Craig), 랄스톤 퓨리나(Ralston Purina)를 산하에 거느리게 되었다. 사라 리가 갖고 있던 가공육류 사업은 힐셔 브랜드(Hillshire Brands)로 잠시 이름이 바뀌었다가 거대 치킨 생산업체인 타이슨 푸드(Tyson Foods)에 흡수되었다. 소비재산업이 얼마나 역동적으로 재편되었는지 온라인 다이어그램으로 확인하려면 우리 홈페이지를 참조하면 좋다.

소비재산업에서와 비슷한 일이 항공우주와 국방, 자동차 렌털, 헬스케어 같은 다른 산업에서도 일어났다. 존슨 콘트롤즈는 2015년 중반 두 개의 매우 다른 역량체계를 가진 두 회사로 분사한다고 발표했다. 하나는 차량 인테리어와 좌석을 만드는 회사이고 다른 하나는 배터리와 기후조절 장치(climate-control equipment)를 만드는 회사다. 15)

석유와 가스 산업에서는 엑손모빌(ExxonMobil)과 BP가 2014년 비교적 신규 사업부라고 할 수 있는 셰일가스 부문을 기존 사업부에서 분리할 것이라고 발표했다. 코노코필립스(ConocoPhillips), 마라톤(Marathon), 머피오일앤토털(Murphy Oil and Total)은 석유와 가스 탐색에만 집중할 수 있도록 정유와 소매판매 등 다운스트림 사업에서 철수한다고 밝혔다. 석유가스와 화학 기업들도 전체적으로 성공에 필요한 역량이 있는 사업부문에 보다 집중하는 방향으로 재편되었다. 16)

지금까지 살펴본 인수합병의 결과 각각의 산업에서 제품과 역량 사이에 적합성이 높아지면서 분리된 단위가 더욱 경쟁우위를 갖게 되었다. 모든 산업이 수퍼경쟁자를 중심으로 재편되고 있다. 각각의 수퍼경쟁자는 자사의 가치제안과 맞춤식 역량체계로 자신만의 시장영역을 만들어 지배하고 있다. 이렇게 산업이 진화하면서 과거의 다각화된 대기업이 시장을 지배하던 상황에서는 나타나기 어려웠을 새로운 상상력과 혁신, 새로운 형태의 소비자 통찰이 출현하고 있다.

소비재산업에서 떠오르는 새로운 경쟁사 중 하나가 제이컵스 도위 에그버츠(JDE: Jacobs Douwe Egberts)다. 이 회사는 기존의 시장 선도기업 두 곳의 사업부가 통합해 만들어졌다. 도위 에그버츠는 사라 리로부터 독립했고 제이컵스는 크래프트로부터 독립했다. 이들 사업부는 기존의 모기업 아래에서는 한 번도 잠재력을 실현하지 못했다. 지나치게 거대한 조직에 속해 있었기에 자신의 니즈를 포트폴리오 안의 다양한 사업부와 함께 조율해야 했으며, 회사 전체의 역량체계는 일부만이 이들 사업부와 관련이 있었다.

하지만 현재 도위 에그버츠와 제이컵스는 세계에서 가장 큰 커피와 차에 특화된 기업의 사업부다. 과거에는 다른 산업분야라고 여겼을 스타벅스가 지금은 제이컵스 도위 에그버츠의 주요한 경쟁사다. 현재 이 회사의 가장 큰 도전과제는 새로운 시장 포지션을 유지하고 성장하기 위해 필요한 역량을 구축하고 갈고닦는 일이다.

기업의 임원들이 전략을 생각할 때는 대개 잘 구축된 경쟁 포지션이나 전통적인 산업분야 등 회사가 현재 속한 산업이 가진 제약에만 초점을 맞춘다. 이런 맥락에서 수퍼경쟁자의 등장은 기존 사업에 위협으로 느껴질 수 있다.

하지만 다가오고 있는 산업의 지각변동을 바라보게 되면 포트폴리오를 보다 변혁적인 방식으로 재검토할 수 있다. 소비재산업이 겪은 변화처럼 어러분이 영위하는 산업 분야에서 변화가 발생하면 회사가 어떻게 승리할지 미리 검토할 수 있다. 더 나은 성장 플랫폼으로서 회사가 가장 잘하는 일이 무엇인지에 관심을 분명하게 집중할 수 있다.

몇몇 역량 그룹에만 회사의 관심을 집중하는 것이 마치 역량의 범위를 좁히는 일처럼 보일지 모른다. 하지만 사실 그것은 선택한 영역에서 회사를 더욱 선명하게 정의하게 하고 강력한 위치를 차지하게 한다. 회사가 진정으로 중요하게 생각하는 시장에서 더 큰 영향력을 행사하게 한다. 회사가 자신의 운명을 스스로 통제하게 되는 것이다.

'수퍼경쟁자 워크숍'이라는 다음의 도구는 회사의 리더가 차별적이고 장기적인 방향으로 사고하도록 자극하는 구체적인 방법을 제시하고 있다.

【 도구 】 수퍼경쟁자 워크숍

수퍼경쟁자 워크숍은 성공적인 기업의 리더십팀이 산업의 진화를 주도하는 방법에 대해 생각하도록 하는 강력한 도구다. 경영진과 함께 이틀간의 세션을 거치며 수행할 수 있다. 여기에는 C레벨 리더, 주요 사업부장, 전략 책임자, 조직개발 리더, 영업, 마케팅, 인사, 정보기술 등 주요 기능부서 책임자가 포함된다. 워크숍의 목적은 다음과 같다.

2장에서 가진 연습과 마찬가지로 이 세션은 회사에 가장 잘 맞는 가치제안과 역량체계에 대해 보다 분명한 감각을 기를 수 있게 한다. 하지만 지금 보는 도구는 2장의 그것에서 한걸음 더 나아가 보통의 가치제안이 아닌 수퍼경쟁자의 가치제안을 수립할 수 있게 도와준다. 여러분의 리더십을 중심으로 다른 기업들을 재편할 만한 산업 안에서의 한 영역을 선택하는 일이다.

회사가 일상의 어려움에 따른 제약이 상대적으로 덜한 환경에 있다면, 다음의 네 가지 단계는 경영진이 어떻게 회사의 미래를 개척하고 수퍼경쟁자가 될 수 있는지 보다 창의적인 사고를 자극할 것이다.

1. **자가 평가** 현재 상황에서 회사의 핵심 강점을 검토하고 경쟁사의 현재 강점과 비교한다. 회사의 고유한 역량이 전략과 연결되는지, 역량과 관련해 전략과 실행 사이의 간극이 있는지 평가한다.

2. **수퍼경쟁자와 그들의 역량** 회사와 경쟁사들을 응집성의 렌즈를 통해 들여다본다. 향후 5~10년간 시장에서 가치가 어떻게 창출될지, 다양한 가치 제안이 어떻게 상호작용할지 브레인스토밍한다.

3. **비교와 갭 분석** 2단계에서 상상했던 세계에서 회사의 잠재력을 고려해본다. 회사가 이미 갖고 있거나 구축할 수 있는 역량에 비춰볼 때 승리할 권리를 가질 수 있는 분야가 어디인지 이야기한다.

4. **상위 수준 로드맵** 회사를 위한 최선의 방안에 대한 합의안을 작성한다. 거기에 어떻게 도달할 수 있을지 잠재적인 인수합병 기회를 포함해 청사진과 비슷한 계획안을 논의를 통해 만들어본다.

| 표 6-1 | 산업 진화를 주도하기: 수퍼경쟁자 워크숍

자가 평가	• 회사가 현재 얼마나 응집성이 있는가? • 회사의 핵심 강점은 무엇인가? • 경쟁사는 무엇을 하고 있는가?
수퍼경쟁자와 그들의 역량	• 산업이 잠재적 수퍼경쟁자 모델을 중심으로 어떻게 진화할 것인가? 어떤 경쟁자가 지배적인 포지션을 차지하게 될 것인가? • 새로운 구조를 촉진하기 위해 어떤 사업이 거래될 것인가? • 미래에 어떤 가치창출의 기회가 생겨날 것인가? • 미래의 가치창출 기회는 상위 수준에서 얼마나 매력적일 것인가? • 잠재적 수퍼경쟁사는 성공하기 위해 어떤 역량을 가질 필요가 있는가?
비교와 갭 분석	• 어떤 수퍼경쟁자 모델이 회사에 가장 잘 맞는가? • 회사가 메워야 하는 역량 갭이 얼마나 큰가? 메우는 것이 가능한가? • 경쟁사 중 몇몇 회사는 어떻게 될 것인가?

상위 수준
로드맵
	• 앞으로 어떤 방향으로 나아가야 하는가? 새로운 구조 안에서 회사에 가장 좋은 포
	  지션을 어떻게 취할 수 있는가?
	• 어떤 역량을 강화해야 하는가? 그것을 역량체계 안으로 편입해야 하는가?
	• 누가 진정한 경쟁자인가?
	• 회사와 다른 회사의 포트폴리오에 어떤 변화를 가하면 원하는 미래를 촉진할 수 있
	  는가?
	• 인수합병 등을 포함하는 일련의 움직임이 회사가 원하는 미래를 실현하는 데 도움
	  이 될 것인가?

7장

담대하게
용기를 내라

STRATEGY
THAT
WORKS

HOW WINNING COMPANIES CLOSE
THE **STRATEGY-TO-EXECUTION** GAP

CB

"우리 대부분에게 가장 큰 위험은 목표를 너무 높게 잡다가 그에 못 미치는 것이 아니라 목표를 너무 낮게 잡아 그것을 성취하는 것이다." 미켈란젤로(Michelangelo)의 말이다.[1] 이 책에서 찬사를 보낸 회사나 그들과 비슷한 다른 회사들은 모두 그런 위험을 피해갔다.

위험을 피할 수 있었던 회사들에게는 리더십이 있었다. 오늘날 기업 리더십의 가장 핵심적인 자질은 전략과 실행 사이의 간극을 지속적으로 좁히는 능력이다. 물론 애초에 간극이 생기지 않도록 운영한다면 더 좋다. 여기서 워런 베니스(Warren Bennis)의 유명한 말을 떠올리지 않을 수 없다. "관리자는 일을 제대로 돌아가게 하는 사람이고 리더는 제대로 된 일을 하는 사람이다."[2] 이 말은 종종 "리더는 전략을 만들고 관리자는 전략을 실행한다"라는 뜻으로 해석되기도 한다. 하지만 우리가 보았을 때 최고의 리더란 이 둘을 모두 하는 사람이다. 우리의 해석에 베니스도 동의할 것이라고 믿는다.

'제대로 된 일을 하는(doing the right thing)' 데 집중하는 임원들은 '일을 제대로 돌아가게 하는(doing things right)' 것은 남에게 맡길 수 있다고 생각한다. 하지만 그렇게 하면 회사의 힘의 원천으로부터 스스로를 고립시키는 꼴이 된다. 단단한 기반이 없으면 성장 전략, 인수합병 전략, 비용 전략, 포트폴리오 전략, 혁신 전략 등 전략에 대해 수많은 접근을 시도하더라도 회사에 들어맞는 진정한 전략은 하나도 찾지 못할 수 있다. 이 책의 1장에서 살펴본 것처럼 전략과 실행을 나누는 임원들은 대개 전략에 대해 자신이 없고 전략이 조직 안에서 잘 이해되지 않고 있다고 믿는다. 스스로에게 전략을 수행할 능력이 없다고도 생각한다.

우리의 경험에 따르면 위대한 전략과 실행은 분리될 수 없으며 서로 긴밀히 연결되어 있다. 위대한 실행은 전략문제에 대해 더 나은 고찰을 할 수 있게 한다. 실행을 잘하는 고위 임원들은 회사가 무엇을 잘하는지 어디에서 탁월함을 추구할 수 있는지 이해한다.

이와 비슷한 귀결로 위대한 전략은 실행을 개선한다. 왜냐하면 조직 안의 모두가 조직이 진행하는 방향을 이해하고 거기에 도달하는 데 요구되는 고도로 정교한 역량을 개발하는 데 필요한 집중지원과 협력지침을 제공하기 때문이다.

가장 중요한 촉매는 리더십이다. 우리의 경험에 따르면 위대한 비즈니스 리더들은 잘 실행되는 전략, 즉 '전략을 실행되게 하라(strategies that work)'는 아이디어를 수용한다. 잘 실행되는 전략이란 조직의 현재와 미래의 역량을 바른 목적지에 연결하는 전략을 뜻한다. 이런 전략은 가치창출에 대해 다음과 같이 아프지만 꼭 필요한 질문을 제기한다.

- 어떤 회사가 되고 싶은가?
- 우리가 선택한 가치제안은 무엇인가?
- 남들은 하지 못하지만 우리가 뛰어나게 잘할 수 있는 것은 무엇인가?
- 그 밖의 어떤 역량을 개발해야 하는가?

- 거기에 도달하기 위해 어떤 경로를 선택할 것인가?

이처럼 어려운 질문을 통해 고위 임원들은 회사의 정체성에 대한 이해를 이끌어내고 정체성을 일상의 프랙티스로 전환하는 작업을 솔선해서 수행한다. 회사의 조직문화 안에 프랙티스를 자리 잡게 하고 회사의 정체성을 지원하는 데 필요한 자원을 동원한다. 회사를 다음 단계로 발전시키기 위한 준비 작업을 한다. 선택한 시장에서 승리할 권리를 가졌다는 자신감과 세계에 대한 개방성에서 오는 겸손함을 갖고 이 모두를 과감하게 해낸다.

이는 많은 사람들이 생각하는 것보다 더 쉽고 더 자연스러운 경로다. 물론 역경이 없을 수는 없으며, 따라서 고난과 마주했을 때는 두려워하지 않고 과감히 맞서야 한다. 하지만 그것이 전통적인 지혜의 훈계를 계속 받거나 고객, 투자자, 직원으로부터 제기되는 끝없는 도전과제로 어려움을 겪는 것보다 낫다.

전략과 실행에 모두 통달한 최고위 리더는 매우 드물다. 2013년 여러 업계에 걸쳐 거의 700명에 달하는 임원을 대상으로 PwC가 실시한 설문조사가 있다. 우리는 응답자에게 각자 속한 회사에서 최고위 리더들이 전략 개발과 실행에서 얼마나 유능한지 평가해달라고 했다. 전략에 뛰어난 사람은 얼마나 되는가? 실행에 뛰어난 사람은 또 얼마나 되는가?

조사 결과는 〈그림 7-1〉에 나타나 있다. 응답은 정신이 번쩍 들게 한다. 전략이나 실행 중 어느 하나라도 매우 효과적으로 수행하는 최고위 리더는 16퍼센트에 불과했다. 그림에서 맨 위쪽 행과 맨 오른쪽 열의 합이다. 양쪽 모두에 매우 유능한 사람은 우상단의 회색 상자로 나타난 8퍼센트였다. 그림에서 어두운 순서대로 다섯 개의 상자는 적어도 한 가지 이상에서 중간 또는 그 이하로 평가된 경우로 전체 응답의 무려 63퍼센트를 차지했다.[3]

| 그림 7-1 | 최고위 리더들의 전략 개발과 실행에 대한 유효성 조사

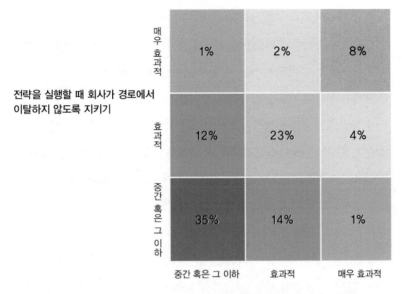

전략을 실행할 때 회사가 경로에서
이탈하지 않도록 지키기

	중간 혹은 그 이하	효과적	매우 효과적
매우 효과적	1%	2%	8%
효과적	12%	23%	4%
중간 혹은 그 이하	35%	14%	1%

■ 가장 효과적 ■ 가장 비효과적

회사를 장기적 성공으로 이끌 전략과
정체성에 대한 근본적인 질문에 대답하기

　다행히 한 가지 결과는 용기를 북돋운다. 전략과 실행 중 적어도 하나는 효과적으로 수행한다고 평가받은 16퍼센트 그룹의 8퍼센트(16퍼센트의 2분의 1)가 전략과 실행 모두에서 뛰어나다는 점이다. 절반가량이 전략과 실행 모두에 뛰어나다면 아직 하나에만 유능한 나머지 절반도 노력 여하에 따라 다른 하나에도 충분히 능숙해질 가능성이 높다고 볼 수 있다. 아마도 고유의 차별화된 역량에 대한 경험이 최고위 리더들을 전략과 실행 모두에 능숙해지도록 만드는 것이 아닌가 한다.

　전략과 실행의 상관관계는 위대한 리더는 전략과 실행에 모두 뛰어나고 또 뛰어나야 한다는 인식이 커져가는 현실을 반영한다. 여러분을 위해 전략과 실행에 모두 유능한 리더십을 개발하는 방법을 제시한다. 첫째, 회사의 구체적인 가치제안과 역량체계를 고려할 때 현재 영위하는 산업에서 승리하기 위해 회사의 리더에게 필요한 실행의 기술을 정의한다. 둘째, 개인적으로나 집단적으로 실행의 기술을 능숙하게 습득하는 기회를 조성한다. 셋째, 회사가 마땅히 누릴 자격이 있는 승자의 포지션을 달성하기 위해 자신의 리더십을 걸고 실행의 기술을 습득하고 모범을 보인다.

이 책에서 설명한 응집성이 있는 비관습적 리더십의 다섯 가지 행동, 그러니까 '정체성에 헌신하라', '전략을 일상 업무로 전환하라', '조직문화의 힘을 활용하라', '선택과 집중된 비용절감으로 더욱 강하게 성장하라', '미래를 스스로 개척하라'는 이를 달성할 수 있는 기회를 제공한다. 다섯 가지 리더십 행동을 자신과 회사 모두를 위한 성장엔진을 만드는 기회로 생각하라.

응집성이 있는 비관습적 리더십의 각각의 행동별로 개별 리더에게 적용되는 개인적인 버전이 있다. 예를 들면 다음과 같다.

정체성에 헌신하라. 회사는 자신이 가장 잘하는 일을 명확히 하고 한 번 선택한 정체성을 계속 유지해 스스로를 차별화하며 성장한다. 회사의 정체성은 가치제안, 고유의 차별화된 역량, 서로 적합성이 높은 제품과 서비스 포트폴리오로 이뤄져 있다.

리더로서 여러분은 헌신의 상징적인 인물이자 모델이 된다. 여러분은 지금 강력한 무언가를 사람들에게 설득해야 한다. 회사의 정체성에 대한 메시지와 오래도록 정체성을 유지할 필요가 있다는 근본적인 신념이다. 여러분은 신념에 대한 용기를 보여줘야 한다. 많은 사람들은 전략을 믿음의 도약으로 본다. 전략이 흔들림 없이 추구되고 효과가 나기 위해 사람들은 여러분의 리더십을 요구한다.

전략을 일상 업무로 전환하라. 사람들은 회사의 가치제안을 달성할 역량의 청사진을 만들고 구축하며 확장한다. 청사진 작업은 기능부서의 경계를 초월하는 독창적이고 효과적인 방법으로 수행한다.

리더로서 여러분은 전략적인 것을 개인적인 것으로 전환한다. 여러분은 스타벅스 CEO 하워드 슐츠의 말처럼 '손에 흙을 묻힐' 준비를 해야 한다.[4] 여러분은 청사진의 설계자가 되고 구축하는 사람들의 리더가 된다. 리더의 역할을 할 때 회사의 역량체계의 상세한 내용을 보고 느끼고 만질 수 있도록 충분히 상세한 수준에서 업무해야 한다.

하지만 그와 동시에 전체 역량이 서로 얼마나 잘 맞는지 분명히 볼 수 있도록 충분히 높은 수준까지 관점을 끌어올려야 한다. 멀리 내다보는 것과 가까이 바라보는 것의 두 관점이 개인적으로 필요하다. 여러분이 어느 정도 중요한 수준까지 회사의 가장 중요한 역량을 구축하고 확장하는 데 직접적으로 관여한다면 멀리도 보고 가까이도 보는 두 관점을 모두 개발할 수밖에 없다. 또한 회사의 다른 사람들도 여러분처럼 할 수 있도록 가르쳐야 한다.

조직문화의 힘을 활용하라. 회사는 지속적으로 조직문화의 힘을 찬양하고 활용한다. 조직문화의 힘을 활용하면 회사 사람들이 전략적으로 생각하고 행동하는 것이 쉬워진다. 그것이 '우리가 여기서 업무를 하는 방식'과 들어맞기 때문이다.

리더로서 여러분에게는 회사의 조직문화가 스며들어 있다. 여러분은 감정적 헌신의 주요 대변인이다. 여러분은 상호책임성을 실행한다. 모두의 성공이 여러분에게 중요하다. 여러분은 가르침과 학습을 통해 집단적 탁월성을 쌓는 데 스스로를 헌신한다. 이 모든 일을 여러분은 회사의 고유한 문화적 특성에 맞는 방식으로 한다. 고유한 문화적 특성은 회사의 역량체계 안에 단단히 자리 잡고 있는, 회사를 차별화하는 것이다. 여러분은 저 멀리 떨어진 임원실에서 온 사람처럼 행동하는 것이 아니라 회사의 문화와 하나가 되어 행동한다.

선택과 집중된 비용절감으로 더욱 강하게 성장하라. 여러분의 회사는 중요하지 않은 투자를 가지치기해 중요한 부분에 집중투자한다. 전략적 우선순위에 주목하면서 자원을 일관되게 배분한다.

리더로서 여러분은 개인적 자원, 특히 시간과 관심을 배분할 때 동일한 원칙을 적용한다. 회사의 전략과 전략에 필수적인 역량체계에 충분히 에너지를 쏟고 있는가? 혹시 다른 사람들이 중요하다고 하는 것에 일일이 대응하거나 즉각적인 요구에 대응하는 데 너무 많은 시간과 관심을 소모하고 있지는 않은가?

미래를 스스로 개척하라. 성숙한 수준에 도달한 회사는 주기적으로 역량을 재검토하고 수요를 창출하며 업계를 자신만의 방식으로 재편한다. 이제 회사는 외부의 변화로 정의되지 않는다. 되레 자신이 통제하는 세상으로 다른 회사들을 끌어들이는 위치에 있는 수퍼경쟁자가 된다.

리더로서 여러분은 외부 변화라는 끊임없는 도전을 회사에서 가장 먼저 느끼고 경험하는 사람이다. 여러분은 자신에게 언제 변화가 필요한지 인식하는 불굴의 용기와 겸손을 발휘한다. 그리고 회사 안에 극도로 유능한 팀을 구축한다. 회사의 미래는 궁극적으로 다음 세대의 리더를 양성하는 데 달려 있다는 것을 알기 때문이다.

다섯 가지 비관습적 리더십 행동을 개발하는 데 여러분이 마주하는 가장 중요한 제약은 바로 여러분 자신과 동료의 기술이다. 다음의 도구는 여러분과 동료가 가진 기술을 더욱 발전하는 데 도움이 될 만한 질문과 행동을 정리한 것이다.

【도구】 리더들을 위한 질문과 행동

다섯 가지 행동	리더 질문	리더 행동
정체성에 헌신하라	• 우리가 누구이며, 어떤 회사가 될 것이며, 시장에서 어떻게 가치를 창출할지 등 전략의 기본을 명확하게 이해하고 있는가? • 진정으로 중요한 역량에 투자하는가? • 우리가 파는 제품과 서비스 대부분이 역량체계와 적합한가? • 우리가 선택한 시장에서 승리할 권리를 갖고 있는가?	• 건전한 성장을 추구한다. 승리할 권리가 없는 시장 기회를 좇는 것을 그만둔다. • 선택한 정체성에 헌신하는 역할모델이 된다. • 훈련된 전략과 구현 방법을 만든다. • 고유의 차별화된 역량을 구축하고 배치하기 위한 모든 노력에 가시적인 관심을 기울인다. • 가능한 모든 기회를 활용해 정체성을 분명히 커뮤니케이션한다. 선택한 경로가 성공으로 이어질 것이라는 신념을 함께 공유한다. • 헌신하는 직원들에게 보상을 주고 그렇지 않은 직원들은 설득한다.
전략을 일상 업무로 전환하라	• 각 역량이 우리가 가치를 창출하고 포착하는 것을 어떻게 도와주는가? • 각 역량이 어떻게 서로를 강화하는가? • 우리의 성공 척도는 무엇인가? • 당장 메워야 할 급한 간극은 무엇이며 장기적으로 역량을 어떻게 발전시킬 것인가?	• 브랜드나 자산 같은 회사가 현재 가진 것보다는 다른 회사보다 잘하는 것에 집중한다. • 기능부서가 아닌 역량에 대해 생각하고 말한다. 모두에게 기능부서의 경계를 초월하도록 독려한다. • 역량체계를 상세히 이해하기 위해 실행과 긴밀한 관계를 유지하되 항상 장기적인 청사진을 참조한다. • 최종 결정권자가 되어 전략을 희생하면서 실행하고자 하는 타협안에 대해 판단을 내린다.
조직문화의 힘을 활용하라	• 선택한 정체성에 헌신하고 실천하는 데 가장 도움이 될 주요 비공식 리더는 누구인가? • 선택한 정체성에 가장 긴밀하게 연결된, 조직문화에 감정적으로 공명할 만한 소수의 핵심은 무엇인가? • 조직 전체에 퍼트려야 하는 소수의 핵심 행동은 무엇인가?	• 소수의 핵심 행동을 일관되고 적극적으로 설명하고 실천한다. 전략을 강화하는 회사 문화의 특성을 옹호한다. • 감정적 헌신을 옹호한다. • 기능부서와 사업 단위에서 상호책임성을 조성한다. • 집단적 탁월성을 옹호하는 법을 배우고 가르친다. 리더 자신의 개인적인 성장을 이끈다.

선택과 집중된 비용절감으로 더욱 강하게 성장하라	• 고유의 차별화된 역량에 투자되는 비용 예산은 얼마나 되는가? • 현재의 이니셔티브와 프로젝트 중 우리 전략과 연결된 것은 무엇인가? 연결되지 않은 것은 또 무엇인가? • 우리의 예산과 지속적인 개선 프로세스가 전략과 어떻게 연결되는가?	• 역량체계에 핵심적인 비용 영역을 명확히 하고 그곳에 상당한 수준으로 투자한다. • 그 밖의 모든 비용의 역할에 대해서도 똑같이 명확히 한다. • 공격적인 수준의 비용절감 목표를 설정한다. 핵심적이지 않은 영역에 대한 투자를 줄인다. • 가장 중요한 영역에 시간과 관심을 집중해 응집성을 실천한다.
미래를 스스로 개척하라	• 어떻게 하면 역량체계를 재충전하고 확장해 변화에 맞설 수 있는가? • 어떻게 하면 고객관계를 활용해 고객의 알려지거나 알려지지 않은 니즈를 더 잘 충족할 수 있는가? • 어떻게 하면 업계의 최전선으로 나아가 다른 회사들을 우리의 강점을 중심으로 재편할 수 있는가?	• 슈퍼경쟁자가 되려는 열망을 옹호한다. 회사 동료들에게 슈퍼경쟁자가 되기 위한 실현 가능한 경로를 정의해보라고 촉구한다. • 시장 변동에 끊임없이 대응하는 일을 그만둔다. 시장 변화를 회사의 정체성을 발전시키는 데 활용한다. • 동일한 열망을 공유하는 리더와 후계자를 계발하는 데 투자한다.

도구에서 제시된 질문에 답하고 행동을 실행하는 일을 어렵게 만드는 회사 안의 장벽이 많을 것이다. 회사에 내재된 비응집성 때문에 힘들 수도 있다. 적합성이 낮지만 자리를 확실히 잡고 있는 역량이 있고 그런 역량을 옹호하는 임원도 있을지 모른다. 그런 역량이 여럿 있어 서로 투자받기 위해 경쟁할 수도 있다.

또 다른 장벽으로 서로 다른 역량을 요구하는 광범위한 사업들에게 기능 부서들이 비슷한 지원을 하고 유사한 기술을 제공하는 운영모델이 있을 수 있다. 일부 임원이나 이사들은 단일 역량체계나 정체성에 집중하는 것이 지나치게 위험하거나 어려운 일이라고 생각할지 모른다.

회사의 보상과 인센티브 체계가 회사의 가치제안과 연결되지 않았을 수 있고 전략과 실행 사이의 간극을 좁힐 필요가 있을 수도 있다. 무엇보다 대부분의 업무시간에 할 일이 너무 많다. 밀려드는 요청과 스케줄 속에서 여러분은 가장 중요한 목표에 대한 관점을 놓치기 쉽다. 여러분의 회사를 지탱하고 계속 승리하게 하는 정체성에 헌신하는 일을 놓치기 쉽다는 말이다.

그럼에도 이 모든 장벽은 극복이 가능하다. 사실 비관습적 리더십의 다섯 가지 행동은 자연스럽게 조직이 장벽을 극복하도록 이끈다. 비관습적 리더십의 경로를 밟기 시작하는 것이 쉽지만은 않지만 보상은 크다. 그리고 비관습적 리더십만큼 믿을 수 있는 경로를 우리는 달리 알지 못한다.

궁극적으로 리더십의 문제는 개인적이다. 우리가 만난 거의 모든 CEO는 게임의 규칙을 바꾸고 조직이 마주한 제약을 넘어서고 오랜 세월의 성장을 이끌 유산을 구축하려는 위대한 열망을 품고 있었다.

다섯 가지 리더십 행동을 실천하는 사람들은 의심할 것 없이 균형 잡힌 리더가 된다. 전략과 실행 모두를 편안하게 수행하는 사람이 되는 것이다. 이들은 세상에 대한 일정 정도의 호기심을 가지며 자기 자신과 회사의 강점과 약점에 대해 기꺼이 생각한다. 다섯 가지 행동을 실천하는 일은 자체로 리더십을 개발하는 행동이다.

우리는 이 방법이 믿음의 도약이라는 점을 인지하고 있다. 믿음의 도약을 할 수 있으려면 담대하게 용기를 내야 한다. 신념에 대한 용기가 필요하다. 하지만 이 도약은 완전한 미지의 세계로의 도약은 아니다. 충분히 많은 선례가 있을 뿐 아니라 이 길을 함께 갈 동료도 많다.

이 장은 행동에 대한 촉구다. 전략과 실행의 연결을 통해 더 나은 리더가 되라는 초대장이다. 응집성은 리더십의 모든 측면을 장기적으로 더 쉽게 만들어준다. 여러분의 관심을 회사가 하는 일 중 가장 중요한 일에 지속적으로 집중하게 한다. 회사가 만들어갈 세상을 정의할 수 있도록 한다. 그것은 어떤 기업의 어느 리더에게도 가치 있는 유산이 될 것이다.

부록

ST
RA
TE
GY
THAT
WORKS

HOW WINNING COMPANIES CLOSE
THE **STRATEGY-TO-EXECUTION** GAP

부록A
전략의 역사

경영의 자연스러운 상태는 비응집성이다. 과거에는 전략이 실행과 연결되지 않았다. 그것이 아니라도 최소한 일관되게 연결되지는 않았다.

전략에서 오래된 질문은 우리가 어느 방향으로 가야 할지 또는 우리가 어디에서 성장해야 할지 묻는 것이었다. 하지만 오늘날 전략에서 커다란 질문은 우리가 어떤 회사가 되어야 할지, 우리가 어떻게 가치를 더해야 할지로 변모했다. 후자의 질문이 전략을 나타낸다면 실행은 시장에서 가치제안을 확장하는 일이다.

경영 트렌드가 이것에서 저것으로 쳇바퀴처럼 움직였던 지난 50년간 전략의 유행과 그에 따른 빛과 어둠은 많은 회사를 응집성이 없고 효과적이지 못한 결정으로 이끌었다. 작가 월터 키셀(Walter Kiechel)이 지적한 것처럼 이런 패턴은 경영학계에서 전략이라는 개념이 형성되던 1960년대부터 시작되었다.[1] 그 뒤 전략적인 사고에는 네 가지 학파가 존재했고 이들은 그간 다양한 논의를 진행해왔다. 각 학파는 시장에서 승리할 권리를 꾸준히 쟁취하기 위한 최선의 방법에 대해 서로 다른 이론을 대표한다. *

> * 전략경영 분야에서 학파를 분류하는 것은 학자들마다 다를 수 있다. 헨리 민츠버그(Henry Mintzberg), 브루스 알스트랜드(Bruce Ahlstrand), 조셉 램펠(Joseph Lampel)은 『전략 사파리(Strategy SAFARI)』에서 전략경영 학파를 10개로 나눠 자세히 소개했다. 각각의 학파는 전략을 수립하는 프로세스가 다르다. 개념화(conception) 프로세스의 디자인학파, 공식(formal) 프로세스의 플래닝학파, 분석(analytical) 프로세스의 포지셔닝학파는 전략이 어떻게 짜이는지보다는 어떻게 짜야 하는지에 더 관심을 두고 있다. 그리고 비전창조(visionary) 프로세스의 기

포지션 학파

포지션 학파(position school)는 승리할 최선의 방법은 산업이나 시장에서 확고한 포지션을 차지하는 것에 있다고 제안한다. 이 이론은 1960년대 전략적 기획과 함께 시작되었다. 오늘날에도 널리 쓰이는 SWOT분석(strengths, weaknesses, opportunities, threats analyses)의 기원이다. 포지션 학파는 브루스 헨더슨(Bruce Henderson)의 성장-점유율 매트릭스(growth-share matrix)와 함께 돌파구를 찾았다. 여기서 헨더슨은 성장 전망이 있는 분야에서 시장점유율상 선두를 차지한 회사에게 가장 큰 우위가 주어진다고 보다 구체적으로 이야기했다.[2] 시장의 일부 부문의 가치가 다른 부문에 비해 중요하며 판단의 근거가 주로 외부시장과의 적합성에 있다는 뜻이었다.

1970년대 말부터 1990년대 초까지 하버드대학교 경영대학원 마이클 포터 교수가 포지션 학파에 보다 높은 수준의 경제학적 정교함과 활력을 불어넣었다. 그는 이 대학의 역사상 경영전략 분야에서 가장 영향력 있는 학자라고 할 수 있다. 포터는 경영환경의 격변을 '가치사슬'과 경쟁자, 고객, 공급자, 잠재적 진입자(aspiring entrants), 대체재(substitute offerings)의 '5세력(five forces) 모델'로 정리했다. *

가치사슬과 5세력 모델은 어떤 사업의 가치 잠재력과 경쟁 강도를 분석할 때 쓸 수 있는 두 가지 프레임워크다. 하지만 구체적 답이 무엇이든 기저의

업가학파, 정신(mental) 프로세스의 인지학파, 창발적(emergent) 프로세스의 학습학파, 협상(negotiation) 프로세스의 권력학파, 집단(collective) 프로세스의 문화학파, 반응적(reactive) 프로세스의 환경학파는 실제로 전략이 어떻게 만들어지는지를 묘사하는 것에 관심을 두고 있다. 마지막으로 변혁(transformation) 프로세스의 구성학파는 전략에 대해 통합적인 관점에서 접근한다.

* 5세력 모델은 1979년 발표된 산업구조분석 모델이다. 다섯 가지 경쟁요인, 즉 기존 기업과의 경쟁 강도, 구매자의 협상력, 공급자의 협상력, 신규 기업의 진입 위협, 대체재의 위협을 통해 경쟁적 포지션을 분석해 전략을 수립하는 방법이다.

메시지는 동일하다. 비즈니스 리더들은 퍼스트 무버(first mover, 시장 선도자)의 우위를 차지할 만한 적당한 틈새시장을 찾아 승리할 수 있다는 것이다. 포터의 관찰은 그간 충분히 검증받아 매우 강력한 설득력을 가지게 되었다.[3]

하지만 비즈니스 리더들은 포지션 학파의 한계 또한 인지하게 되었다. 전통적인 전략계획은 자원을 많이 쓰고 관료적이며 이익과의 상관관계가 필수적이지 않았다. 또한 많은 기업이 현재 차지하고 있는 자신의 포지션을 방어하려고 무자비한 가격경쟁이나 제품이 범용품화하는 상황에 빠져들었다. 한편 경쟁이 심한 사업이나 발전 산업 등 규제가 심한 분야의 기업 리더들은 포지션을 지키는 과정에서 자기만족에 빠져들었다. 그들은 고유의 차별화된 역량을 개발하는 것이 주는 이점을 보지 못한 것이다.

어떤 기업은 새로운 사업에서 포지션을 차지하고자 노력해 가격경쟁이나 범용품화 같은 위험을 피하기도 했다. 하지만 새로운 '블루오션(blue ocean)'에서 어떻게 헤엄쳐야 할지 모르는 경우가 많았다. 이런 노력은 대개 실패로 돌아갔으며 노키아(Nokia)나 코닥처럼 난공불락의 시장 포지션을 차지한 듯했던 기업들조차 애플이나 구글(Google) 등 새로운 경쟁자가 떠오르면서 우위를 잃고 말았다.

실행 학파

실행 학파(execution school)는 하버드대학교 경영대학원의 오퍼레이션 관리(operations management) 학과에서 시작되어 1980년대 서구에서 두각을 드러냈다. 1980년 ≪하버드 비즈니스 리뷰≫에 윌리엄 애버내시(William Abernathy)와 로버트 헤이스(Robert Hayes)가 쓴 '경제 침체기로 가는 길의 관리(Managing Our Way to Economic Decline)'라는 역사적인 글에서 경쟁우위는 재무 프랙티스에서 얻어지는 것이 아니라 실행과 오퍼레이션의 탁월성에서 온다고 주장했다.

여기서 말하는 실행과 오퍼레이션의 탁월성이란 더 나은 프로세스, 테크놀로지, 제품을 개발하고 구현하는 것을 말한다. 실행 학파의 메시지는 제너럴일렉트릭이나 모토롤라(Motorola) 같은 제조업체의 지지를 받았다. 두 회사는 임원 교육훈련이나 식스시그마 등의 프랙티스에 집중하는 오퍼레이션 지향전략(operations-oriented strategies)의 영향력 있는 사례가 되었다.

또한 실행은 지속적인 개선활동 등 품질운동의 기본적인 구성요소가 되었다. 품질운동은 수십 년간 도요타와 몇몇 다른 일본 회사에서 개발되어 W. 에드워즈 데밍(W. Edwards Deming)을 비롯한 몇몇 잘 알려진 품질전문가들에 의해 1980년대 미국으로 재수입되려던 참이었다. 이 운동은 궁극적으로 린 경영으로 알려지게 된다.

실행 학파는 1990년대 비즈니스 리엔지니어링 운동과 함께 영향력이 더욱 강화되었다. 리엔지니어링 운동은 프로세스를 처음부터 재설계하라고 주창했으며 테크놀로지, 특히 정보기술의 변화가 조직의 프랙티스 변화로 이어지는 때라면 언제든 꾸준히 영향력을 발휘하고 있다. 효과적인 오퍼레이션 행동은 가치를 크게 확대할 수 있다고 판명되었다.[4]

하지만 리엔지니어링, 벤치마킹, 아웃소싱, 변화관리 등 실행 지향적인 아이디어 또한 한계를 갖고 있다. 이 한계는 1990년 포터가 쓴 '전략이란 무엇인가(What Is Strategy)?'[5]라는 글에 잘 설명되어 있다. 실행 지향적인 아이디어들이 모두 오퍼레이션의 개선으로 이어지긴 했으나 애초 어떤 사업을 운영해야 하는지에 대한 질문은 무시했다는 것이다. 더구나 실행 기반의 프랙티스는 경쟁에 취약하다. 오퍼레이션의 탁월성은 거의 모든 면에서 복제가 가능하며 산업표준이 되는 경우도 많다. 1990년대 말이 되자 전 세계의 거의

모든 자동차 업계가 도요타 생산 시스템을 어떤 형태로든 도입했다. 가치제
안과 연결된 역량 선택은 실행 학파의 상향식의 지속적인 개선에 대한 초점
과는 잘 맞지 않는다.

적응 학파

전략 분야에서 적응 학파(adaptation school)는 1990년대에 시작되었다. 대
표적인 학자는 캐나다 맥길대학교의 헨리 민츠버그 교수다. 그는 저서 『전
략계획의 흥망성쇠(The Rise and Fall of Strategic Planning)』에서 포지션 학파
는 지나치게 정형화되어 있고 실행 학파는 전략적인 성공을 일구기에는 충
분하지 않다고 비판했다.

민츠버그는 경영 의사결정에서 보다 창의적이고 실험적인 접근 방안을
찾으려고 했다. 경영진은 대개 새로운 아이디어와 방향을 실험해보고 잘 작
동하지 않는 것은 버리며 새로운 도전과제에 대응하기 위해 즉석에서 노력
을 조정하며 경쟁우위를 획득한다. 그의 말에 따르면 경영진은 "수천 송이의
전략적 꽃을 피운다. …… 온실에서 전략을 개발하는 분석 테크닉을 선호하
는 지적인 스타일이 아니라 전략적 꽃의 정원에서 성공 패턴을 찾아내는 통
찰력이 있는 스타일이다."[6]

적응 학파는 많은 회사들이 빠르게 성장하고 외부의 위협에 창조적인 방
식으로 대응하는 데 도움을 주었다. 경영학계의 베스트셀러이자 영향력 있
는 저서인 『초우량 기업의 조건』을 비롯한 톰 피터스의 저서에서 가장 핵심
길잡이가 되는 주제이기도 하다.[7]

하지만 적응 학파에게는 심각한 한계가 있다. 자유분방한 성격 탓에 기업
을 종종 비응집성으로 이끈다는 점이다. 각각 다른 역량이 필요한 수많은 제

품과 서비스는 서로 조화되기 어렵다. 한 회사의 노력이 다각화되면 될수록 회사가 필요로 하는 역량 우위를 개발하고 적용하는 데 드는 비용도 더 많아 진다. 수천 송이의 꽃을 피우려다가 자칫 잡초로 꽉 찬 벌판만 남을 수도 있 다. 보다 응집성이 있고 집중력도 있는 경쟁사와 비교해 전문성에서나 자원 에서나 뒤떨어지는 그저 그런 비즈니스만 남을 수도 있다는 뜻이다.

집중 학파

그래서 전략 학파 중에서 네 번째 그룹이 등장하게 되었다. 바로 집중 학 파(concentration school)다. 집중 학파를 대표하는 인물이라면 1994년 『미래 를 위한 경쟁(Competing for the Future)』을 쓴 개리 하멜과 C. K. 프라할라드 를 들 수 있다.[8] 이들은 가장 효과적인 기업은 몇몇 선택된 '핵심역량' 덕분 에 성공했다고 주장한다.

핵심역량이란 회사가 자신만의 차별화된 방식으로 경쟁할 수 있게 하는 기반 기술과 테크놀로지 역량을 뜻한다. 새로운 형태의 하드웨어, 소프트웨 어, 시스템, 바이오테크놀로지, 금융공학 등을 예로 들 수 있다. 역량에 대한 하멜과 프라할라드의 접근은 이 책의 아이디어에도 커다란 영향을 주었다. 최근 몇 년간 사모투자전문회사들은 핵심사업에 집중한다는 아이디어를 옹 호해왔다. 이들은 지나치게 확장된 기업을 인수한 뒤 성장과 가치를 증진하 는 방법으로 원래의 핵심사업을 복원한다.[9]

집중 전략의 문제점은 실제 경영 현장에서 과거의 접근법이 낡았는데도 계속해서 집착하는 방식으로 나타나기 쉽다는 데 있다. 사모투자전문회사를 포함해서 많은 회사가 집중 전략을 삭감과 감량을 통한 긴축 정도로 해석한 다. 이들은 연구개발과 마케팅 비용을 줄이고 투자를 최소화해 보다 작은 회사를 만들어 초반에는 제법 많은 수익을 창출한다. 하지만 건전한 이익을 달성하는 데 필요한 성장을 이렇게 긴축하는 방식으로 지속할 수는 없다.

집중 전략을 쓰는 이들은 성장하고자 할 때는 기존의 핵심사업과 관련된 듯 보이는 제품이나 서비스, 즉 '인접사업' 분야로 확장한다. 하지만 그렇게 확장한 인접사업 대부분이 기대보다 수익성이 떨어진다. 인접한 분야지만 서로 다른 사업은 서로 다른 역량을 필요로 하는 경우가 많기 때문이다. 더구나 집중 전략만으로는 소비자 미디어 시장에 뛰어든 애플이나 클라우드 컴퓨팅에 진출한 아마존처럼 진정으로 시장 판도를 바꿀 만한 도약을 성공적으로 이뤄내기가 어렵기 때문이기도 하다.

전략적 사고의 균형과 통합

포지션 학파, 실행 학파, 적응 학파, 집중 학파의 네 학파가 경영전략에서 각각 중요하게 기여한 부분이 있다는 것은 놀라운 일이 아니다. 각각이 제공하는 아이디어를 적절하게 균형 잡힌 방식으로 도입하면 된다. 하지만 반대로 이들 전략 사이에서 갈피를 잡지 못한다면 각 전략은 바로 앞선 전략의 실패를 보상하기 위해 활용하는 꼴이 되고 만다. 내가 선택한 방향으로 나아갈 타이밍을 결코 만나지 못하게 된다.

지금 여러분에게 필요한 것은 실전에서 네 학파의 장점을 통합한 전략 이론이다. 통합 이론은 전략적 사고를 삶의 방식으로 만들 수 있다. 전략과 역량에 대한 우리의 접근법이 바로 이런 통합 이론이라고 믿는다.

우리의 이론은 이 책에서 언급한 여러 기업이 찾아낸 지속 가능한 성공으로 향하는 경로를 제시하고 있다. 그 경로는 가치를 포착하고 달성하는 자신만의 방식과 자신만의 고유의 차별화된 역량을 토대로 자신만의 정체성을 개발함으로써 달성된다. 이 정체성은 내가 어디로 가는지, 내가 무엇을 파는지가 아니라 내가 누구인지, 내가 잘하는 것은 무엇인지의 형태로 표현된다. 수익성이 떨어지는 시장 기회를 좇거나 실행의 늪에 빠지거나 비응집적인 방식으로 적응하거나 핵심의 제약에 갇히는 것이 아니다. 매일매일 여러분의 회사 정체성에 새롭게 돈을 거는 것이다. 여러분의 회사는 매일 그 정체성에 가까운 모습이 된다. 여러분은 여러분이 선택한 시장에서 진정으로 승리할 권리, 즉 지속적인 경쟁우위를 획득할 수 있을 것이다.

부록B
역량 있는 회사 리서치 프로젝트

이 책은 어떻게 회사들이 경쟁의 압박과 내부의 자기만족을 극복하고 전략과 실행 사이의 간극을 좁혀왔는지 기록하고자 하는 노력의 결실이다. 처음은 하나의 질문에서 시작했다. 승리하는 역량체계가 가치를 포착하는 데 핵심이라면 회사들은 어떻게 역량체계를 개발하고 활용하며 생생하게 유지하는가?

이에 관해서는 기존에 출간된 연구가 거의 없었다. C. K. 프라할라드, 게리 하멜, 데이비드 티스(David Teece), 이쿠지로 노나카, 히로타카 다케우치, 앨프리드 D. 챈들러(Alfred D. Chandler) 등의 저자들은 모두 고유의 차별화된 역량이 핵심적으로 중요하다는 증거를 내놓은 바 있다. 하지만 기업이 고유의 차별화된 역량을 어떻게 개발하는지에 대해서는 그다지 이야기하지 않았다.[1]

우리는 단순한 세 가지 가설에서 시작했다. 첫째, 장기적인 역량을 구축하는 최선의 방법은 단기적인 재무성과를 올리는 최선의 방법과는 다를 것이라고 가정했다. 둘째, 여러 회사들에서 역량과 관련된 이야기, 즉 예외적인 성취를 가능하게 한 의사결정을 비교 연구하면 이들에게서 몇몇의 공통적인 행동과 특성을 발견할 것이라고 가정했다. 셋째, 역량 있는 회사는 명성으로 구분할 수 있으리라고 생각했다. 전문가와 고위 매니저를 충분히 폭넓게 조사하면 제법 신뢰도 높은 연구 대상 기업의 목록을 만들 수 있으리라고 가정했다.

따라서 우리는 PwC와 Strategy&의 산업전문가와 몇몇 외부 전문가에게 꾸준히 잘하는 일을 통해 스스로를 차별화한 회사가 어디인지 물었다. 또한 온라인 설문조사를 실시해 기업 임원들에게 각자의 업계에서 가장 큰 기업이 가지고 있는 성공의 원천을 알려달라고 했다. 이렇게 회사 안팎의 전문가들의 추천을 받아 50개의 회사를 검토했고 다음의 기준에 따라 목록을 줄여나갔다.

- 우리가 조사연구할 회사는 이 책에서 다룰 전략적 방안을 지향하는 회사여야 했다. 회사의 역량체계가 전사적 전략을 지원하고 회사의 제품과 서비스의 전부 또는 거의 대부분에 적용되는 회사여야 했다. 이 때문에 몇몇 다각화된 기업은 목록에서 제외되었다. 버크서 해서웨이, 유나이티드테크놀로지스(UTC: United Technologies Corporation), 유니레버, 타타그룹(Tata Group) 등이 그렇다. 이들은 다양한 역량체계가 동시에 몇몇 전략을 지원하기 때문이다.
- 연구 대상 회사는 산업 안의 동종 기업과 비교했을 때 성과가 좋아야 했다. 안정되고 탄탄한 주주수익률 등의 수익성을 보여주거나 만약에 어려움을 겪었다면 왜 겪었는지에 대한 믿을 만한 설명이 있어야 했다. 예컨대 시멕스는 2008년 금융위기 동안 거의 파산에 가까운 시련을 겪었지만 우리의 기준을 통과했다. 왜냐하면 2008년의 금융위기가 건축업계에 미친 영향이 워낙 광범위했고 시멕스가 위기에서 회복한 기록이 잘 정리되어 있기 때문이다.
- 연구 대상 회사는 사업 운영이 어느 정도 성숙기에 접어든 잘 알려진 글로벌 대기업이어야 했다.

- 연구 대상 회사의 업종과 지역을 최대한 다양화하려고 했다. 전 세계 어느 지역, 어느 업종의 사람이든 우리 사례를 읽고 나면 배우고 싶은 마음이 들도록 만들고 싶었기 때문이다.

- 어떤 기준은 우리가 그것을 기준으로 '사용하지 않았다'는 측면에서 중요하다. 우리는 연구 대상 회사를 PwC와 Strategy&의 경영컨설팅 고객으로 제한하지 않으려고 했다. 우리 고객 중에는 응집성 있고 역량 있는 회사가 여럿 있지만 한 가지 공통점이 있다. 스스로 나서서 전략이나 운영과 관련된 조언을 구했다는 점이다. 우리는 고객사를 일부러 제외하지는 않았지만 연구 대상 회사가 우리 고객사로만 제한되지 않도록 유의했다.

- 마지막으로 회사와 회사의 역량에 대한 정보가 입수 가능한 회사여야 했다. 하이얼, 레고, 스타벅스는 PwC와 Strategy&의 잡지 ≪스트레티지 플러스비즈니스(strategy+business)≫에 요청한 기사를 통해 입수했다. 프리토-레이, 퀄컴은 회사를 잘 아는 이들과의 비공식 대화를 통해 입수했다. JCI 오토모티브 시스템즈 그룹, 화이자 소비자 부문은 심도 깊은 직접경험을 통해 입수했고 아마존, 애플, 인디텍스는 몇몇 회고록이나 꼼꼼한 조사연구가 담긴 출판물을 통해 입수했다. 동시에 이들 회사에 대한 일반적인 관찰결과, 우리의 집중적인 조사연구, 회사의 전·현직 고위 임원과의 인터뷰를 통해 입수하기도 했다.

모두 14개 회사가 이 기준을 통과해 우리의 조사연구 프로젝트 대상이 되었다. 이들 회사 중 시멕스, 하이얼, 이케아, 다나허 코퍼레이션, 나투라 코스메티코스 등 다섯 회사에 대해서는 보다 심도 깊은 인터뷰를 수행했다. 역량 개발 과정을 직접 체험한 다섯 회사의 고위 임원을 6명에서 11명 정도 인터뷰했다.

인터뷰 사본은 라운드테이블 스타일의 대화로 편집했고 내용의 정확성을 확인하기 위해 인터뷰 대상과 인터뷰 대상 회사의 승인을 받았다. 우리는 '근거이론(grounded theory)'으로 알려진 방법론을 적용해 라운드테이블 대화와 대부분의 인터뷰와 PwC의 출판물을 코드화해서 자료로부터 나타나는 주제를 파악했다. 그다음에는 파악된 주제를 분류해 공통의 패턴을 찾으려고 했다. 이 과정에서 일관되게 나타나는 요소와 그렇지 않은 요소를 구분하려고 노력했다. 가령 우리는 조직 구조조정에 대한 공통적인 접근법을 찾으려고 했지만 결국에는 찾지 못했다.

그리고 우리 내부에서 일련의 회의, 회사 안팎의 몇몇 조언자와 함께하는 일련의 회의를 통해 연구 대상 회사들에게 공통적으로 존재하는 요소를 고찰했다. 가장 보편적으로 관찰되는 요소 중 몇몇은 여러 회사에서 고유의 차별화된 역량의 구축을 도와온 우리의 경험과 잘 부합하는 것이었다.

연구 대상 회사에서 보이는 공통의 요소를 합치자 공통의 패턴으로 나타났다. 구체적인 양상은 다르지만 우리가 연구한 모든 기업에서 공통적으로 나타난 발전의 경로였다. 우리는 성공한 기업의 베스트 프랙티스를 취합하려고 한 것이 아니라 가치를 창출하는 공통의 논리를 따르는 기업들이 공유하는 특성을 찾으려고 했다. 공통의 논리는 특정한 유형의 성공한 회사들에서 특히 두드러지며 성공과 연결되어 있고 다섯 가지 비관습적 리더십 행동의 맥락에서 나타난다는 것을 우리의 연구는 지속적으로 강화해주었다.

마지막 확인 작업으로 우리는 이 책 전체에 걸쳐 실린 연구 대상 회사의 정체성 프로필을 모아 작성했다. 작성된 정체성 프로필은 각 회사 리더나 회사를 잘 아는 이들에게서 확인받는 과정을 거쳤다.

부록C
원색의 게임하는 방식

우리는 2008년 이래 전 세계 수많은 회사의 가치제안을 파악하기 위해 조사연구를 수행해왔다. 종종 여기에는 특정 기업의 게임하는 방식을 분해하는 작업이 포함되었다. 기업이 고객에게 제공하는 가치를 공통된 전략의 원형으로 분해하는 작업이다. 이 같은 분해 작업을 통해 우리는 '원색'이라고 부르는 총 15개의 원형을 파악했다. 15개의 원형은 전 세계의 여러 회사에서 나타난다. 대부분의 회사는 이 중 두세 개의 색을 결합해 자신만의 차별적 전략을 만들어낸다. 원색을 사용해 다른 회사의 가치제안을 파악하거나 여러분 자신의 가치제안을 설계할 수 있다.

〈표 부록C-1〉은 원색의 게임하는 방식을 각각 명확히 설명하고 구분하기 위해 우리가 오랫동안 쓰고 있는 목록이다. 각각의 원색 개념을 널리 알려진 실제 기업의 사례를 통해 설명했다. 어떤 회사는 하나 이상의 원색 항목에 제시되어 있다. 회사들의 가치제안은 모두 해당 회사의 맞춤형이고, 그 밖의 다른 어떤 가치제안과도 다르며, 각각의 원색 주제를 고유하게 변주한 것이다. 다음의 사례 목록을 보면 각 가치제안의 핵심을 쉽게 이해할 수 있을 것이다.

| 표 부록C-1 | 원색의 게임하는 방식

원색의 게임 방식 (가치제안)	정의	원색을 통합한 회사 사례	설명
Aggregator (집합기업)	원스톱 솔루션의 편리함과 단순함을 제공한다.	• 아마존 • 애플(앱스토어와 아이튠스 스토어를 통해) • W. W. 그레인저 (W. W. Grainger Inc) • 사람들이 방, 교통수단, 물품, 서비스 등을 교환하는 일체의 P2P(Peer to Peer) 전자상거래 비즈니스	이들 회사는 하나의 공통된 경험을 중심으로 다수의 공급자와 조달 원천을 함께 끌어모은다.
Category leader (카테고리 선도기업)	해당 사업범주에서 최고의 시장점유율을 유지한다. 회사의 포지션을 활용해 다운스트림 채널과 업스트림 공급시장을 형성하고 움직여 영향력과 고객충성도를 확보한다.	• 6장에서 설명한 대부분의 수퍼경쟁자 기업 • 코카콜라 • 다나허 코퍼레이션의 자회사들 • 프리토-레이 • 인텔(Intel) • 로레알(L'Oréal) • 제너럴일렉트릭 • 2001~2006년 사이 화이자의 소비자 헬스케어 사업부문 • 스타벅스 • 월마트	이들 회사는 종종 폭넓은 시장 어필과 사업 전체 카테고리상의 가치사슬과 유통채널에 대한 높은 수준의 영향력을 결합해 제공하는 매스마케팅 역량을 개발한다.
Consolidator (통합기업)	인수('업계를 롤링업하기')를 통해 업계를 지배한다. 고객에게 가격 혜택이나 해당 플랫폼이 아니었으면 찾아볼 수 없었을 제품과 서비스를 가진 플랫폼을 제공한다.	• 다나허 • 제너럴일렉트릭 • 시스코(Cisco Systems), 애플, 오라클(Oracle), 구글, 마이크로소프트를 포함해 인수를 통해 플랫폼을 구축하고 유지 보수하는 많은 기술기업들	통합기업은 경쟁기업을 인수해 규모가 작거나 포괄성이 떨어지는 회사들이 절대로 제공할 수 없었던 소비자접근, 테크놀로지, 가격을 제공한다.
Customizer (맞춤화 기업)	통찰과 시장 인텔리전스를 활용해 맞춤화된 제품과 서비스를 제공한다.	• 버거킹('당신이 원하는 대로 드세요' 캠페인) • 주문을 받아 전자제품과 컴퓨터 시스템을 제조하고 구축하는 회사들 • 프리토-레이(소매 유통매장에 맞춤화된 제품 구성) • 대부분의 B2B 소프트웨어 개발기업 • 하이얼 • 인디텍스	인터넷을 통해 맞춤화 기업은 상호호환성, 고객통찰의 자동화, 전 세계적인 도달범위, 낮은 거래비용 등을 쉽게 달성했다.
Disintermediator (중개회피 기업)	고객이 도달하기 어렵거나 가격이 더 높은 유통채널이나 가치사슬의 일부를 회피하도록 도와준다. 그간 접근하기 어려웠던 서비스나 제품에 대한 접근성을 제공한다.	• 나파 오토 파츠[NAPA Auto Parts, 제뉴인 파츠 컴퍼니 (Genuine Parts Company)의 자회사] • 프라이스라인(Priceline) • 3PLs(제3자 물류 기업)	중개회피 기업은 게임의 방식이 성립할 수 있도록 고객을 위해 향상된 가치를 제공한다. 주로 비용을 절감하거나 물량 집중을 통해 이뤄진다. 예컨대 3PLs은 소비재산업에서 '주문형 운송'을 제공한다. 이들 회사는 전체 유통망을 장악하고 모든 고객을 위해 이 역량을 활용한다.

Experience provider (경험제공 기업)	강력한 브랜드나 경험을 통해 즐거움, 참여, 감정적 애착을 구축한다.	· 애플 · 디자인 기반이나 특별한 가치제안을 가진 호텔 체인들 · 이케아 · 레고 · 맥도날드 · 스포츠카 제조사 · 나투라 코스메티코스 · 스타벅스 · 버진 에어라인(Virgin Airlines)과 그 밖의 버진그룹(Virgin Group) 자회사들	프리미엄제공 기업과는 달리 이들은 모든 가격대에서 성공이 가능하다. 다수의 미국 지역사회에서 맥도날드는 해피밀 가격에 접근하기 쉽고 우수한 실내 놀이 시설을 제공한다. 제품의 사용과 구매를 주목할 만한 가치가 있는 이벤트처럼 느끼도록 만드는 제조기업도 경험제공 기업에 포함될 수 있다.
Fast follower (시장추격 기업)	혁신기업에서 닦은 기반을 활용해 더 나은 가격에 경쟁제품을 빠르게 내놓거나 더 폭넓은 소비자에게 제공한다.	· 복제약 제약사 · 구글 (안드로이드) · 현대 (Hyundai) · 중국 산자이(shanzhai) 기업들(혁신적인 '짝퉁' 제조업체)	여러 성공적인 혁신(증기선, 전기, 텔레비전, 개인용 컴퓨터 등)은 타인의 혁신을 성공적으로 마케팅한 시장추격 기업에 의해 널리 보급되었다.
Innovator (혁신기업)	새롭고 창의적인 제품이나 서비스를 시장에 출시한다.	· 애플 · 하이얼 · 인디텍스 · 최첨단 바이오테크 기업들 · 프록터앤갬블 · 필립스[Philips, 코닌클예크 필립스 (Koninklijke Philips N. V.)의 자회사] · 세일즈포스닷컴(Salesforce. com) · 언더아머	이들은 새로운 제품이나 서비스를 소개하는 것뿐 아니라 지속적인 혁신 역량을 통해 꾸준히 소비자를 끌어들이고 유지하는 회사들이다. 혁신기업에는 여러 유형이 있지만 이들에게 있어 가장 성공적인 게임 방식은 혁신의 유형과 왜 그것이 특정 기업을 차별화하는지 명확히 정의하는 것이다.
Platform provider (플랫폼제공 기업)	공유자원과 인프라를 운영하고 감독한다.	· 전력회사들 · 레고 · 마이크로소프트 (윈도우즈) · 뉴욕 증권거래소 (NYSE: New York Stock Exchange) · 페덱스(FedEx) · 콘레일 [Conrail, CSX 앤 노퍽 서던 철도(CSX and Norfolk Southern Railway)] · 백오피스 거래 처리 기업들 · 천연자원 제공기업(석유, 천연가스, 임산물, 광물 기업)	이들은 타인이 자신들과 사업을 해서 공유할 수 있는 플랫폼이나 자원을 창조하는 기업이다. 해당 산업에 대한 규제가 아무리 무거울지라도 그와 관계없이 이들은 자신이 관리하는 자원의 청지기로서 내포된 역할을 맡고 있다.
Premium player (프리미엄제공 기업)	최고급의 제품과 서비스를 제공한다.	· 허먼 밀러(Herman Miller) · BMW 등 럭셔리 자동차업체 · 노드스톰(Nordstrom) · 리츠칼튼 등 프리미엄 호텔 체인	고객들은 고객 서비스(노드스톰), 장인의 솜씨(허먼 밀러), 성능 (BMW) 등 소유에 따른 위상과 인지된 가치를 위해 가격을 지불한다.
Regulation navigator (규제조정 기업)	정부의 정책적 규제와 감독을 관리하고 그에 영향을 미쳐서 그렇지 않았으면 접근하기 어려웠을 제품과 서비스에 대한 접근성을 제공한다.	· 2001~2006년 사이의 화이자의 소비자 헬스케어 사업부문 · 건강보험회사 · 국영 중국해양석유총공사 · 국영 중국공상은행	이들 회사는 정부가 상당한 비율로 비즈니스 활동을 통제하거나 규제하는 국가나 분야에서 등장할 수 있다. 어느 터키 기업의 CEO는

전략을 실행되게 하라

		미쓰이(Mitsui)와 같은 일부 무역회사	규제가 완화되기 전의 환경에서는 여러 제품라인을 운영하고 여러 정부부처에 협력자를 두는 것이 중요하다고 언급한 적이 있다. 그 이유는 정부의 비위를 맞추는 것이 고객의 비위를 맞추는 것보다 중요했기 때문이었다. 이들 회사는 규제 프레임워크가 변화하면 취약해질 수 있다.
Reputation player (평판기반 기업)	신뢰할 수 있는 공급자로서 프리미엄 가격을 청구하거나 고객에게 특별한 접근을 허용받는다.	• 코스트코(CostCo) • 정직성으로 명성을 쌓은 금융서비스 기업(2000년대 중반 이후 다수 기업이 명성을 유지하거나 재건하는 데 어려움을 겪음) • 나투라 • 2001~2006년 사이의 화이자 소비자 헬스케어 사업부문 • 타타그룹 • 세븐스 제너레이션(Seventh Generation) • 볼보[Volvo, 지리자동차 (Geely Automotive)의 자회사)]	평판의 속성은 꼭 이타적인 것은 아니지만 비용 절감보다는 가치와 관련이 있는 것은 틀림없다. 볼보의 안전에 대한 평판은 2010년 중국의 지리자동차가 볼보를 인수하게 된 가장 중요한 요소였다. 하지만 이 게임의 방식은 명성을 유지할 역량이 없거나 그럴 만한 충분한 관심을 쏟지 못해 평판이 손상되면 역효과를 낳는다는 단점도 있다. BP, 엔론(Enron), 도요타, 혼다(Honda)가 이런 경험을 했다. 이들 기업은 주로 헌신적이고 소속감을 느끼는 고객 그룹에 기대고 있거나 이들과 긴밀한 연결을 유지하고 있다.
Risk absorber (리스크흡수 기업)	고객을 위해 시장 리스크를 완화하거나 공동 관리해준다.	• 원자재 헤지펀드 • 카이저 퍼머넌트(Kaiser Permanente) 모델을 따르는 새로운 하이브리드 헬스케어 서비스 제공, 지급 기업 • 다수의 보험회사	리스크 흡수기업은 타인들이 기업이 정신을 확장하거나 불확실성을 조절할 수 있도록 도와준다.
Solutions provider (솔루션제공 기업)	고객 니즈를 완전히 해결하는 제품과 서비스를 결합한 솔루션을 제공한다.	• 알스트롬(Ahlstrom) • 시멕스 • 하이얼 • 록히드 마틴(Lockheed Martin)	이 그룹은 통합기업이라고도 불린다. 왜냐하면 게임 방식이 고객의 기술이나 프랙티스까지 포함해 이질적인 기술과 프랙티스를 서로 적합하도록 만드는 역량에 달려 있기 때문이다.
Value player (저가형 기업)	비슷한 수준의 제품과 서비스에 대해 최저가나 엄청난 가치를 제공한다.	• 이케아 • 젯블루(JetBlue) • 맥도날드 • 라이언에어(Ryanair) • 사우스웨스트 항공(Southwest Airlines) • 나노(Nano) 모델을 내세운 타타모터스(Tata Motors) • 월마트	저원가 생산업체라고도 알려진 성공적인 저가형 기업은 가격기반 경쟁의 범용화 곡선에 빠지지 않고도 포지션을 유지할 수 있는 역량을 갖고 있다.

부록D
산업별 최소 베팅액 역량의 사례

5장에서 설명한 바 있지만 모든 업계에는 최소 베팅액이 되는 역량이 있다. 최소 베팅액은 경쟁의 필수품이라고 불리며 모든 회사가 사업을 유지하기 위해 기본적으로 갖춰야 하는 역량을 뜻한다. 업계에 따라 종류는 다르지만 같은 업계 안의 기업들에게는 공통적으로 발견되는 역량이다.

하지만 어떤 역량은 다른 회사가 복제하기 어렵고 기업에게 경쟁우위를 제공하기에 차별화 요인이 된다. 이런 역량은 차별화 역량체계(differentiating capabilities system)의 요소가 된다. 차별화 역량체계는 다른 회사가 복제하기 어렵고 경쟁하기도 어려운 방식으로 회사의 가치제안을 지원하고 서로를 강화한다. 대체로 3~6가지의 역량으로 이뤄져 있다.

부록D에서는 바이오제약, 유통, 소프트웨어 테크놀로지 등 세 개의 산업에서 각 업계에 공통적인 최소 베팅액 역량과 그것이 어떻게 고유의 차별화된 역량이 될 수 있는지 보여준다. 다음을 읽으며 여러분이 각자 업계의 최소 베팅액 역량을 이해하고 그중 일부를 차별적 수준으로 개발하는 데 도움이 되기를 희망한다.

바이오제약 기업

신약 발견　신약을 개발하는 제약회사라면 생물학적 경로(biological pathway)와 신약 발견 플랫폼의 파악, 신약 후보 평가와 우선순위 결정, 학계나 연구기관과의 협력관계 관리, 생명과학 분야의 인재 포착과 양성, 신약 발견 프로그램의 E2E(End to End) 프로세스 관리 등의 역량을 갖춰야 한다. 신약 발견 역량은 고도로 전문화된 분야의 회사나 독특한 특허관리 그룹을 갖춘 회사에게는 고유의 차별화된 역량이 될 수 있다.

임상 역량 생명과학 분야의 회사들에게 임상실험(clinical trials) 역량은 필수적이다. 규제당국의 움직임이나 시장환경의 미묘한 변화 뉘앙스를 알아차리고, 적절한 지리적 발자취(전 세계적 발자취가 되는 경우가 늘고 있음)를 남기기 위해 실험을 설계한다. 계약에 따라서 연구하는 조직(contract research organizations)을 관리하며, 경쟁에 관한 시장정보(competitive intelligence)를 수집한다. 실험을 위해 환자를 모으는 역량도 갖춰야 한다. 임상실험 방법의 획기적인 혁신 역량은 규제당국의 철저한 조사를 통과한다면 고유의 차별화된 역량으로 발전할 수 있다.

전문화된 제조 제약회사는 상업적으로 확장이 가능하고 규제 준수가 가능한 프로세스를 설계하는 오퍼레이션 역량을 갖고 있다. 여기에는 글로벌 공급을 위해 필요한 비용최적화와 자산관리, 이력추적(track-and-trace) 프로세스와 리스크를 포함하는 공급망과 유통채널 관리 역량이 포함된다. 고도로 효율적이고 비용에 민감한 제조는 중요한 가치나 솔루션 제공 경쟁력으로 이어질 수 있다면 어떤 기업에게는 고유의 차별화된 역량이 될 수 있다.

신제품의 시장 소개와 출시 제약회사의 역량은 지속적으로 신약을 출시하는 능력에 달려 있다. 가치와 리스크를 토대로 가격을 책정하고 회계처리가 가능하도록 제품을 디자인하는 능력, 통합전달네트워크(IDNs: Integrated Delivery Networks) 같은 헬스케어 서비스 제공기관과의 관계 등을 포함하는 상업적인 파트너십을 관리하는 능력, 의사와 관계를 맺는 능력, 환자가 약을 섭취하는지 확인하기 위해 접촉하는 능력, 이런 관계를 위해 새로운 채널과 디지털플랫폼을 활용하는 능력 등이 포함된다. 비교적 희귀한 질병 등 특정 고객군을 위한 수익성 있는 신약을 제공하는 능력은 기업에게 고유의 차별화된 역량이 될 수 있다.

고객 개발   제약회사는 제품을 시장에 내놓는 능력과 같은 기본적인 역량을 갖고 있어야 한다. 계정을 관리하는 능력, 환자에게 필요한, 부분적으로는 환자를 끌어들이기 위한 부가가치 있는 서비스를 제공하는 능력, 다양한 공급자에게 맞게 가치제안을 수정하는 능력, 마케팅 캠페인에 쓸 수 있게 효능 연구를 설계하고 수행하는 능력 등이 포함된다. 특정한 환자그룹이나 헬스케어 서비스 제공기관을 목표로 고객 개발 역량을 신약 발견이나 시장 출시 역량과 결합할 수 있다. 그럴 경우 고객 개발 역량은 기업에게 고유의 차별화된 역량으로 이어질 수 있다.

규제와 의료 업무   대부분의 제약회사는 규제와 의료 업무 역량으로 자신들이 법을 준수한다는 사실을 입증한다. 보건경제학과 성과에 대한 연구를 관리하는 능력, 학계와 연구파트너십을 유지하는 능력, 업계에 의료정보를 제공하는 능력, 환자의 접근권을 개선하기 위해 투자자와 서비스 제공기관에게 가치를 증명하는 능력 등이 포함된다. 불투명한 규제환경에서 기업에게 통찰력이나 규제기관 등에 대한 접근권한이 있다면 고유의 차별화된 역량이 될 수 있다.

유통 기업

시장에 대한 통찰   유통회사는 고객의 니즈와 취향을 이해하기 위해 고객과 연결할 수 있는 능력에 의존한다. 향후 수요 트렌드의 예측, 고객이 원할 만한 인기 제품의 선택, 지역이나 매장 수준에서 있을 만한 미묘한 차이의 이해 등의 능력에도 의존한다. 시장에 대한 통찰 역량은 점점 더 소비자 데이터와 정교한 분석을 필요로 한다. 일부 유통회사는 여기서 한걸음 더 나아가 6장에서 논의한 것과 같은 고객에 대한 특별한 접근성을 확보하기도 한다.

제품의 조합 관리   제품 개발과 판매는 고객의 선호에 맞는 제품의 알맞은 조합을 설계한다. 이를 위해 제조업체와 빈번하고 긴밀하게 협력하는 식의 유통회사에게 공통적으로 필요한 역량이 활용된다. 각 매장에 적합한 조합을 선택하고, 신제품을 소개하거나 계절적인 변화를 줘서 이 조합이 항상 트렌드에 맞게 유지한다. 크기, 단위, 색깔, 풍취, 재질, 적합성과 그 밖의 다른 요소를 최적으로 배합하며, 제조업체가 제공한 것을 강화하기 위해 소매 유통 수준에서 필요한 혁신적인 기능을 개발한다. 자사 제품 중 일부를 직접 제조하는 애플, 이케아, 인디텍스, 스타벅스 같은 회사는 종종 제품의 조합 관리 영역에서 고유의 차별화된 역량을 개발하고자 노력한다.

공급망 물류   유통회사들은 제품의 품질과 경쟁력 있는 가격을 유지하기 위해 공급자 기반을 관리한다. 수요에 반응하고 재고가 부족하거나 많은 상황을 피하기 위해 유연하고 민첩한 공급망을 개발한다. 매장별로 다른 제품조합과 현지화된 제품조합을 제공하는 파이프라인을 설계한다.
또한 전체 공급망 노드에 걸쳐 최적의 재고수준을 관리해 최소 재고관리

단위(SKU: Stock-Keeping Unit)까지 완전한 E2E 가시성을 제공한다. 온라인과 오프라인 경험을 연결해 고객에게 옴니채널 경험을 제공하고, 판매를 최적화하기 위해 JIT 기반으로 매장 선반에 재고를 보충한다. 인디텍스 등 일부 기업과 소비자제품 제조기업인 프리토-레이, 나투라 코스메티코스 등은 공급망 물류 역량을 차별화된 운영의 탁월성 수준으로 끌어올렸다.

소매 환경   대형 다국적 유통회사들은 몇몇 소매 관련 활동에서 반드시 뛰어나야 한다. 부동산을 찾고 확보해 판매, 비용, 브랜드 이미지 사이에서 균형을 맞추는 활동, 현지시장에 최적화된 매장 발자취를 개발하고 관리하는 활동, 고객을 직접 대면하지 않는 후선업무를 최적화해 비용을 최소화하고 바람직한 수준으로 재고를 유지하는 활동, 고객과 직접 대면하는 매장업무를 관리해 경쟁력 있는 비용 수준으로 바람직한 매장 경험을 제공하는 활동, 그리고 오프라인, 온라인, 스마트폰 기반의 고객 경험을 통합하는 활동이 포함된다. 이케아의 창고 설계, 애플의 지니어스 바와 같은 혁신이나 아마존, 인디텍스, 스타벅스 등이 보여준 지속적인 개선을 통해 몇몇 유통기업은 소매환경 역량에서 차별적 우위를 구축할 수 있었다. 특히 소매 환경 역량이 통찰과 함께 고객 경험으로 통합되었을 때 더욱 차별적 우위를 가졌다.

커뮤니케이션   유통회사는 고객과 직접 대면하는 상황에서나 온라인 상황에서나 고객을 흡인하는 브랜드 창조력이 반드시 일정 수준을 넘어서야 한다. 전체 채널에 걸쳐 브랜드 응집성을 관리하는 능력, 판매 채널에서 고객 인지도를 강화하고 트래픽 증가를 유도하는 능력, 기존 고객에게 제품을 교차판매(cross-selling)하거나 상향판매(up-selling)하는 능력, 신규 고객이나 잃어버린 옛 고객에게 새로운 실험에 대한 인센티브를 제공하는 능력, 마케팅을 꾸준히 개선하기 위해 지속적으로 분석하는 능력, 장기적인 가치를 창출하는 효과적인 가격책정과 판촉전략을 설계하는 능력 등이 포함된다. 숙련된 소매유통 마케터는 고객 세그먼트를 대상으로 차별적 경험이나 맞춤화된 가치제안에 초점을 맞추어 표적화된 관계를 창출할 수 있다.

옴니채널 판매와 서비스　유통회사는 고객이 원하는 때, 원하는 장소에서, 원하는 방식으로 제품을 구매하도록 통합디지털 서비스를 제공해야 한다. 고객관계를 개선하기 위해 집에서 매장까지 그리고 다시 집까지 완전한 E2E 고객 경험을 관리해야 한다. 장기적인 가치를 창출하도록 고객을 유지하고 고객의 충성도를 높일 만한 프로그램을 개발해야 한다. 버버리(Burberry)와 레스토레이션 하드웨어(Restoration Hardware) 등 일부 유통회사는 옴니채널(omnichannel) 판매와 서비스 역량을 예술의 경지로까지 차별화했다.

소프트웨어 테크놀로지

제품 개발　소프트웨어 회사는 무엇보다 맞춤형 제품으로 알려져 있다. 시장과 소비자에 대한 통찰을 포착해야 하며 종종 소비자 통찰을 위해 고객의 사용 패턴을 긴밀히 모니터링한다. 고객의 요구사항을 파악하고 강력한 제품 아키텍처로 전환해야 하는데 점차 '서비스로서의 소프트웨어(SaaS: Software-as-a-Service)' 아키텍처 형태로 제공해야 한다.

소프트웨어 회사는 제품에 대해 민첩하게 프로토타입을 제작하고 빠르게 테스트하며 베타버전으로 관리해야 한다. 분명하고 예측 가능한 제품전략과 로드맵을 개발해야 하며, 혁신 포트폴리오와 파이프라인을 관리해야 한다. 이 모든 활동을 품질을 유지하면서도 제품을 시장에 내놓을 때 적시에 해내야 한다. 소프트웨어 업계는 제품 개발 측면의 최소 베팅액 역량을 지난 몇 년에 걸쳐 개선해왔기에 이 역량을 충족하는 것만으로는 더는 스스로를 차별화하기 어렵다. 하지만 새로운 채널이나 통합된 네트워크 기반의 솔루션을 개발한 회사라면 여전히 차별적 우위를 얻을 수 있다.

고객 세분화와 목표고객 선정　오랜 시간에 걸쳐 테크놀로지 분야의 회사들은 최소 베팅액에 해당하는 브랜딩과 고객 인식에 대한 역량을 어떻게 구축해야 하는지 배워왔다. 고도로 개인화된 캠페인과 조건을 개발하는 능력, 높은 고객수요와 고객평생가치(CLV: Customer Lifetime Value)에 대한 감각을 창출하도록 고객 세분화를 최적화 하는 능력, 채널 전체에서 개인화된 맞춤형 메시지를 제공하는 능력, 장기적이고 수익성 있는 마케팅 파트너십과 연합 관계를 구축하는 능력, 그리고 가격책정, 할인, 판촉행사에서 규율과 절제를 개발하는 능력 등이 포함된다. 애플, 구글 등 일부 소프트웨어 회사는 고객 세분화와 목표고객 선정 역량을 잘 활용해 고유의 차별화된 브랜딩 역량을 구축하고 회사 정체성에 충실한 단골고객을 끌어들인 것으로 잘 알려져 있다.

고객 관리　고객 관리 역량은 업계 외부에서는 찾아보기 어렵지만 성장의 상당부분이 여기서 나온다. 특정 바이어나 고객을 획득하려고 영업팀을 구축하는 능력, 고객평생가치나 거래규모와 마진에 기초한 보상모델을 개발하는 능력, 직접고객과 간접고객 모두에 대해 선도세대(lead generation)와 영업 파이프라인을 관리하는 능력, 첨단 전자상거래 능력과 함께 웹상에서 탄탄하게 사업을 관리하고 실행하는 능력, 고객참여를 모니터링하고 모델링하는 능력 등이 포함된다. 퀄컴의 탁월한 라이선싱은 회사가 영업 역량을 고유의 차별화된 역량 형태로 어떻게 변환할 수 있는지 보여주는 좋은 사례다.

견적에서 현금회수까지 프로세스와 운영 진화하는 클라우드 기반 소프트웨어의 세계에서는 전통적인 운영과 현금흐름 역량이 새로운 방향으로 변화하고 있다. 이 영역에서 필요한 새로운 역량으로는 서비스로서의 소프트웨어 주문, 청구, 고객관리에 필요한 '견적에서 현금회수까지(QtC: Quote-to-cash)' 프로세스를 자동화하고 최적화하는 능력, '최소개입판매(low-touch offers)'라고도 하는 개인화와 솔루션 판매를 위한 역동적인 설정 변경 기능을 개발하는 능력, 그리고 거래처리, 규제준수 모니터링, 필수보고서 작성을 포함해 아웃소싱이나 해외에서의 소싱 등 운영 활동을 관리하는 능력이 포함된다. 아마존이 개발한 고유의 차별화된 오퍼레이션 역량은 QtC 프로세스와 오퍼레이션 영역에서 완전히 새로운 가능성을 보여준다.

고객 지원과 서비스 고객 지원과 서비스 역량은 모든 산업에서 최소 베팅액이면서도 여전히 많은 회사들이 고객의 요구를 만족시키지 못하고 있다. 현장 지원인력을 위한 가변적이고 성과 중심의 인센티브를 제공하는 보상모델을 개발하는 능력, 활용률이나 사이클타임 등 서비스 효과성을 유지하고 지속적으로 개선하는 능력, 짜증 나지 않고 강력하며 실용적인 사용자 인터페이스를 포함해 셀프서비스 제품과 사용자 커뮤니티를 포괄하는 역량을 개발하는 능력, 사용자를 교육하고 판매 후 컨설팅을 수행하는 능력 등이 포함된다. 서비스 품질이나 가치에 초점을 맞추는 회사는 고객 지원과 서비스 역량을 경쟁우위로 전환할 수 있다.

부록E
추천도서

이 책을 집필하는 데는 수많은 저서가 활용되었다. 그중에서도 다음에 소
개하는 책들은 전략과 실행 사이의 간극을 극복하는 데 특히 집중하고 있다.

Barnett, William P. 2008. *The Red Queen Among Organizations: How
Competitiveness Evolves*. Princeton, NJ: Princeton University Press. 업
계의 전통적인 논리를 추종하는 회사들은 필연적으로 서로 비슷한 역량
을 개발하게 될 수밖에 없다. 유일한 탈출구는 전통적인 논리와는 다른 경
로를 따르는 것이다.

Chandler, Alfred D., Jr. 2005. *Shaping the Industrial Century: The Remark-
able Story of the Evolution of the Modern Chemical and Pharmaceu-
tical Industries*. Cambridge, MA: Harvard University Press. 이 저명한 경
영사학자는 별세하기 전에 남긴 마지막 저서에서 성숙한 업계가 성장의
플랫폼으로써 역량을 활용해 어떻게 스스로를 끊임없이 재탄생시키는지
설명한다.

Dahlvig, Anders. 2011. *The IKEA Edge: Building Global Growth and So-
cial Good at the World's Most Iconic Home Store*. New York: McGraw-
Hill. 저자는 이케아의 전직 CEO 중 한 명이다.

Fischer, Bill, Umberto Lago, and Fang Liu. 2013. *Reinventing Giants: How
Chinese Global Competitor Haier Has Changed the Way Big Compa-*

nies Transform. San Francisco: Jossey-Bass. 이 책은 하이얼의 역량체계를 다룬 놀라운 이야기의 가장 완전한 버전이다. CEO 장루이민의 정체성에 대한 접근 방안을 담고 있다.

Gill, Michael Gates. 2007. *How Starbucks Saved My Life: A Son of Privilege Learns to Live Like Everyone Else*. New York: Penguin. 저자는 전략과 실행 사이의 간극이 없는 회사에서 일한다. 그런 회사에서 일선 현장은 어떤 생각을 갖고 있는지 보여준다.

Isaacson, Walter. 2011. *Steve Jobs*. New York: Simon & Schuster. 스티브 잡스는 애플을 창업하고 거기서 추방되기도 한 독특한 이력을 지닌 전략형 리더다. 애플은 창업자의 역량을 회사에 반영했고 이를 초월했다.

Kiechel, Walter, III. 2010. *The Lords of Strategy: The Secret Intellectual History of the New Corporate World*. Boston: Harvard Business Review Press. 회사가 되어야 하는 것, 회사가 해야 하는 것에 대한 아이디어가 어떻게 즉흥적인 방법으로 진화해왔는지, 강력한 아이디어가 왜 종종 무시되는지 이야기한다.

Koenigsaecker, George. 2009. *Leading the Lean Enterprise Transformation*. Boca Raton, FL: CRC Press/Productivity Press. 이 책은 린 경영을 다룬 많은 가이드 중 하나다. 동시에 내부자의 관점에서 다나허 비즈니스 시스템의 진화에 대한 이야기를 제공한다.

Lafley, A.G., and Roger L. Martin. 2013. *Playing to Win: How Strategy Really Works*. Boston: Harvard Business Review Press. 우리가 쓴 책에는 프록터앤갬블이 포함되어 있지 않다. 그 이유는 바로 이 회사의 역량체계에 대한 이야기가 이 책에 아주 완전하게 소개되었기 때문이다.

Lashinsky, Adam. 2012. *Inside Apple: How America's Most Admired—and*

Secretive—Company Really Works. London: Hachette. 이 책은 우상화된 회사가 어떻게 상징적 역량을 개발하고 유지하는지 설명한다.

Leinwand, Paul, and Cesare Mainardi. 2011. *The Essential Advantage: How to Win With a Capabilities-Driven Strategy*. Boston: Harvard Business Review Press. 응집성에 대해 최초로 정의 내린 우리들의 전작이다. 비관습적 리더십의 다섯 가지 행동 양식이라는 개념의 기초를 놓았다.

Mock, Dave. 2005. *The Qualcomm Equation: How a Fledgling Telecom Company Forged a New Path to Big Profits and Market Dominance*. New York: AMACOM. 퀄컴은 차별적인 하이테크 정체성을 각인시켜주는 효과적인 역량체계를 개발했다.

Montgomery, Cynthia. 2012. *The Strategist: Be the Leader Your Business Needs*. New York: HarperCollins. 예외적으로 높은 최소 베팅액이 걸린 정체성으로서의 전략. 이 책의 도입부는 가구 산업을 지배하려다가 수백만 달러를 잃은 마스코(Masco)를 이케아와 비교한다.

Nonaka, Ikujiro, and Hirotaka Takeuchi. 1995. *The Knowledge-Creating Company: How Japanese Companies Create the Dynamics of Innovation*. New York: Oxford University Press. 암묵적(tacit) 지식과 형식적(explicit) 지식 사이의 상호작용에 대한 원전이다.

Rossman, John. 2014. *The Amazon Way: 14 Leadership Principles Behind the World's Most Disruptive Company*. North Charleston, SC: CreateSpace. 아마존이 자신의 출판 자회사를 통해 직접 출판한 이 책은 아마존의 놀라운 역량과 강박적인 문화를 드러낸다.

Rumelt, Richard. 2011. *Good Strategy, Bad Strategy: The Difference and Why It Matters*. New York: Crown Business. 모든 고유의 차별화된 역

량의 기저에는 저자가 이 책에서 설명한 종류의 전략적인 논리가 있다.

Senge, Peter. 2006. *The Fifth Discipline: The Art and Practice of the Learning Organization.* 2nd ed. New York: Random House. 개인적 차원에서 태도와 습관적 실천의 집합이 고유의 차별화된 역량과 집단적 탁월성의 문화를 발전시킨다.

Sviokla, John, and Mitch Cohen. 2014. *The Self-Made Billionaire Effect: How Extreme Producers Create Massive Value.* New York: Portfolio/Penguin. 모든 고유의 차별화된 역량은 차별적 성격을 지닌 소수의 사람을 필요로 하는 것일까?

1) References to Strategy& or "our firm" in *Strategy* That Works refer to a strategy consulting enterprise that navigated a series of changes in structure during the time the authors and their colleagues were developing the ideas in this book. Before April 2008, this enterprise was the global commercial strategy business in the management consulting firm Booz Allen Hamilton. Starting April 2008 it was an independent global consulting firm, Booz & Company. As of July 2015, it is Strategy&, a global team of practical strategists integrated within the PwC network of firms. For more about PwC's Strategy&, see www.strategyand.pwc.com. For further details about how the PwC network is structured, see www.pwc.com/structure.

2) This study was conducted through an interactive survey and self-analysis tool called the Coherence Profiler. These figures reflect results gathered between 2010 and 2015. The profiler and more detail on results are available at "Our Leading Research on Strategy," Strategy&, 2015, http://www.strategyand.pwc.com/global/home/what-we-think/cds_home/the_concept/our_leading_research_on_strategy.

3) "Companies Spend Money and Time at Odds With Their Own Strategy," the Strategy& group of PwC, based on data from the *Fit-for-Growth* index profiler: http://www.strategyand.pwc.com/global/home/what-we-think/reports-white-papers/article-display/fitforgrowth-infographic-indexprofiler-results. *Fit for Growth* is a registered service mark of PwC in the United States.

4) "Companies Spend Money and Time at Odds With Their Own Strategy," ibid.

5) Paul Leinwand and Cesare Mainardi, "What Drives a Company's Success?" Strategy&, October 28, 2013, www.strategyand.pwc.com/global/home/what-we-think/reports-white-papers/article-display/what-drivesa-companys-success. Originally conducted and published by Booz &Company.

6) IKEA Systems B.V., "Who We Are," accessed July 3, 2015, http://franchisor.ikea.com/who-we-are-2-2/.

7) Natura Cosmeticos S.A., "Individual and Consolidated Financial Statements," December 31, 2014, http://natu.infoinvest.com.br/enu/5179/1DemonstraesFinanceirasIngles1.pdf.

8) Bob Tita, "Danaher to Split Up Businesses, Buy Pall for $13.6 Billion," *Wall Street Journal*, May 13, 2015, www.wsj.com/articles/danaherto-buy-pall-for-13-6-billion-split-up-businesses-1431518043. See also "Danaher Reports Record Fourth Quarter and Full Year 2014 Results," Danaher press release, January 27, 2015, http://phx.corporate-ir.net/phoenix.zhtml?c=82105&p=irol-newsArticle&ID=2010728.

9) Paul Leinwand and Cesare Mainardi, "The Coherence Premium," *Harvard Business Review* 88, no. 6 (June 2010): 86–2.

10) Leinwand and Mainardi, "What Drives a Company's Success?" op. cit.

11) J. Neely, John Jullens, and Joerg Krings, "Deals That Win," *strategy+business*, July 14, 2015, http://www.strategy-business.com/article/00346.

12) Gerald Adolph, Cesare Mainardi, and J. Neely, "The Capabilities Premium in M&A," *strategy+business*, February 22, 2012, http://www.strategy-business.com/article/12105.

13) "Management by walking around": Thomas J. Peters and Robert H. Waterman, Jr., *In Search of Excellence: Lessons from America's Best Run Companies* (New York: Harper Business, 1982, 2004), 289; "level five leadership": Jim Collins, *Good to Great: Why Some Companies Make the Leap . . . And Others Don't* (New York: HarperCollins, 2001), 17ff.

14) The quotes from individuals at CEMEX, Danaher, IKEA, and Natura come from interviews that were edited into roundtable-style articles, published or to be published by *strategy+business*. These are: Thomas A. Stewart, interviewer, "CEMEX's Strategic Mix" (published April 13, 2015; http://www.strategy-business.com/article/00325); George Roth and Art Kleiner, interviewers, "The Danaher Zone" (in progress); Per-Ola Karlsson, Marco Kesteloo, and Nadia Kubis, interviewers, "The Idea of IKEA," (in progress); and Thomas A. Stewart, interviewer, "Beauty, Business, Brazil" (about Natura, in progress). Other quotes were taken from interviews with the authors.

15) Jon katzenbach, Rutger von Post, and James Thomas, "The critical Few: Components

of a Truly Effective Culture," *strategy+business*, February 11, 2014, http://strategy-busi ness.com/article/00237; also a forthcoming book on the subject by the authors.

16) Deniz Caglar, Jaya Pandrangi, and John Plansky, "Is Your Company Fit for Growth?" *strategy+business*, May 29, 2012, http://www.strategy-business.com/article/12205; and the *Fit for Growth* index, http://www.strategyand.pwc.com/global/home/what-we-think/fitfor growth.

17) Clive G. Jones, John H. Lawton and Moshe Shachak, "Organisms as ecosystem en-gineers," *Oikos* 69, no. 3 (April 1994): 373–86.

18) Quotes about IKEA come from "The Idea of IKEA," and from Ingvar Kamprad, *The Testament of a Furniture Dealer: A Little IKEA Dictionary* (IKEA, 1976). We also drew on Michael I. Norton, Daniel Mochon and Dan Ariely, The "IKEA Effect: When Labor Leads to Love," Harvard Business School Working Paper 11-091, 2011; "The Secret of IKEA's Success," *The Economist*, Feb 24, 2011; Linda Matchan, "Cheap Thrills: Its prices are just one way IKEA is altering how America decorates," *Boston Globe*, Nov 3, 2005; Kerstin Gustafsson, Gunilla Jönson, David Smith, and Leigh Sparks, "Packaging logistics and re-tailers' profitability: an IKEA case study," Lund University, 2004; J. Klevås, "Design for packaging logistics," International Design Conference—Design 2006, Dubrovnik, Croatia; and Deniz Caglar, Marco Kesteloo, and Art Kleiner, "How Ikea Reassembled Its Growth Strategy," *strategy+business*, May 7, 2012. http://www.strategy-business.com/article/00111.

19) References to job titles for IKEA executives draw upon the company's description of its organizational structure: "About the IKEA Group: Welcome Inside Our Company," ac-cessed July 26, 2015; http://www.ikea.com/ms/en_GB/about-the-ikea-group/company-in formation/#organisation.

2장

1) Walter Isaacson, *Steve Jobs* (New York: Simon & Schuster, 2011).

2) Ibid., 326; Chloe Albanesius, "Steve Jobs vs. Everyone: His Best Fights," *PC Magazine Online*, October 5, 2011, http://www.pcmag.com/article2/0,2817,2391784,00.asp.

3) "Steve Jobs Keynote Macworld 2001 SF," video uploaded by Evgeny Z, November 8, 2011, *YouTube*, http://www.youtube.com/watch?v=plCctkS12fY.

4) Ken Favaro and Art Kleiner, "The Thought Leader Interview: Cynthia Montgomery," *strategy+business*, February 26, 2013, http://www.strategy-business.com/article/00163?pg=all.

5) Barry Jaruzelski, John Loehr, and Richard Holman, "The Global Innovation 1000: Navigating the Digital Future," *strategy+business*, October 22, 2013, http://www.strategy-business.com/article/00221.

6) Sources on Apple include Isaacson, Albanesius, and Favaro and Kleiner, op. cit., along with: Adam Lashinsky, *Inside Apple: How America's Most Admired—nd Secretive—ompany Really Works* (New York: Business Plus, 2012), 126; David B. Yoffie and Michael Slind, "Apple Computer 2006," Harvard Business School Case Study 9-706-496; David B. Yoffie and Penelope Rossano, "Apple Inc. in 2012," Harvard Business School Case Study 9-712-490; John Boddie, "Has Apple Hit the Right Disruptive Notes?" *Strategy&Innovation*, Harvard Business School Publishing, 2005; Ken Mark, "Apple Inc.: iPod and iTunes," Ivey Case Study 905M46, 2007; and Luc Wathieu, "Apple Stores," Harvard Business School Case Study 9-502-063, 2010.

7) Joseph A. Michelli, *Leading the Starbucks Way: 5 Principles for Connecting with Your Customers, Your Products and Your People* (New York: McGraw-Hill Education, 2014), 4.

8) Bill Fischer, Umberto Lago, and Fang Liu, *Reinventing Giants: How Chinese Global Competitor Haier Has Changed the Way Big Companies Transform* (San Francisco: Jossey-Bass, 2013).

9) Art Kleiner, "China's Philosopher-CEO Zhang Ruimin," *strategy+business*, November 10, 2014, http://www.strategy-business.com/article/00296; Fischer, Lago, and Liu, Reinventing Giants, op. cit.

10) Jeannie Jinsheng Yi and Shawn Xian Ye, *The Haier Way: The Making of a Chinese Business Leader and a Global Brand* (Paramus, NJ: Homa & Seka Books, 2003), 27.

11) Sources on Haier include Fischer et al., Jinsheng and Shawn, and Kleiner, op.cit.; and Bill Fischer, Umberto Lago, and Fang Liu, "The Haier Road to Growth," *strategy+business*, April 27, 2015, http://www.strategy-business.com/article/00323.

12) Correspondence with CEMEX public affairs.

13) Clayton M. Christensen, *The Innovator's Dilemma: When New Technologies Cause Great*

Firms to Fail (Boston: Harvard Business School Press, 1997), 31ff.

14) Gary Hamel and C. K. Prahalad, *Competing for the Future* (Boston: Harvard Business School Press, 1994), 247.

15) Sam Frizell, "Meet the Robots Shipping Your Amazon Orders," Time, Dec 1, 2014; David Cardinal, "Amazon Deploys 10,000 Robot Workers, a Year after Obama's Famous Amazon Jobs Speech," *ExtremeTech*, May 30, 2014, http://www.extremetech.com/extreme/183254-amazon-deploys-10000-robot-workers-a-year-after-obamas-famous-amazon-jobs-speech.

16) Kaj Grichnik and Conrad Winkler, with Jeffrey Rothfeder, *Make or Break: How Manufacturers Can Leap from Decline to Revitalization* (New York: McGraw-Hill, 2008), 1ff.

17) U.S. Securities and Exchange Commission, "Division of Corporation Finance: Standard Industrial Classification (SIC) Code List," last modified January 3, 2011, www.sec.gov/info/edgar/siccodes.htm.

18) "History of Smith Corona," Smith Corona web page, accessed July 9, 2015, www.smithcorona.com/history; Erwin Danneels, "Trying to Become a Different Type of Company: Dynamic Capability at Smith Corona," *Strategic Management Journal* 32, no. 1 (January 2011): 1-1.

19) "2012 re:Invent Day 2: Fireside Chat with Jeff Bezos & Werner Vogels" Amazon Web Services, youtube video, November 29, 2012: https://www.youtube.com/watch?v=O4MtQGRlluA. Quote starts about 4:30.

20) J. P. Mangalindan, "Why Amazon's Fire Phone Failed," *Fortune*, Sept. 29, 2014; http://fortune.com/2014/09/29/why-amazons-firephone-failed/.

21) Tony F, "Tesla Batteries as Backup to Power Homes?" *Tesla Forums*, blog, August 16, 2011, http://my.teslamotors.com/fr_CH/forum/forums/tesla-batteries-backup-power-homes.

22) Gerald Adolph and Kim David Greenwood, "Grow From Your Strengths," *strategy+business*, August 18, 2015, http://www.strategy-business.com/article/00354?gko=478fb.

23) This trigger was inspired by "I Can Do That" by Marvin Hamlisch and Edward Kleban in *A Chorus Line*, 1975.

24) "The Danaher Zone," op cit.; Richard McCormack, "A Manager's Guide to Implement-ing Lean," (interview with George Koenigsaecker), *Manufacturing and Technology News*, May 16, 2001, http://www.manufacturingnews.com/news/01/georgek.html; George Koenig-saecker, Leading the Lean Enterprise Transformation (Boca Raton, FL: CRC Press 2009).

25) Natura Cosmeticos S.A., *Natura Brasil Annual Report 2012*, https://www.naturabrasil.fr/en/about-us/our-annual-reports.

26) Howard Schultz and Dori Jones Yang, *Pour Your Heart into It: How Starbucks Built a Company One Cup at a Time* (New York: Hyperion, 1997), 6.

27) Michael Gates Gill, *How Starbucks Saved My Life: A Son of Privilege Learns to Live Like Everyone Else* (New York: Gotham Books, 2007); Tom Ehrenfeld, "Starbucks and the Power of Story," *strategy+business*, June 10, 2008, http://www.strategy-business.com/article/08211.

28) Keith Oliver, Edouard Samakh, and Peter Heckmann, "Rebuilding Lego, Brick by Brick," *strategy+business*, August 29, 2007, www.strategy-business.com/article/07306.

3장

1) PepsiCo, Annual Report, 2013, www.pepsico.com/Assets/Download/PEP_Annual_Report_2013.pdf.

2) Brian Cornell and Tom Greco, presentation at Thomson Reuters Streetevents, PEP—epsiCo at CAGNY Conference, February 20, 2014, edited transcript, www.pepsico.com/docs/album/Investor/pep-transcript-2014-02-20t18_45.pdf?sfvrsn=2.

3) Candace Choi, "Cappuccino Potato Chips? America Says No Way," Associated Press, October 20, 2014.

4) Trefis Team, "Frito-Lay Dominates U.S. Salty Snacks, But Rising Cracker Sales Could Stall Growth," *Forbes*, June 27, 2014, www.forbes.com/sites/greatspeculations/2014/06/27/frito-lay-dominates-u-s-salty-snacksbut-rising-cracker-sales-could-stall-growth; Trefis Team, "PepsiCo Rides on Growth in Frito-Lay and Developing Markets in the First Quar-ter," *Forbes*, April 21, 2014, http://www.forbes.com/sites/greatspeculations/2014/04/21/pepsico-rides-on-growth-in-frito-lay-and-developing-markets-in-the-firstquarter/; Anthony A.

Verstraete, "Frito-Lay: Case Study in Using MIS for Competitive Advantage," Smeal College of Business, Penn State University, 1994.

5) Mike Cooke and Edward H. Baker, "Helping the CIO Lead" [interview with Charles ("Charlie") Feld], *strategy+business*, December 13, 2010; http://www.strategy-business.com/article/00055.

6) James L. McKenney, Duncan Copeland, and Richard O. Mason, *Waves of Change: Business Evolution Through Information Technology* (Boston: Harvard Business School Press, 1995), 190.

7) Indra Nooyi, Q4 2013 PepsiCo Earnings Conference Call transcript, Thomson Reuters StreetEvents, February 13, 2014, https://www.pepsico.com/docs/album/Investor/q4_2013_pep_transcript.pdf?sfvrsn=2; Brian Cornell, "Winning in North America," Strategy Presentation at 2014 Consumer Analyst Group of Ny conference, February 20, 2014: http://www.slideshare.net/Foodsfluidsandbeyond/pep-cagny-2014; Katy Askew, "PepsiCo confident on US snacks despite slowing sales," *Just-Food*, September 4, 2014: http://www.just-food.com/analysis/pepsico-confident-on-us-snacks-despite-slowing-sales_id127785.aspx; Sharon Bailey, "Why PepsiCo's operating margins are still under pressure," *Market Realist*, Feb 25, 2015, http://marketrealist.com/2015/02/pepsicos-operating-margins-still-pressure/.

8) Lashinsky, *Inside Apple*, op. cit.

9) Oliver, Samakh, and Heckmann, "Rebuilding Lego, Brick by Brick," op. cit.

10) "The Danaher Zone," op. cit.

11) Bob Tita, "Johnson Controls to Spin Off Automotive Business," July 25, 2015. *Wall Street Journal*, http://www.wsj.com/articles/johnson-controls-to-spin-off-automotive-business-1437742476.

12) For more on the strategic context of this story, see Paul Leinwand and Cesare Mainardi, *The Essential Advantage: How to Win with a Capabilities-Driven Strategy* (Boston: Harvard Business Review Press, 2011), 50-4.

13) Johnson Controls, Inc., *Annual Report Pursuant to Section 13 or 15(d) of the Securities Exchange Act of 1934 for the Fiscal Year Ended September 30, 2014* (Washington, DC: US Securities and Exchange Commission, 2014), www.johnsoncontrols.com/content/dam/

WWW/jci/corporate/investors/2014/JCI%202014%2010-K.pdf, 26.

14) Consumer Product Information Database, "Listerine Antiseptic Mouthwash, Original" May 22, 2008, http://whatsinproducts.com/types/type_detail/1/9569/standard/Listerin e%20Antiseptic%20Mouthwash,%20Original-05/22/2008/10-001-115.

15) David Gelles, "Coke and McDonald's, Growing Together Since 1955," *New York Times*, May 15, 2014, www.nytimes.com/2014/05/16/business/coke-and-mcdonalds-working-hand-in-hand-since-1955.html. The story comes from an interview with a former consultant to McDonald's.

16) Sarah Germano, "Under Armour Turns Ambitions to Electronic Apparel, Monitoring Apps," *Wall Street Journal*, February 27, 2015; Adam Auriemma, "With Digital Fitness Track-ers, CEOs Band Together." *Wall Street Journal*, March 12, 2014; John Phung, "The History of Under Armour— Mastermind for Performance Apparel," *SearchWarp*, January 12, 2006, http://searchwarp.com/swa33442.htm; Drake Baer, "Here's How Under Armour Grew into a $15 Billion Athletic-Apparel Empire," *Business Insider*, February 19, 2015, http://www.businessinsider.com/history-of-under-armour-2015-2?op=1; Daniel Roberts, "Under Armour Gets Serious," *Fortune*, October 26, 2011; http://fortune.com/2011/10/ 26/under-armour-gets-serious/.

17) Deborah Arthurs, "Now We Know Who to Blame! Flat-Pack Revolution Sparked When an IKEA Designer Sawed the Legs Off a Table to Fit It in His Car," *Daily Mail*, July 19, 2013, www.dailymail.co.uk/femail/article-2370113/Ikea-designer-Gillis-Lundgren-spark ed-flat-pack-revolutionsawing-table-legs-fit-car.html; "Ikea Relaunches First Flat-Pack Table," *DeZeen*, July 22, 2013, www.dezeen.com/2013/07/22/ikea-revives-three-legged-diy-side-table; IKEA, "The IKEA Product Range," IKEA web page, http://franchisor.ikea.com/ product-for-a-better-everydaylife, accessed July 3, 2015.

18) "The Idea of IKEA," op. cit.

19) Amit Bagaria, "Uniqlo vs Zara vs H&M vs the World of Fashion Retailing," ReTales, *ET Retail.com* blog, February 10, 2014, http://retail.economictimes.indiatimes.com/re-tales/ Uniqlo-vs-Zara-vs-H-M-vs-theworld-of-fashion-retailing/91.

20) Joe Avella, producer, "The One Reason Zara Is Dominating the Fashion Industry Right Now," video, *Business Insider*, July 14, 2015; http://www.businessinsider.com/zara-domi nating-beating-competition-fashionindustry-2015-7.

21) At the end of fiscal year 2014, Inditex operated 6,683 stores in eighty-eight markets. Inditex, "FY2014 Results: 1 February 2014 to 31 January 2015," accessed July 3, 2015, www.inditex.com/documents/10279/145048/Full+year+2014+Results.pdf/244e2a9f-12bd-4509-ad06-470e7f10800b.

22) Paloma Díaz Soloaga and Mercedes Monjo, "Caso Zara: la empresa donde todo co-munica (Zara Case Study: The Company Where Everything Communicates)," *Harvard Deusto Marketing y Ventas* 101(November–ecember 2010): 60–8; Zeynep Ton, Elena Corsi, and Vincent Dessain, "Zara: Managing Stores for Fast Fashion," case 9-610-042(Boston: Harvard Business School, revised January 19, 2010).

23) Ton, Corsi, and Dessain, "Zara: Managing Stores for Fast Fashion," op. cit.

24) Rodrigo Orihuela, "Inditex Sales Growth Hits Two-Year High as More Stores Open," BloombergBusiness, March 18, 2015; http://www.bloomberg.com/news/articles/2015-03-18/inditex-full-year-profit-meetsestimates-on-zara-chain-expansion.

25) Dave Mock, *The Qualcomm Equation: How a Fledgling Telecom Company Forged a New Path to Big Profits and Market Dominance* (New York: AMACOM American Management Association, 2005), 168; Paul McLellan, "A Brief History of Qualcomm," *SemiWiki*, January 29, 2014, www.semiwiki.com/forum/content/3123-brief-history-qualcomm.html.

26) Chris Chiaccia, "Qualcomm Has a Huge Target on It from Jana Partners—ere's the Investor Letter in Its Entirety," *The Street*, April 13, 2015, www.thestreet.com/story/13110 333/1/qualcomm-has-a-huge-targeton-it-from-jana-partners--heres-the-investor-letter-in-its-entirety.html.

27) Mock, *The Qualcomm Equation*, op. cit., 153–54.

28) Qualcomm, "Qualcomm Announces Fourth Quarter and Fiscal 2014 Results, Fiscal 2014 Revenues $26.5 billion, GAAP EPS $4.65, Non-GAAP EPS $5.27," press release, Qualcomm, San Diego, CA, November 5, 2014, http://files.shareholder.com/downloads/QCOM/0x0x791877/4610a277-ca86-4da7-8b11-8618efec1d2a/FY%202014%204th%20Quarter%20Earnings%20Release.pdf.

29) PwC Digital Services, "Upping the Ante" (video), 2015: http://digital.pwc.com/upping-the-ante.

30) These two companies were Southdown, purchased in 2000, and RMC, a large multi-national with presence in the U.S. and Europe, purchased in 2005. See Donald R. Lessard and Cate Reavis, "CEMEX: Globalization 'The CEMEX Way,'" MIT Case study 09-039, March 5, 2009, https://mitsloan.mit.edu/LearningEdge/CaseDocs/09%20039%20CEMEX %20%20Lessard.pdf.

31) Scott Kirsner, "Acquisition Puts Amazon Rivals in Awkward Spot," *Boston Globe*, De-cember 1, 2013, www.bostonglobe.com/business/2013/12/01/will-amazon-owned-robot-maker-sell-tailer-rivals/FON7bVNKvfzS2sHnBHzfLM/story.html; Dave Smith, "Chart of the Day: Amazon's Biggest Acquisitions," *Business Insider*, August 26, 2014, www.businessin sider.com/chart-of-the-day-amazons-biggestacquisitions-2014-8.

32) Neely, Jullens, and Krings, "Deals That Win," op. cit.; Adolph, Mainardi, and Neely, "The Capabilities Premium in M&A," op. cit.

33) "The Danaher Zone," op. cit.

34) "The Deal: Qualcomm Divests Omnitracs for $800MM," August 23, 2013, http://www. thestreet.com/story/12017187/1/the-deal-qualcomm-divests-omnitracs-for-800m.html.

35) Ashok Divakaran, Gary L. Neilson, and Jaya Pandrangi, "How to Design a Winning Company," *strategy+business*, August 27, 2013, http://www.strategy-business.com/ar ticle/00194; Gary L. Neilson, Karla L. Martin, and Elizabeth Powers, "Secrets to Successful Strategy Execution," *Harvard Business Review* 86, no. 6 (June 2008), 60–0; PWC, *10 Minutes on Organizational DNA*, 2014, http://www.pwc.com/en_US/us/10minutes/assets/pwc-10 minutes-organizational-dna.pdf.

36) Edgar H. Schein, *The Corporate Culture Survival Guide* (San Francisco: Jossey-Bass, 2009); Art Kleiner, "The Cult of Three Cultures," *strategy+business*, July 1, 2001, http://www. strategy-business.com/article/19868.

37) Leinwand and Mainardi, *The Essential Advantage*, op. cit., 185–86.

38) Ikujiro Nonaka and Hirotaka Takeuchi, *The Knowledge-Creating Company: How Japanese Companies Create the Dynamics of Innovation* (New York: Oxford University Press, 1995).

39) Robert Putnam, "Recipes," in Peter M. Senge et al., *Fifth Discipline Fieldbook: Strat-egies and Tools for Building a Learning Organization* (New York: Currency, 1994); Richard

R. Nelson and Sidney G. Winter, *An Evolutionary Theory of Economic Change* (Cambridge, MA: Belknap Press of Harvard University Press, 1982); Markus C. Becker, "The Concept of Routines Twenty Years After Nelson and Winter (1982): A Review of the Literature," working paper 03-06, Research Unit for Industrial Dynamics, University of Southern Denmark, Department of Marketing, Odense, 2002, www3.druid.dk/wp/20030006.pdf.

40) Nicholas Ind, Oriol Iglesias, and Majken Schultz, "How Adidas found its Second Wind," *strategy+business*, August 18, 2015, http://strategybusiness.com/article/00352.

41) "The Idea of IKEA," op. cit.

─── 4장

1) Thomas A. Stewart, "CEMEX's Strategic Mix," *strategy+business*, April 13, 2015, http://www.strategy-business.com/article/00325.

2) Kleiner, "China's Philosopher-CEO Zhang Ruimin," op. cit.

3) Edgar H. Schein, *Organizational Culture and Leadership* (San Francisco: Jossey-Bass, 2010), 7.

4) "Natura Annual Report, 2012," op. cit., 3.

5) Stewart, "Beauty, Business, Brazil," op. cit.

6) Joseph Mitchell, *Leading the Starbucks Way: 5 Principles for Connecting with Your Customers, Your Products and Your People* (New York: McGraw-Hill Education, 2014), 12.

7) Natura's ad copy comes from the company's English-language website, https://www.naturabrasil.fr/en, accessed August 12, 2015; all other quotes in the section are from Stewart, "Beauty, Business, Brazil," op. cit.

8) John Elkington, *Cannibals with Forks: The Triple Bottom Line of 21st Century Business* (Mankato, MN: Capstone, 1997).

9) Jon R. Katzenbach and Douglas K. Smith, *The Wisdom of Teams: Creating the High-Performance Organization* (Boston: Harvard Business School Press, 1993).

10) Lashinsky, *Inside Apple*, op. cit., 46.

11) IKEA, "Our Business in Brief," http://inter.ikea.com/en/about-us/business-in-brief/; and "The Secret of IKEA's Success," *The Economist*, Feb 24 2011, http://www.economist.com/node/18229400.

12) "The Idea of IKEA," op. cit.

13) McCormack, "A Manager's Guide to Implementing Lean," op. cit.

14) "The Danaher Zone," op. cit.

15) Lashinsky, *Inside Apple*, op. cit., 76.

16) For more on the critical few theory and practice, see the Katzenbach Center site: http://www.strategyand.pwc.com/global/home/what-we-think/katzenbach-center.

17) Stewart, "CEMEX's Strategic Mix," op. cit.

18) Art Kleiner, "The Thought Leader Interview: Douglas Conant," *strategy+business*, August 28, 2012, http://www.strategy-business.com/article/00128.

19) Kleiner, "China's Philosopher-CEO Zhang Ruimin," op. cit.

-- 5장

1) Peter Fabris, "CIO Hall of Fame: Charles Feld," *CIO Magazine*, September 15, 1997, www.cio.com/article/101855/CIO_Hall_of_Fame_Charles_Feld; Mike Cooke and Edward Baker, "Helping the CIO Lead," *strategy+business*, December 13, 2010, www.strategy-business.com/article/00055?pg=all.

2) Leinwand and Mainardi, *The Essential Advantage*, op. cit.; interview with Shaun Holliday.

3) James L. McKenney, Duncan Copeland, and Richard O. Mason, *Waves of Change: Business Evolution Through Information Technology* (Boston: Harvard Business School Press, 1995), 194.

4) George Lazarus, "Eagle's Plants Have Landed in the Lap of Frito-Lay," Chicago Tribune, February 8, 1996, http://articles.chicagotribune.com/1996-02-08/business/9602080224_1_frito-frito-lay-salty-snacks.

5) These four categories are part of the Fit for Growth approach pioneered at Strategy& to help companies rethink their expense profiles in light of their strategies. Deniz Caglar, Pandrangi, and Plansky, "Is Your Company Fit for Growth?", op. cit.

6) Erin Ailworth, "Who Will Hire a Petroleum Engineer Now? The Oil Slump Casts a Cloud over the Ranks of Students Who Flooded into the Industry," *Wall Street Journal*, May 8, 2015, http://www.wsj.com/articles/who-will-hire-a-petroleum-engineer-now-1431130173.

7) Dave Mock, *The Qualcomm Equation: How a Fledgling Telecom Company Forged a New Path to Big Profits and Market Dominance* (New York: AMACOM American Management Association, 2005), 113.

8) Ibid., 138.

9) Shumeet Banerji, Paul Leinwand, and Cesare Mainardi, *Cut Costs, Grow Stronger: A Strategic Approach to What to Cut and What to Keep* (Boston: Harvard Business Press, 2009).

10) David Tweed, "Brick by Brick: Inside Lego," Bloomberg, April 17, 2013, www.bloomberg.com/video/brick-by-brick-inside-lego-4-17-SlbmZEQnSfyC~y1eSm9Fag.html.

11) Oliver, Samakh, and Heckmann, "Rebuilding Lego, Brick by Brick," op. cit.

12) Ibid.

13) Jørgen Vig Knudstorp, quoted in ibid.

14) Ibid.

─── 6장

1) Kleiner, "China's Philosopher-CEO Zhang Ruimin," op. cit.

2) Ibid.

3) IKEA, "Providing Patterns for Success," IKEA web page, http://franchisor.ikea.com/pro viding-a-pattern-for-success, accessed July 3, 2015.

4) Hadley Malcolm, "Ikea Wants to Get a Little More Personal," *USA Today*, June 14, 2015, www.usatoday.com/story/money/2015/06/12/ikea-30th-anniversary-us-expansion/71 066656.

5) "The Idea of IKEA," op. cit.

6) Beth Howitt, "How Ikea Took Over the World," *Fortune*, March 15, 2015, http://fortune. com/ikea-world-domination.

7) World Business Council for Sustainable Development, Cement Sustainability Initiative, "Sustainability Benefits of Concrete," www.wbcsdcement.org/index.php/about-cement/bene fits-of-concrete, accessed July 3, 2015.

8) Stewart, "CEMEX's Strategic Mix," op. cit.

9) Attributed to Kay on http://www.smalltalk.org/alankay.html, a web page maintained by the Active Information Corporation, accessed August 13, 2015.

10) Roberts, "Under Armour Gets Serious," op. cit.

11) Thomas N. Hubbard, Paul Leinwand, and Cesare Mainardi, "The New Supercompeti-tors," *strategy+business*, August 8, 2014, http://www.strategy-business.com/article/00272.

12) Trident and Chiclets had been part of Pfizer in the early 2000s. Pfizer sold them to Cadbury in 2002, and Kraft acquired them when it acquired Cadbury in 2010.

13) Phil Wahba, "Procter & Gamble Selling Beauty Brands Like Clairol, Covergirl to Coty for $12.5 Billion" Fortune, July 9, 2015, http://fortune.com/2015/07/09/procter-gamble-coty/.

14) Hubbard, Leinwand, and Mainardi, "The New Supercompetitors," op. cit.

15) Bob Tita, "Johnson Controls to spin off automotive business," *Marketwatch*, July 25, 2015, http://www.marketwatch.com/story/johnson-controls-to-spin-off-automotive-business-

주

319

2015-07-25.

16) Viren Doshi and Georges Chehade, "The New Volatile World of Oil and Gas," *strategy+business*, February 19, 2015. http://www.strategy-business.com/blog/The-New-Volatile-World-of-Oil-and-Gas.

-- 7장

1) E. C. McKenzie, *Mac's Giant Book of Quips and Quotes* (Baker Book House, 1980); the attribution of this quote is disputed according to Wikiquotes, http://en.wikiquote.org/wiki/Michelangelo.

2) Warren Bennis and Burt Nanus, *Leaders: Strategies for Taking Charge* (New York, Harper & Row, 1985), 20.

3) Leinwand and Mainardi," What Drives a Company's Success," op. cit.

4) Howard Schultz, *Onward: How Starbucks Fought for Its Life Without Losing Its Soul* (New York: Rodale, 2011), 97.

-- 부록A

1) This appendix was adapted from Cesare Mainardi, with Art Kleiner, "The Right to Win," *strategy+business*, November 23, 2010, http://www.strategy-business.com/article/10407. It was based in part on Walter Kiechel, *The Lords of Strategy: The Secret Intellectual History of the New Corporate World* (Boston: Harvard Business Review Press, 2010); Walter Kiechel, "Seven Chapters of Strategic Wisdom," *strategy+business*, February 23, 2010, http://www.strategy-business.com/article/10109; and Art Kleiner, *The Age of Heretics: A History of the Radical Thinkers Who Reinvented Corporate Management*, 2nd ed. (San Francisco: Jossey-Bass, 2008).

2) Bruce Henderson, "The Development of Business Strategy," in Carl W. Stern and Michael S. Deimler, eds., *The Boston Consulting Group on Strategy: Classic Concepts and New Perspectives* (New York: Wiley, 2006).

3) Michael E. Porter, *Competitive Strategy: Techniques for Analyzing Industries and*

Competitors (Florence, MA and Washington, DC: Free Press, 1980, rev. ed. 1998).

4) Robert H. Hayes and William J. Abernathy, "Managing Our Way to Economic Decline," *Harvard Business Review* 58, no. 4 (July/August 1980).

5) Michael E. Porter, "What Is Strategy?" *Harvard Business Review*, 74, no. 6 (November/ December 1996); and Michael E. Porter, "The Five Competitive Forces That Shape Strategy," *Harvard Business Review* 57, no. 2 (March/April 1979).

6) Henry Mintzberg, *The Rise and Fall of Strategic Planning: Reconceiving Roles for Planning, Plans, Planners* (Florence, MA and Washington, DC: Free Press, 1994).

7) Thomas J. Peters and Robert H. Waterman Jr., *In Search of Excellence: Lessons from America's Best-Run Companies* (New York: Harper & Row, 1982).

8) Gary Hamel and C. K. Prahalad, *Competing for the Future* (Boston: Harvard Business School Press, 1994).

9) Chris Zook with James Allen, *Profit from the Core: Growth Strategy in an Era of Turbulence* (Boston: Harvard Business School Press, 2001); and Chris Zook with James Allen, *Profit from the Core: A Return to Growth in Turbulent Times* rev. ed. (Boston: Harvard Business Review Press, 2010).

---————————————————————————————————————— 부록B

1) Gary Hamel and C. K. Prahalad, *Competing for the Future*, op. cit.; David Teece, *Dynamic Capabilities and Strategic Management* (New York: Oxford University Press, 2009); Ikujiro Nonaka and Hirotaka Takeuchi, *The Knowledge-Creating Company*, op. cit.; Art Kleiner, "Professor Chandler's Revolution," *strategy+business*, April 9, 2002, http://www.strategy-business.com/article/18594?gko=103b7; and Alfred D. Chandler Jr., *Inventing the Electronic Century: The Epic Story of the Consumer Electronics and Computer Industries* (New York: Simon & Schuster, Free Press, 2001).

지은이

파울 라인반트 Paul Leinwand

파울 라인반트는 Strategy&과 PwC U.S.의 전략컨설팅 부문 "역량중심의 전략과 성장(Capabilities-Driven Strategy and Growth)" 그룹의 글로벌 리더다.

라인반트는 다양한 업종과 지역의 글로벌 기업에서 역량중심의 기업·사업·성장 전략을 자문했다. 또한 역량중심의 전략과 관련한 많은 저술 작업에도 참여하여 2009년에는 체사레 마이나르디(Cesare Mainardi)·슈미트 바너지(Shumeet Banerji)와 함께 하버드 비즈니스 리뷰 출판사(Harvard Business Review Press)에서 발간한 『선택과 집중된 비용절감으로 더욱 강하게 성장하라(Cut Costs and Grow Stronger)』를 저술했으며, 2011년에는 마이나르디와 함께 하버드 비즈니스 리뷰 출판사에서 발간한 『경쟁우위의 본질(The Essential Advantage)』을 저술했고, 관련 논문을 ≪하버드 비즈니스 리뷰(Harvard Business Review)≫에 게재했다. 노스웨스턴대학교(Northwestern University)의 켈로그경영대학(Kellogg School of Management) 부교수를 역임하고 있다. 세인트루이스(St. Louis)의 워싱턴대학교(Washington University)에서 정치학으로 학사학위를 받았으며, 노스웨스턴대학교의 켈로그경영대학원(Kellogg Graduate School of Management)에서 박사학위를 받았다.

체사레 마이나르디 Cesare Mainardi

체사레 마이나르디는 사업전략의 최고 전문가다. 마이나르디는 역량중심의 전략설계에 대해 많은 글로벌 선도기업을 자문했다. 이 주제에 대해서 2009년에는 파울 라인반트·슈미트 바너지와 함께 하버드 비즈니스 리뷰 출판사에서 발간한 『선택과 집중된 비용절감으로 더욱 강하게 성장하라』를 저술했으며, 2011년에는 라인반트와 함께 하버드 비즈니스 리뷰 출판사에서 발간한 『경쟁우위의 본질』을 저술하는 등 세 번의 저술활동에 참여했고 관련 논문을 ≪하버드 비즈니스 리뷰≫에 게재했다.

30년 동안 경영자문으로 Booz&Company(현재 PwC의 Strategy&)에서 시니어 리더십 역할을 담당했고 2012년 4월부터 2015년 7월까지는 글로벌 CEO를 수행했다. 노스웨스턴대학교의 켈로그경영대학의 부교수와 자문위원을 역임했다. 노스웨스턴대학교에서 산업공학 전공으로 학사학위를 받았으며, MBA를 마치고 제조공학 전공으로 박사학위를 받았다.

아트 클라이너 Art Kleiner

아트 클라이너는 많은 상을 수여받은 PwC의 성공적인 경영 간행물 'Strategy+business'의 총책임자다. 그는 『이단자들의 시대(The Age of Heretics)』의 저자이며 피터 센게(Peter Senge)의 베스트셀러인 『제5경영 필드북(Fifth Discipline Field book)』의 편집자로 활동했다. 뉴욕대학교(New York University)의 전기통신과 교수이며 캘리포니아대학교 버클리(University of California Berkeley)에서 저널리즘 전공으로 박사학위를 받았다.

옮긴이

조영균

고려대학교 경영학과(경상)와 헬싱키경제대학교 대학원(MBA)을 졸업하고, 서울과학종합대학원(aSSIST)에서 경영전략 전공으로 박사과정을 수료했으며 공인회계사로서 PwC컨설팅 부대표로 재직하고 있다. 비즈니스의 본질과 전략에 대한 이해를 바탕으로 많은 글로벌 한국 기업과 그룹의 최고경영진을 대상으로 회사와 사업 경쟁력 제고에 초점을 맞춰 재무와 오퍼레이션을 포괄하는 전략수립, 전략적 인사이트 도출과 실행, 인재상과 인재육성 과정, 재무성과와 원가절감, 경영관리 혁신, 경영 프로세스와 시스템 혁신 등의 자문업무를 수행하고 있다. 전자/반도체 산업, 수주/엔지니어링 산업, 화학/통신 산업 등 기업이 역량중심의 전략을 실행해 성장할 수 있도록 지원하고 있다.

  * Mail to: young-gyun.cho@kr.pwc.com, ygcho@samil.com

  * Mobile: 010-5286-0098

  * Office: 02-709-0675

김창래

서울대학교 경영학과를 졸업했으며 PwC컨설팅의 Strategy 그룹 파트너로 재직하고 있다. 글로벌 기업 및 다양한 국내 기업을 대상으로 역량중심의 기업·사업·실행 전략 수립과 실질적인 성과창출에 집중하고 있다. 전자, 자동차, 통신, 리테일 등의 산업에 대해 중장기 사업 전략, 사업 포트폴리오 전략, 성장전략, 신사업 전략, 턴어라운드 전략, 해외진출 전략, 사업 타당성 검토 등 전략컨설팅 업무 수행을 통해 회사의 성장과 경쟁력 제고를 지원하고 있다.

  * Mail to: chang-rae.kim@kr.pwc.com

  * Mobile: 010-5281-0474

  * Office: 02-3781-1412

PwC 및 Strategy&, PwC컨설팅 코리아 및 Strategy 그룹

PwC는 전 세계 157개국 19만여 명의 인력으로 구성된 경영컨설팅, 회계감사, 세무 자문 서비스를 제공하는 최대의 전문가 조직으로 종합 컨설팅 회사이며 **Strategy&** 은 PwC의 전략사업 부문(Booz&Company의 후신)이다. PwC와 Strategy&은 경영전략에서 실행까지 경영 전반에 걸쳐 산업별 전문지식과 풍부한 경험을 바탕으로 고객 가치 창출을 최우선으로 최상의 서비스를 제공하고 있으며, Strategy&은 특히 역량 중심 전략과 성장에 집중하고 있다.

PwC컨설팅 코리아는 이한목 대표를 비롯해 500여 명의 전문가가 전자·자동차·제조·금융·서비스 등 다양한 산업에서 전략, 오퍼레이션, 재무 및 경영 관리, 원가절감, R&D, 마케팅, 제조, 구매, ERP 및 IT 인프라 혁신, 데이터 분석, 사이버 보안 등 경영혁신 전반에 대해 전문 서비스를 제공하고 있다. **Strategy 그룹**은 PwC컨설팅 코리아의 전략담당 조직으로 Strategy&과의 협력을 통해 기업·사업·신사업·해외진출·구조조정 전략 등 CEO와 최고경영진이 기업과 사업을 강하게 성장시키고, 고성과 조직으로 전환시키는 데 있어 신뢰할 수 있는 최고의 전문가 조직이며, 글로벌 선도기업의 사례를 지속적으로 국내에 소개하고 있다.

전략을 실행되게 하라

지은이 │ 파울 라인반트·체사레 마이나르디·아트 클라이너
옮긴이 │ 조영균·김창래
펴낸이 │ 김종수
펴낸곳 │ 한울엠플러스(주)
편집책임 │ 배유진
편집 │ 조일현·배유진

초판 1쇄 발행 │ 2016년 9월 26일
초판 2쇄 발행 │ 2019년 3월 15일

주소 │ 10881 경기도 파주시 광인사길 153 한울시소빌딩 3층
전화 │ 031-955-0655
팩스 │ 031-955-0656
홈페이지 │ www.hanulmplus.kr
등록번호 │ 제406-2015-000143호

Printed in Korea
ISBN 978-89-460-6628-1 03320 (양장)
ISBN 978-89-460-9003-3 03320 (반양장)

* 책값은 겉표지에 표시되어 있습니다.